普通高等教育新文科建设与马克思主义理论学科人才培养新形态精品教材

历史唯物主义专题：
文本与方法

董 慧 / 主编

Hist.
Text and Method

华中科技大学出版社
http://press.hust.edu.cn
中国·武汉

图书在版编目(CIP)数据

历史唯物主义专题:文本与方法/董慧主编.—武汉:华中科技大学出版社,2023.10
ISBN 978-7-5680-9949-3

Ⅰ.①历… Ⅱ.①董… Ⅲ.①历史唯物主义-研究 Ⅳ.①B03

中国国家版本馆 CIP 数据核字(2023)第 162811 号

历史唯物主义专题:文本与方法
Lishi Weiwu Zhuyi Zhuanti:Wenben yu Fangfa

董　慧　主编

策划编辑：周晓方　杨　玲
责任编辑：王晓东
封面设计：廖亚萍
责任校对：余晓亮
责任监印：周治超

出版发行：华中科技大学出版社(中国•武汉)　　电话：(027)81321913
　　　　　武汉市东湖新技术开发区华工科技园　　邮编：430223
录　　排：华中科技大学惠友文印中心
印　　刷：湖北恒泰印务有限公司
开　　本：787mm×1092mm　1/16
印　　张：12.5　插页:1
字　　数：261 千字
版　　次：2023 年 10 月第 1 版第 1 次印刷
定　　价：39.90 元

本书若有印装质量问题，请向出版社营销中心调换
全国免费服务热线：400-6679-118　竭诚为您服务
版权所有　侵权必究

内 容 简 介

《历史唯物主义专题：文本与方法》一书以习近平新时代中国特色社会主义思想为指导，以推进高校思想政治理论课的改革创新、丰富马克思主义理论教材体系为目标，选取有关阐述历史唯物主义基本原理的代表性文本，分为七个专题对历史唯物主义的形成脉络，历史唯物主义与经济治理、文化治理、科技伦理治理、国家治理、城市治理以及中国式现代化的内在关联进行了系统阐释，彰显了历史唯物主义的开放性和时代性。本书具有鲜明的时代特征和问题意识，每个专题按照专题说明、教学目标、代表性文本、问题解析与方法启示的思路进行编写，坚持理论和实践相结合，深入阐释历史唯物主义在当代世界经济、文化、科技等各领域的实践构建，实现了思想性、学术性与可读性的有机统一。本书是高校硕士研究生、博士研究生深入学习历史唯物主义、学懂弄通悟透马克思主义的理论读物之一，可以作为"历史唯物主义专题研究""马克思主义经典著作研究""马克思主义基本原理前沿问题研究"等核心课程和基础课程的指导用书，有利于帮助学生学好历史唯物主义的基本原理及其理论创新，提高学生运用历史唯物主义认识和解决现实问题的能力，坚定学生站稳历史唯物主义立场、自觉投身社会主义建设的时代使命。

前　言

《历史唯物主义专题:文本与方法》一书是为推进高校思想政治理论课程改革创新、加强马克思主义理论学科人才培养模式改革所进行的有益尝试之一,旨在推进马克思主义理论学科建设,丰富马克思主义理论教材体系。本书深刻落实立德树人根本任务,立足高校硕士研究生、博士研究生的学习实践需要,致力于为"历史唯物主义专题研究""马克思主义经典著作研究""马克思主义基本原理前沿问题研究"等核心课程和基础课程拓宽学习视野、提供研究方法,帮助硕士研究生、博士研究生在理论与实践的结合过程中,学懂弄通悟透马克思主义,感悟马克思主义真理和共产主义信仰的伟大力量。

党的二十大报告指出:"只有把马克思主义基本原理同中国具体实际相结合、同中华优秀传统文化相结合,坚持运用辩证唯物主义和历史唯物主义,才能正确回答时代和实践提出的重大问题,才能始终保持马克思主义的蓬勃生机和旺盛活力。"由此我们可以认识到,历史唯物主义在中国式现代化建设和人类文明发展进程中具有重要地位。历史唯物主义是马克思主义观察问题、思考问题、分析问题和解决问题的根本立场和基本方法,它包括生产力与生产关系、经济基础与上层建筑、社会存在与社会意识、人民群众是历史的创造者等理论内容,是科学的世界观和方法论,对于我们准确把握国家治理问题和正确认识中国式现代化的内涵和实质具有重要的方法论意义。

本书在文本选择上,选取了国内外知名专家学者有关阐述历史唯物主义基本原理的经典著作,坚持从多维度、多视角、多层面对历史唯物主义进行了系统性、战略性、实践性、前沿性解读,有助于学生从总体上理解和把握马克思主义尤其是历史唯物主义的世界观和方法论。在文本概括上,本书立足经典,深入解读历史唯物主义的经典文献,系统梳理和阐述马克思恩格斯萌发、创建和发展历史唯物主义的历史脉络,考察历史唯物主义在当代世界的新发展,有助于使学生形成对历史唯物主义的科学认识,提升马克思主义理论教育的学理性、深入性与科学性;在方法启示上,本书坚持理论联系实际,深入阐释历史唯物主义在经济治理、文化治理、科技伦理治理、国家治理、城市治理、现代化建设等具体方面的理论建构,有助于引导学生深刻认识历史唯物主义的科学内涵与当代价值,培养其运用马克思主义立场、观点、方法来发现和解决现实问题的能力,坚定其为实现中华民族伟大复兴而不懈奋斗的信念。

目 录
contents

专题一　历史唯物主义的经典文献 ·· 1
　　一、专题说明 ·· 1
　　二、教学目标 ·· 2
　　三、代表性文本 ·· 2
　　四、问题解析与方法启示 ·· 30

专题二　历史唯物主义与经济治理 ·· 32
　　一、专题说明 ·· 32
　　二、教学目标 ·· 34
　　三、代表性文本 ·· 35
　　四、问题解析与方法启示 ·· 51

专题三　历史唯物主义与文化治理 ·· 54
　　一、专题说明 ·· 54
　　二、教学目标 ·· 54
　　三、代表性文本 ·· 55
　　四、问题解析与方法启示 ·· 80

专题四　历史唯物主义与科技伦理治理 ······································ 83
　　一、专题说明 ·· 83
　　二、教学目标 ·· 83
　　三、代表性文本 ·· 84
　　四、问题解析与方法启示 ·· 103

专题五　历史唯物主义与国家治理 ·· 105
　　一、专题说明 ·· 105
　　二、教学目标 ·· 105
　　三、代表性文本 ·· 106

四、问题解析与方法启示 …………………………………………………… 126

专题六　历史唯物主义与城市治理 ……………………………………………… 129
　　一、专题说明 ………………………………………………………………… 129
　　二、教学目标 ………………………………………………………………… 129
　　三、代表性文本 ……………………………………………………………… 130
　　四、问题解析与方法启示 …………………………………………………… 153

专题七　历史唯物主义与中国式现代化 ………………………………………… 156
　　一、专题说明 ………………………………………………………………… 156
　　二、教学目标 ………………………………………………………………… 156
　　三、代表性文本 ……………………………………………………………… 157
　　四、问题解析与方法启示 …………………………………………………… 186

参考文献 ……………………………………………………………………………… 189
后记 ………………………………………………………………………………… 191

专题一　历史唯物主义的经典文献

一、专题说明

从概念史的视角而言，历史唯物主义（亦即唯物主义历史观，或唯物史观）这一术语并不是由马克思提出的，而是由恩格斯提出的。在1859年出版的《卡尔·马克思〈政治经济学批判。第一分册〉》中，恩格斯首次提出了"唯物主义历史观"这一术语。他明确指出，马克思的政治经济学批判是"建立在唯物主义历史观的基础上的，后者的要点，在本书的序言（指马克思1859年的《〈政治经济学批判〉序言》——引者注）中已经作了扼要的阐述"[①]。在1890年8月写给康拉德·施米特的信中，恩格斯首次提出了"历史唯物主义"这一术语。他明确指出，"我们的历史观首先是进行研究工作的指南，并不是按照黑格尔学派的方式构造体系的杠杆。必须重新研究全部历史，必须详细研究各种社会形态的存在条件，然后设法从这些条件中找出相应的政治、私法、美学、哲学、宗教等等的观点。……但是，许许多多年轻的德国人却不是这样，他们只是用历史唯物主义的套语（一切都可能被变成套语）来把自己的相当贫乏的历史知识（经济史还处在襁褓之中呢！）尽速构成体系，于是就自以为非常了不起了"[②]。"唯物主义历史观"这一术语，针对和批判的是黑格尔的"唯心主义历史观"[③]。"历史唯物主义"这一术语，针对和批判的是巴尔特的"经济唯物主义"[④]。虽然"唯物主义历史观"和"历史唯物主义"这两个术语提出的时代背景及其批判的对象不同，但在

---

①　马克思恩格斯文集（第2卷）[M].北京：人民出版社，2009：597.
②　马克思恩格斯文集（第10卷）[M].北京：人民出版社，2009：587.
③　在《〈政治经济学批判〉序言》中，马克思明确指出，他和恩格斯合著的《德意志意识形态》阐明了他们的见解与德国哲学意识形态见解的对立，并清算了在他们之前的哲学信仰，这一清算工作是"以批判黑格尔以后的哲学的形式来实现的"（马克思恩格斯文集（第2卷）[M].北京：人民出版社，2009：593.）。
④　在《黑格尔和包括马克思及哈特曼在内的黑格尔派的历史哲学》中，德国社会学家巴尔特把唯物主义历史观解释为"经济唯物主义"（亦即"经济史观"），即只承认经济因素在历史发展中的自动作用，而否定其他社会因素的积极作用。在1890年9月恩格斯致约瑟夫·布洛赫的信中，他明确指出，"……根据唯物史观，历史过程中的决定性因素归根到底是现实生活的生产和再生产。无论马克思或我都从来没有肯定过比这更多的东西。如果有人在这里加以歪曲，说经济因素是唯一决定性的因素，那么他就是把这个命题变成毫无内容的、抽象的、荒诞无稽的空话。"（马克思恩格斯文集（第10卷）[M].北京：人民出版社，2009：591.）

恩格斯那里,唯物主义历史观(亦即唯物史观)就是历史唯物主义,二者具有相同的含义,它们都是对马克思主义历史观的表述。

在《德意志意识形态》中,马克思和恩格斯对历史唯物主义的基本原理进行了详尽阐述,并清算了其先前的哲学信仰。这一历史唯物主义成果一经得到,就用于指导他们接下来的研究和批判工作。事实上,历史唯物主义思想的形成并不是一蹴而就的,而是有其生成过程的。准确把握和理解历史唯物主义的生成脉络,仔细阅读和研究历史唯物主义经典文献,有助于我们更好地领悟和运用历史唯物主义思想。习近平总书记曾明确指出,"历史唯物主义作为马克思主义哲学的重要组成部分,是关于人类社会发展一般规律的科学。在革命、建设、改革各个历史时期,我们党运用历史唯物主义,系统、具体、历史地分析中国社会运动及其发展规律,在认识世界和改造世界过程中不断把握规律、积极运用规律,推动党和人民事业取得了一个又一个胜利。"①运用历史唯物主义的立场、观点和方法分析新发展阶段的时代意蕴,从历史与现实相结合的视角正确理解新发展阶段的内涵,有助于我们明晰在新的历史方位我国社会主义建设事业的发展目标、发展动力、发展战略等,这对于以中国式现代化实现中华民族伟大复兴具有非常重要的理论和现实意义。

二、教学目标

在阅读经典文本的过程中,把握历史唯物主义的孕育过程,了解历史唯物主义形成的历史脉络,打好学习历史唯物主义的基础。通过阅读经典文本,深刻理解历史唯物主义的重要观点,把握历史发展规律,在实践中赢得历史主动。

(1) 了解历史唯物主义形成的背景与过程。

(2) 了解和掌握马克思和恩格斯的历史唯物主义思想。

(3) 掌握历史唯物主义经典文本中的思想精华。

三、代表性文本

选取马克思和恩格斯的《〈黑格尔法哲学批判〉导言》《1844年经济学哲学手稿》《神圣家族》《关于费尔巴哈的提纲》《德意志意识形态》《哲学的贫困》《共产党宣言》《反杜林论》《路德维希·费尔巴哈和德国古典哲学的终结》,以及关于历史唯物主义的八封书信等文本,以期助力我们深入理解历史唯物主义的思想内涵和重要意义。

---

① 习近平.坚持历史唯物主义不断开辟当代中国马克思主义发展新境界[J].求是,2020(2).

(一)《〈黑格尔法哲学批判〉导言》

1. 著作信息

马克思的《〈黑格尔法哲学批判〉导言》写于1843年10—12月,发表于1844年2月《德法年鉴》,是马克思思想发展过程中的一篇光辉文献。该文涉及宗教批判、世俗世界批判、德国革命以及无产阶级等一系列重大论题,对于我们理解和把握马克思向唯物主义和共产主义立场的转变,具有重要意义。

2. 著作主要内容

《〈黑格尔法哲学批判〉导言》从唯物主义立场出发,论述了对宗教的批判与对现实世界的批判之关系,对黑格尔哲学的批判同对德国现实社会的批判的关系,把批判的矛头指向了现实的德国社会,并论述了德国革命的任务和可能性问题。

第一,批判宗教与批判世俗世界的关系。在马克思看来,以费尔巴哈为代表的青年黑格尔派在对宗教所进行的批判中,揭示了宗教作为一种颠倒的世界观的本质,从而在本体论的意义上,还原了"人创造了宗教,而不是宗教创造了人"这一事实。马克思认为费尔巴哈对宗教的批判具有重要意义,同时他也在后者的启示下,自觉地站在了现实的自然和现实的人的立场上,在思想上开始向唯物主义转变。不过,以马克思之见,宗教批判的意义,并不仅仅在于揭示宗教的人本属性和自然基础,同时也在于它是其他一切批判,特别是世俗世界批判的前提。费尔巴哈主要停留在前一方面,而对后一方面并无任何实质性的思考和推进。马克思指出,宗教是人的本质在幻想中的实现,这是因为人的本质不具有真正的现实性,宗教里的苦难既是现实苦难的表现,又是对这种现实苦难的抗议。就此来说,反宗教的斗争,间接地就是反对以宗教为精神抚慰的那个世俗世界的斗争。正是因为如此,真理的彼岸世界消逝以后,历史的任务就是要确立此岸世界的真理。人的自我异化的神圣形象被揭穿以后,揭露具有非神圣形象的自我异化,就成了为历史服务的哲学的迫切任务。于是,对天国的批判变成对尘世的批判,对宗教的批判变成对法的批判,对神学的批判变成对政治的批判。从对宗教之本质的揭示来看,写作《〈黑格尔法哲学批判〉导言》时期的马克思,基本上是一个费尔巴哈主义者,后者的唯物主义立场和观点是此时马克思所特别看重的东西,而马克思在理论上与黑格尔的分道扬镳,也与费尔巴哈的影响不无相关。然而,从对宗教批判与世俗世界批判之关系的论述来看,此时的马克思又已走在超越费尔巴哈的道路上,因为费尔巴哈并没有将揭露具有非神圣形象的自我异化视为他的工作,而这也是1845年之后马克思批判费尔巴哈的一个重要原因。

第二,寻求人的彻底解放的宗教批判。马克思认为宗教的危害不仅仅在于抽象上帝对于感性的人的遮蔽,而且也在于宗教在社会生活中已经作为一种具有特定社会功能的意识形态为众多人所接受了。马克思的宗教批判指认了抽象的上帝对于感性的人的遮蔽,同时进一步指出宗教也是人所遭受的现实苦难的显现方式。也就是说,宗教既是对于不合理的社会现实的辩护,同时也是对于这一不合理的社会现实的控诉。宗教的这种矛盾属性意味着对于宗教的批判可能会走向两个截然不同的方向:要么用新的抽象的哲学取代基督教并继续行使宗教的社会功能,要么用彻底的批判精神去触及宗教产生的社会根源。青年黑格尔派走的是前一条道路,而马克思则在后一条道路上将宗教批判真正发展成为彻底的批判。马克思指出:"反宗教的批判的根据是:人创造了宗教,而不是宗教创造人。就是说,宗教是还没有获得自身或已经再度丧失自身的人的自我意识和自我感觉。但是,人不是抽象的蛰居于世界之外的存在物。人就是人的世界,就是国家,社会。"①因此,要真正完成宗教批判的任务,要真正将人从自我异化状态中解放出来,最根本的就是要去解决信仰宗教的人的现实的难题。

第三,落后的德国实现人类解放何以可能? 在马克思看来,英国和法国等现代国家完成的只是政治解放,具体表现在三方面:①国家脱离一切宗教的束缚而成为独立的力量。②封建社会的解体和市民社会的解放实现了政治国家与市民社会的分离。③政治解放实现了作为市民社会成员的个人的普遍人权。马克思认为,德国的经济和政治现实都远远落后于当时的现代国家——法国和英国。德国的现实要求德国必须跨越政治革命而实现彻底革命,通过人类的解放来实现发展、摆脱落后的状态。马克思就此指出了德国实现人类解放的可能性:"哲学把无产阶级当作自己的物质武器,同样,无产阶级也把哲学当作自己的精神武器;思想的闪电一旦彻底击中这块朴素的人民园地,德国人就会解放成为人。"②在马克思看来,当革命的理论和无产阶级相结合时,无产阶级就会通过激进的暴力革命,推翻国家制度,消灭私有制和一切奴役、压迫人的关系,使人恢复为人本身而获得解放。

3. 著作意义

《〈黑格尔法哲学批判〉导言》标志着马克思从唯心主义向唯物主义转变的彻底完成,同时也标志着马克思从革命民主主义向共产主义转变的彻底完成。这篇文献的字里行间显露着马克思主义哲学关注对象、批判内容、研究视野、历史使命的现实向度。马克思主义哲学关注的是现实世界的人,批判的是现实中奴役人的宗教、制度、哲学,研究的是现实世界的各种异化。它阐释哲学的历史使命是指导解放人民的革命。马克思在文中指明革命的精神力量和物质力量分别是哲学和无产阶级,成功的标志是使哲学成为现实实践,并且消灭压迫和剥削。该文庄严地宣告马克思主义哲学以实现人的解放为最终目的;无产阶级必须实施革命;只有在现实中实现人的解放,人才能实现彻底解放。其意义可归纳为:

---

① 马克思恩格斯文集(第1卷)[M].北京:人民出版社,2009:3.
② 马克思恩格斯全集(第3卷)[M].北京:人民出版社,2002:214.

第一,哲学研究视野的现实转向。马克思之前的哲学家们,探究的是实在、上帝、真理、自由、正义等主题。诚然,这些问题是困扰人类的"斯芬克斯之谜",但是他们的视野如此狭窄,眼里只有神秘的令人神往的"彼岸世界",习惯性地忽视现实世界的劳苦大众。哲学家们对深受苦难的现实的人置若罔闻,固执地探索着他们自己心之向往的神秘领域。马克思将哲学的视野由精神领域转向现实世界,观照现实世界的人民。他看到的是德国的现实、人民的痛苦、世界的未来,他也看到了通往未来的道路,走向未来的群体。他为人民指明了解放的方向——无产阶级革命,他为无产阶级创造了精神武器。

第二,对市民社会的描述体现了唯物史观思想。在《〈黑格尔法哲学批判〉导言》中,马克思强调"市民社会阶级"是"市民社会的一部分"。虽然市民社会是马克思沿用的前人的概念,但他真正廓清了市民社会这一概念的理论内涵,并对它的含义进行了科学的界定。这些观点均与他后来的生产关系决定国家性质、经济基础决定上层建筑的历史唯物主义基本思想相一致。

(二)《1844年经济学哲学手稿》

1. 著作信息

《1844年经济学哲学手稿》在马克思生前并未出版,直到1932年才首次公开出版。该书是马克思哲学研究与经济学研究的第一次结晶,开创了哲学指导下的经济学研究道路以及以经济学研究为基础的哲学发展道路,马克思的共产主义理论正是以这种结合为基础的。同时,该书也是马克思政治经济学批判研究的起始,其中一些天才式的思想见解迄今仍散发着耀眼的光芒。

2. 著作主要内容

《1844年经济学哲学手稿》是马克思进行政治经济学和哲学研究的最初成果,包括序言和相互关联的三个未完成的手稿。第一个手稿是关于工资、资本的利润、地租之研究分析;第二个手稿是对私有财产及其运动的分析;第三个手稿是对私有财产、分工、货币的进一步研究,并由此引发马克思的共产主义观念、马克思的历史唯物主义观念,以及对黑格尔哲学的系统清算。

第一,马克思批判发展了费尔巴哈关于人的本质的思想。人的本质的思想是费尔巴哈人本思想的重要内容,他认为人与动物的根本区别在于人有意识,这种意识便是人之为人的原因。在他看来,人作为一种类存在物,其本质就是理性、意志和爱,这些类意识构成了人的本质,这很明显忽视了人的物质生产活动。而马克思看到了社会中存在的生产关系,他认为人的生产活动必须在人与人之间的相互交往中进行,是一种社会的活动,正是在这诸多的社会关系中,人的本质才得以体现。

第二,马克思认为私有制是人类社会不平等的根源,只有对私有制进行扬弃,才能实现人的彻底解放。在《1844年经济学哲学手稿》中,马克思从四个方面对"异化劳动"进行了系统性阐释,也就是异化劳动的四重规定性,即劳动者与劳动产品相异化、劳动者与劳动过程相异化、人的类本质与人相异化、人与人相异化。私有制是劳动异化的根源,因此要对其进行扬弃。所谓扬弃,包含两个方面的含义:一是对发展过程中积极的因素进行"扬",二是对发展过程中消极的因素进行"弃"。"扬弃"集中反映了事物发展的矛盾规律。从历史发展的维度来看,私有财产既是生产力发展的必然结果,体现和代表着一定时期生产力的发展要求,又在一定程度上延续和制约着生产力的发展,阻碍着社会的文明进步。因此,对于私有财产,既要保留其积极性、进步性的因素,又要克服其消极性、阻碍性的因素,在"扬弃"的过程中推动生产力的发展和社会的进步。这就体现了唯物史观的两个根本原则:①从物质生产出发说明历史;②把生产力和生产关系的矛盾互动作为社会基本矛盾来分析社会历史发展。

第三,对"粗陋的"和"政治性的"共产主义思想进行批判,并对真正的共产主义思想进行阐释。"粗陋的"共产主义认为,共产主义也就是私有制存在的普遍形态;它虽然对资本主义社会中的异化现象进行了抨击,但没有正确认识和揭露私有制的本质。"政治性的"共产主义虽然认识到了资本主义社会中人的异化,但没有弄清楚资本主义私有制存在的积极作用,这表明"政治性的"共产主义仍将受到人类异化的影响,依旧具有其局限性。真正的共产主义是对私有财产即人的自我异化的积极扬弃,是对人的本质的真正占有,是对合乎人性的人的复归(由于私人资本和异化劳动在资本主义社会中占据主导地位,致使人与人之间,人与社会之间的关系都处于相互对立的状态。想要打破这种对立局面,就应该让人切实回归到人本身及其社会环境之中),是对社会矛盾的真正解决(在资本主义社会中存在着许多矛盾:一方面,劳动者作为被奴役和压迫的对象,处于与自己的劳动对象相互分离的状态,人和自然界之间是相互对立的,但自然也可以满足人的需求;另一方面,资本主义社会中资本家与劳动者之间的矛盾是复杂的,但进入共产主义社会以后,就会没有阶级之分,人人都是平等而又独立的个体,社会和谐而又稳定)。

3. 著作意义

《1844年经济学哲学手稿》是马克思研究政治经济学的开篇之作,是后来马克思创作一系列经典著作的思想起点和理论基础,是马克思思想从萌芽到发展到逐步成熟不可或缺的重要环节,其学术价值和学术地位不可忽视。《1844年经济学哲学手稿》不仅在哲学和经济学领域的影响力卓著,而且深刻影响了20世纪以来的美学、文学等领域的理论研究。

第一,《1844年经济学哲学手稿》帮助人们更好地认识和了解资本主义必然灭亡,社会主义、共产主义必然胜利的历史规律。马克思回答了资本主义为什么会灭亡、怎样灭亡这一根本问题,揭示了人类社会发展规律,在原则上给出了"历史之谜"的解答。资本主义制度下私有财产和异化劳动不会自我消亡,相反只会随着生产力的进步与发展促使资本家和工人的矛盾愈演愈烈,甚至到了无法调和的地步。因此,资本主义的灭亡是一个漫长的历史过程。只有积极地扬弃私有财产,逐步消除劳动的异化、人的异化,社会主义和共产主义才能一步步取得最终的胜利。我们党强调要增强"四个意识"、坚定"四个自信",就是既要坚定走中国特色社会主义道路的信念,也要胸怀共产主义的崇高理想,更加坚定中国特色社会主义的道路自信、理论自信、制度自信、文化自信,坚定不移地走好适合中国国情的发展道路,采取符合中国国情的"中国之治"治理模式,把未来中国发展进步的前途和命运牢牢掌握在自己的手里。

第二,《1844年经济学哲学手稿》阐发的生态思想,为推动人与自然和谐共生提供了方法遵循。马克思认为,人与自然界是生命共同体,人是自然界的有机组成部分,人的生存与发展离不开自然界。这一思想为人与自然的关系向着存在之真相的复归提供了指引。人类社会在发展政治文明、经济文明建设的同时,更要注重遵循自然规律和人类社会的发展规律,不断加强生态文明建设。习近平总书记提出了"绿水青山就是金山银山"的重要论断,深刻回答了为什么要建设生态文明、建设什么样的生态文明以及如何建设生态文明等一系列重大理论和实践问题,为构筑人与自然之间的和谐关系提出了"中国方案"。

第三,《1844年经济学哲学手稿》在20世纪80年代初的美学问题大讨论中扮演了至关重要的角色。受苏联学界美学讨论的影响,国内学界也掀起了一场围绕着"美学的哲学基础问题""美学的研究对象""自然美"等相关问题的大讨论。其中,《1844年经济学哲学手稿》对于回应"美学的哲学基础问题"提供了重要的思想资源。它所阐发的人的本质的对象化、人化自然、人可以按照美的规律进行生产等思想,成为"美是主客观的统一"论点的理论支撑。比如,朱光潜先生借用《1844年经济学哲学手稿》中人的本质的对象化、人的主体性等论述,辩驳了所谓的客观论——"美是客观的",主张美与艺术是在主客观统一的人的实践活动中、在劳动中得以实现和产生的。此外,有些学者还围绕美的规律问题,集中讨论了马克思在《1844年经济学哲学手稿》中提出的"两种尺度"理论——"内在尺度"和"物"的尺度,并形成了不同的观点。总之,这一美学问题大讨论对于中国美学乃至文学及文艺批评等的发展产生了深远的影响。

(三)《神圣家族》

1. 著作信息

《神圣家族》是马克思和恩格斯第一次合作的、批判青年黑格尔派主观唯心主义、论述历史唯物主义的重要著作。该书写于1844年9—11月,并于1845年2月在法兰克福出版。列宁曾明确指出,《神圣家族》"奠定了革命唯物主义的社会主义的基础"[1]。

---

[1] 列宁全集(第2卷)[M].北京:人民出版社,1984:7.

2. 著作主要内容

《神圣家族》是一本论战性的著作。以鲍威尔为代表的青年黑格尔派以《文学总汇报》为基地宣传"自我意识"的思想,马克思和恩格斯批判了鲍威尔的思辨唯心主义。从实践的角度出发,马克思和恩格斯肯定了人在社会历史中的作用,确立了人的主体地位,并以人民群众作为革命的领导者,从唯物主义的角度揭示了历史发展进步的规律。

第一,对鲍威尔思辨唯心主义的批判式揭露。以鲍威尔为首的青年黑格尔派是马克思和恩格斯主要论战的对象。他们以自我意识为基础,大肆宣扬主观唯心主义。他们远离现实世界中的政治运动和社会活动,宣称他们所倡导的"批判哲学"是推动社会历史发展的唯一积极因素。在马克思恩格斯看来,这其实是对黑格尔哲学的一种依附,鲍威尔等人不仅没有跳出唯心主义的框架而且还将它推向了更加极端的边缘。马克思恩格斯对以鲍威尔为代表的青年黑格尔派的批判也包括对黑格尔唯心主义哲学的清算。唯物主义的思想从此开始萌芽,并向世界说明了客观存在的物质不随自我意识的变化而变化。观念中的东西只是通过人的主观能动性从客观世界中抽象出来的,只有外部的客观现实世界才是实实在在的存在。这表明,马克思恩格斯已经克服了以"自我意识"为核心的思辨唯心主义,解决了思维与存在之关系这个哲学的基本问题。同时,这也表明马克思恩格斯以实践为基础的辩证唯物主义思想开始形成。

第二,从实践的角度肯定了人在社会历史中的作用,确立了人的主体地位,并以人民群众作为革命的领导者。马克思和恩格斯极力反对主观的、意识的和精神的东西在历史中的决定作用,提出人民群众是实践的主体,是一切物质生活的实施者,所以社会历史的缔造者永远是人民群众。马克思和恩格斯批判了鲍威尔把批判哲学家作为历史的创造者和推动者的错误思想,指出人民群众才是历史真正的主体,实践的活动和思想的活动在根源上都是源自人,历史活动失败的原因不可能是因为群众的热情被唤起,而是因为没有最大限度地唤起群众的热情,人民群众的参与程度还不够高。在马克思和恩格斯看来,历史活动就是人类对自然和社会改造的活动,随着历史的深入发展,人民群众的队伍也必将不断扩大。

第三,实践观的探索。马克思恩格斯在《神圣家族》中将实践理解为主、客体统一的活动,他们明确指出,"思想要得到实现,就要有使用实践力量的人"①。"实践力量"实质上是指物质力量与精神力量的对立统一,即实践活动中主体因素与客体因素的对立统一。一方面,就实践客体来说,马克思恩格斯在《神圣家族》中从唯物主义立场出发肯定了实践是一种感性的、客观的物质活动,它必须以客观物质世界作为活动的前提。另一方面,就实践主体来说,马克思恩格斯在《神圣家族》中强调了实践是人的有意识有目的的自觉活动,人在实践过程中外化自身的本质力量。可以看出,在《神圣家族》中,人本主义实

---

① 马克思恩格斯文集(第1卷)[M].北京:人民出版社,2009:320.

践观的理论逻辑已经被马克思恩格斯所扬弃,并进一步推动了马克思恩格斯实践思想的最终形成。

3. 著作意义

在《神圣家族》中,马克思恩格斯首次提出了人民群众在历史中起决定作用这一重要的历史唯物主义基本原理,这标志着马克思主义群众史观初具雏形。马克思恩格斯此时的观点已经明确地提出了人是历史的创造者的思想,从而把现实的人的物质生产作为认识各个历史时期的标志,作为理解各个历史时期的钥匙。

第一,《神圣家族》指出了反贫困的出发点和解决思路。无产阶级是马克思恩格斯所述"群众的社会主义"的实现主体,也是消灭非人性的贫困和实现人的解放目标的现实载体。一无所有的阶级不能幻想有一天公平正义会降临,只有在消灭贫困的社会运动中,完成从资产阶级社会的无产者到"群众的社会主义"的解放者的身份的转变,才算是找到了迈向社会主义的真正出路。马克思恩格斯对私有财产这一前提进行了彻底的批判,并指出通过无产阶级革命实现人的解放的道路。这条道路对于新时代中国特色社会主义而言,就是在打赢脱贫攻坚战的基础上实现共同富裕的道路。在马克思主义中国化的道路上,他们的反贫困思想也为新时代中国特色社会主义消灭贫困、实现共同富裕提供了理论上的启迪。

第二,阐述了物质利益在决定思想观念以及社会发展中的重要作用。在马克思恩格斯看来,社会发展必须紧密地与人类的现实利益相结合,即要把人的利益的全面实现作为自己理论的奋斗目标,要始终站在劳动人民利益的立场上,从现实的人的利益的角度出发思考问题。物质利益是历史唯物主义的基本范畴。生产力是社会发展的根本动因,而物质需要和物质利益是社会生产不断向前发展的内在动因。任何社会的变革归根结底都必须重新调整人们的物质利益关系,促进和推动社会生产的发展,以满足人们的各种需要。

(四)《关于费尔巴哈的提纲》

1. 著作信息

《关于费尔巴哈的提纲》是马克思于1845年春在布鲁塞尔写下的一段笔记,公开发表于1888年。尽管是匆匆写成的,而且没有打算付印,但《关于费尔巴哈的提纲》却以重要的思想内容闻名于世,也被恩格斯称为"包含着新世界观的天才萌芽的第一个文献"。

2. 著作主要内容

《关于费尔巴哈的提纲》由11条笔记构成。其中,第一条和第五条揭露了以费尔巴哈哲学为代表的旧唯物主义对实践的忽视和误解,并由此提出应当从感性的、对象性活动的角度来理解人的存在方式。基于这种实践观,马克思进一步分析了思维的真理性问题(第二条)、人与环境的关系问题(第三条)、彻底的宗教批判即宗教之世俗基础的变革问题(第四条)和理论的神秘主义内容之处理问题(第八条),凸显了实践观点对于一系列传统哲学问题的解构和深化功能。同样是在实践的视域中,马克思还着重论述了人的本质问题。他指出,只有在社会关系中具体地分析人的本质(第六条),克服将人理解为"孤立的个体"或"抽象的类"的错误观点(第七条),才能把握到按照各种相互关系联结起来的"人类社会"或"社会的人类"(第九条、第十条)。作为全篇的总结,第十一条宣告了新世界观与先前所有哲学的根本性区别,表达了马克思将理论与实践相结合、用理论推动"改变世界"的宏伟意图。

第一,科学实践观的形成。在马克思之前,以黑格尔为代表的唯心主义者普遍认为哲学在精神的对象性活动中把握世界;费尔巴哈反对这种主张,而把哲学研究的起点收归世俗,对事物、现实、感性采取片面的直观理解。显然,唯心主义和旧唯物主义都没能站在科学的立场去认识和改造世界,具有天然的历史局限性。马克思敏锐地发现了两者的理论缺陷,在批判的过程中确立了一条从实践出发考察自然、人、社会以及思维本质的新哲学路线,形成了科学的实践观,实现了哲学史上的伟大变革。马克思认为,实践是感性的对象性物质活动。"物质活动"具有能为人的意识所反映的鲜明特点,是一种独立于精神的,不以人的主观意志为转移的客观活动。实践能够造成客观世界的某种变化,把观念存在变成现实存在。与动物本能的消极适应性活动相区别,人的实践活动还表现为人能够按照意识构建蓝图,在头脑中创造出一个理想世界,然后通过实践将其变成现实,这与旧唯物主义把人仅仅视为对象的直观者和反映者是有本质区别的。在批判了旧唯物主义对事物、现实和感性理解的缺陷之后,马克思科学地揭示了不合理的社会现实何以产生,以及人与自然、人与社会、人与人之关系何以形成的内在根据,即实践。马克思明确指出,社会生活在本质上是实践性的。从实践出发考察社会生活的本质,包含三个方面的内容:物质生产实践是人类历史存在与发展的前提,物质实践是一切社会历史的发源地和形成社会各领域的基础,社会实践是人类社会发展与变革的根本动力和根本途径。

第二,"哲学家们只是用不同的方式解释世界,而问题在于改变世界。"①马克思将人们的关注点从宗教世界转移到世俗世界,明确了改变世界的基本前提。马克思揭示了宗教的本质。在马克思看来,"凡是把理论引向神秘主义的神秘东西,都能在人的实践中以及对这种实践的理解中得到合理的解决。"②宗教的本质也应该在实践中,在"宗教的每个发展阶段的现成物质世界中"③去寻找。经由实践,马克思驱散了遮蔽宗教本质的层层迷雾。在

---

① 马克思恩格斯选集(第1卷)[M].北京:人民出版社,2012:136.
② 马克思恩格斯选集(第1卷)[M].北京:人民出版社,2012:135-136.
③ 马克思恩格斯全集(第3卷)[M].北京:人民出版社,1960:170.

《关于费尔巴哈的提纲》中,马克思无情地批判了宗教,并指明了消灭宗教的途径。他明确指出,"对于这个世俗基础本身应当在自身中、从它的矛盾中去理解,并且在实践中使之发生革命。"①宗教异化不是仅仅通过精神批判和理论批判就可以解决的,必须在革命实践中对现实社会的阶级矛盾、一切不合理的社会存在进行无情的批判,只有推翻宗教赖以存在的世俗基础才能把它消灭。马克思在《关于费尔巴哈的提纲》中提出:"旧唯物主义的立脚点是市民社会,新唯物主义的立脚点则是人类社会或社会的人类。"②这表明马克思的历史唯物主义是建立在人类社会的基础之上的。马克思看到了资产阶级的腐朽和贪婪,看到了市民社会的孤立和对抗,他的新唯物主义基于"人类社会"提供的历史材料、基于"人类社会"开展的现实实践,实现了对费尔巴哈哲学最为直接的批判和超越。马克思的"人类社会"和"社会的人类"将具体的现实的人作为起点,并以对象性活动的主体来重新界定"人",突出和强调社会不再是孤立、分离、矛盾和对立着的人构成的社会,而是超越了剥削压迫关系的,无产阶级团结联合、自由全面发展的社会。通过对旧唯物主义的市民社会立场的批判,马克思站在人类社会的基石上找到了克服市民社会阶级基础局限的解放之路,也找到了在新的基点上认识和解释世界的世界观、方法论。在《关于费尔巴哈的提纲》中,马克思直接批判了旧唯物主义的直观性和唯心主义的抽象性缺陷,批判了费尔巴哈哲学视域中的"抽象的人",重新阐释了人的本质。马克思主义哲学的关注点从解释世界转换到现实批判,开启了改变世界的行动转向。

3. 著作意义

马克思在《关于费尔巴哈的提纲》中确立的新唯物主义世界观是科学的世界观,具有颠扑不破的真理性。《关于费尔巴哈的提纲》作为马克思的研究笔记,虽然篇幅不长,但却在马克思主义哲学史上占有十分重要的地位。具体来说,其理论贡献主要表现在以下两个方面:

第一,《关于费尔巴哈的提纲》突出了实践的观点在马克思主义哲学中的基础性地位。在《关于费尔巴哈的提纲》中,马克思从以下几个方面阐述了实践观点的重要意义:①实践作为人的能动的感性活动,是理解现实世界之存在方式的关键;②实践是检验思维真理性的标准;③实践是人与环境相互作用、相互统一的过程;④实践是变革世俗社会、消除宗教异化的根本途径;⑤实践的社会性决定了人的本质在其现实性上"是一切社会关系的总和";⑥实践是全部社会生活的本质;⑦实践的观点是"新世界观"区别于全部旧哲学的标志。不少研究者正是基于《关于费尔巴哈的提纲》的文本,将马克思哲学称为"实践唯物主义"。

---

① 马克思恩格斯选集(第1卷)[M].北京:人民出版社,2012:134.
② 马克思恩格斯选集(第1卷)[M].北京:人民出版社,2012:136.

第二,《关于费尔巴哈的提纲》为历史唯物主义的创立做好了理论准备。我们看到,尽管《关于费尔巴哈的提纲》的理论重心并不在社会历史领域,但马克思在运用实践的观点分析问题的过程中,还是解决了很多社会历史观的基本问题。例如在人与社会环境的关系、宗教异化的社会根源、人的本质、社会生活的本质等问题上,马克思都给出了不同于唯心主义和旧唯物主义的全新理解方式,从而为新历史观的形成开辟了道路。也正因如此,在完成《关于费尔巴哈的提纲》后不久,马克思便和恩格斯一道开始了《德意志意识形态》的写作,并通过该书基本完成了历史唯物主义基本原理的创建工作。

(五)《德意志意识形态》

1. 著作信息

《德意志意识形态》是马克思恩格斯共同创作的哲学著作,该书写于1845年秋至1846年5月。在《德意志意识形态》中,马克思恩格斯以彻底清算"从前的哲学信仰"为契机,首次较为系统地阐述了历史唯物主义的基本原理。

2. 著作主要内容

《德意志意识形态》既是一部阐述历史唯物主义基本原理的宏伟巨著,又是一部批判费尔巴哈、青年黑格尔派和所谓的"真正的社会主义者"的论战性著作。该书以正面阐述和理论批判相结合,在对唯物史观的阐述中贯穿着对唯心史观的批判,同时在对反面观点的批判中也正面阐发了唯物主义历史观的主要内涵。在该书中,马克思恩格斯对以费尔巴哈、鲍威尔和施蒂纳为代表的各式各样唯心史观的思想进行了深刻的分析和批判,并在此基础上,阐述了唯物史观的基本内容。

第一,揭示了物质资料生产在社会生活中的决定作用,论述了生产力和生产关系的辩证关系。马克思恩格斯通过对历史发展四个要素的梳理,通过对分工、所有制形式发展的历史分析,深刻揭示了生产力和生产关系这一社会基本矛盾,从而发现了社会基本矛盾运动是社会发展的根本动力。马克思恩格斯认为,社会历史发展的要素主要体现在:①生产物质生活本身。这是一切历史的第一个前提,"为了生活,首先就需要吃喝住穿以及其他一些东西。因此,第一个历史活动就是生产满足这些需要的资料"[①]。②满足新的需要的再生产。③人口生产。"生命的生产,无论是通过劳动而生产自己的生命,还是通过生育而生产他人的生命,就立即表现为双重关系:一方面是自然关系,另一方面是社会关系"[②]。④人们之间的物质联系,即在生活、生产中形成的各种社会关系。"这种联系是由需要和生

[①] 马克思恩格斯选集(第1卷)[M].北京:人民出版社,2012:158.
[②] 马克思恩格斯选集(第1卷)[M].北京:人民出版社,2012:160.

产方式决定的,它和人本身有同样长久的历史;这种联系不断采取新的形式,因而就表现为'历史',它不需要用任何政治的或宗教的呓语特意把人们维系在一起。"①通过对这四个要素的梳理,马克思恩格斯把物质资料的生产、再生产、人自身的生产和社会关系的形成结合在一起,阐明了人和自然之间的关系(即生产力)、人和人之间的社会关系(即生产关系),并指出这种关系同时表现为一种双重关系,二者相互依存、相互作用。

第二,社会存在和社会意识的辩证关系。马克思恩格斯深刻地指出:"只有在现实的世界中并使用现实的手段才能实现真正的解放;没有蒸汽机和珍妮走锭精纺机就不能消灭奴隶制;没有改良的农业就不能消灭农奴制;当人们还不能使自己的吃喝住穿在质和量方面得到充分保证的时候,人们就根本不能获得解放。"②马克思恩格斯明确指出,是社会存在决定社会意识,而不是相反。关于意识形态的产生,马克思恩格斯指出,人的意识起初只是"对自然界的一种纯粹动物式的意识"或"纯粹的畜群意识",但随着生产效率的提高,物质劳动和精神劳动的分离使得社会中出现了一批专门从事精神生产的个人。由于他们的生活已经远离了直接的物质生产,因而他们能够将思想和观念抽象化为独立于现实世界的精神力量。"从这时候起意识才能现实地想象:它是和现存实践的意识不同的某种东西;它不用想象某种现实的东西就能现实地想象某种东西。从这时候起,意识才能摆脱世界而去构造'纯粹的'理论、神学、哲学、道德等等。"③由此可见,意识形态就其产生来说离不开特定物质生活条件,但它同时却又不可避免地抱有独立化的幻想。特别是在人们的物质生活方式和社会关系还比较狭隘的前工业时代,这种幻想更是根深蒂固。

第三,历史活动是群众的事业。针对唯心主义者对历史创造者的虚妄构想,马克思恩格斯鲜明地指出:"历史活动是群众的事业",决定历史发展的是"行动着的群众"④,"群众给历史规定了它的'任务'和它的'活动'"⑤。马克思恩格斯认为,现实的人"不是处在某种虚幻的离群索居和固定不变状态中的人,而是处在现实的、可以通过经验观察到的、在一定条件下进行的发展过程中的人"⑥。只有把人看作现实的人,才能把握人与社会历史的关系,把握人的现实本质。在社会历史发展过程中,人民群众起着决定性作用。社会基本矛盾推动社会前进的过程同人民群众创造历史的活动内在一致,人民群众的总体行动和总体意愿代表了历史前进的方向,人民群众创造物质财富、精神财富,创造变革社会的感性劳动和实践的总和。

第四,崇高社会理想的坚定信仰是可以通过经验证明的行动。在马克思主义产生以

---

① 马克思恩格斯文集(第1卷)[M].北京:人民出版社,2009:533.
② 马克思恩格斯选集(第1卷)[M].北京:人民出版社,2012:154.
③ 马克思恩格斯文集(第1卷)[M].北京:人民出版社,2009:534.
④ 马克思恩格斯全集(第2卷)[M].北京:人民出版社,1957:104.
⑤ 马克思恩格斯文集(第1卷)[M].北京:人民出版社,2009:285.
⑥ 马克思恩格斯选集(第1卷)[M].北京:人民出版社,2012:153.

前,从来没有人对人类的解放进行过科学的阐述并找到正确的实现路径,即使古今中外很多思想家曾对未来美好社会做过种种构想,但最终都因缺乏对社会历史发展规律的科学认识而陷入乌托邦。马克思恩格斯在《德意志意识形态》中通过对人类社会历史发展规律特别是资本主义社会基本矛盾运动规律的科学分析,论证了共产主义不是存在于观念、意识世界中的幻影,而是现代资本在自身的运动过程中所包含的消灭自身的感性的物质实践活动。当代资本主义力量的全球扩展和不断增长为资本的最终退位提供了物质条件,为共产主义的前提——生产力的普遍发展和与此相联系的世界交往奠定了坚实的基础,如果没有这个前提,共产主义在经验上就是不可能的。共产主义不是脱离实际的学说,而是运动,是用实际手段在物质生活过程中追求实际目的的最实际的运动。"共产主义对我们来说不是应当确立的状况,不是现实应当与之相适应的理想。我们所称为共产主义的是那种消灭了现存状况的现实的运动。这个运动的条件是由现有的前提产生的。"①

3. 著作意义

《德意志意识形态》作为唯物史观基本原理的首次较为系统的阐述,向我们初步澄清了在现代社会的时代语境下应如何理解"人"及其活动、如何理解人类社会及其基础、如何理解意识形态及其作用、如何理解共产主义及其可能性等一系列重要的问题,因而具有重大的理论意义。即使在其成文 170 余年后的今天,《德意志意识形态》也仍然闪耀着思想的光辉。

第一,它从总体上完成了对德国唯心主义哲学的批判。众所周知,马克思恩格斯的哲学思想是在同黑格尔以及黑格尔派哲学家的交锋、论战中不断丰富和发展起来的。为了找到实际的改变现实世界的合理道路,马克思恩格斯先后对黑格尔、鲍威尔、费尔巴哈和施蒂纳等人的学说进行了分别的批判。但直到写作《德意志意识形态》的时候,马克思恩格斯才最终意识到,这些哲学家共同分享的是一种"概念高于现实""思想统治世界"的信念,而这种信念又是与当时德国相对落后的生产力发展水平、不发达的物质交往形式和复杂的阶级关系联系在一起的。因此,只有揭露意识形态虚假的独立性才能彻底清算各种唯心主义幻想,只有依靠德国的现代化和随之而来的无产阶级革命才能彻底消灭各种唯心主义幻想。这便是马克思恩格斯哲学批判的最终结论。

第二,它标志着历史唯物主义的诞生。"人们首先必须吃、喝、住、穿,然后才能从事政治、科学、艺术、宗教等等;所以,直接的物质的生活资料的生产,从而一个民族或一个时代的一定的经济发展阶段,便构成基础,人们的国家设施、法的观点、艺术以至宗教观念,就是从这个基础上发展起来的,因而,也必须由这个基础来解释"②。这是恩格斯在马克思逝世

---

① 马克思恩格斯选集(第1卷)[M].北京:人民出版社,2012:166.
② 马克思恩格斯文集(第3卷)[M].北京:人民出版社,2009:601.

后对历史唯物主义原则的概括,而这一原则的揭示,正是在《德意志意识形态》中首先完成的。在这里需要特别指出的是,"历史唯物主义"中的"历史"所指的并不是与"自然"相对立的社会历史领域,而是与思辨的、永恒的观点相对立的现实历史原则。换言之,"历史唯物主义"是一种从实践的、发展的(因而是历史的)观点出发透视人类世界的总体性的哲学思维方式。

第三,它为马克思的政治经济学批判奠定了坚实的理论基础。《德意志意识形态》之后,马克思随即转向了对现代资本主义社会的专门研究。这并不是偶然的兴趣转移,而恰恰是《德意志意识形态》中历史唯物主义原则的必然要求。也就是说,当马克思恩格斯得出"市民社会是全部历史的真正发源地和舞台"[①]这一结论的时候,对"人类社会向何处去"这一时代大问题的解答也就自然而然地同研究资本主义生产的内在规律联系了起来。如果说《德意志意识形态》提供的是历史唯物主义的一般原则的话,那么,马克思的政治经济学批判就是对历史唯物主义理论内容的具体印证和进一步发展。诚然,在《德意志意识形态》之前,马克思就已经开始了政治经济学批判研究,但那时他还在试图用思辨的方式谈论经济事实。直到《德意志意识形态》之后,他才真正找到了哲学与政治经济学相结合的恰当方式。

(六)《哲学的贫困》

1. 著作信息

《哲学的贫困》是马克思完稿于1847年上半年的著作,它于1847年7月在巴黎和布鲁塞尔出版。《哲学的贫困》是马克思批判法国小资产阶级社会主义者蒲鲁东、阐发新的历史观和经济观的重要著作,标志着马克思新世界观的第一次公开问世。

2. 著作主要内容

在《哲学的贫困》中,马克思批判了蒲鲁东为维护资本主义私有制而散布的取消阶级斗争和社会革命的改良主义观点,批判了他的唯心史观和形而上学方法论,阐明了唯物史观的基本原理,论述了生产力和生产关系的辩证关系以及生产力在社会发展中的决定作用。《哲学的贫困》在批判蒲鲁东主义的同时,也为马克思发现剩余价值规律奠定了理论基础,为科学社会主义奠定了历史唯物主义基石,为世界工人运动提供了科学的世界观和方法论。

第一,坚持历史唯物主义,批判蒲鲁东颠倒经济范畴与现实运动关系的非历史观点。马克思明确指出,任何经济范畴都只是历史的暂时的产物。蒲鲁东从唯心主义出发,把范

---

① 马克思恩格斯文集(第1卷)[M].北京:人民出版社,2009:540.

畴看作历史的动力,完全颠倒了经济范畴与现实运动之间的关系,完全不理解人类历史发展中经济形式的暂时性和历史性。蒲鲁东把资产阶级生产关系说成是"固定不变的、永恒的范畴",这种违背人类社会发展进程的非历史观点必然导致错误的唯心史观。马克思第一次揭示了经济范畴的本质,他指出经济范畴是历史的、暂时的,而非永恒的、固定的。他运用唯物史观表述了社会存在决定社会意识的科学理论,初次揭示了经济范畴的本质。

第二,分析生产力和生产关系的辩证运动,强调生产力的决定作用。马克思分析了整个人类社会历史发展的进程,得出了生产方式是生产力与生产关系的统一,生产力的发展必然引起生产方式更替的科学结论。他明确指出,社会关系和生产力是紧密联系的,生产力的发展改变了人们的生产方式即谋生方式,从而引起了社会关系的改变。他举例说,手推磨产生了封建社会,而蒸汽磨产生了资本主义社会。社会关系和生产力密切相连,社会关系和生产力联系紧密,前者随着后者的变化而变化,这是马克思通过对蒲鲁东著作的批判而直接提出的。在马克思看来,蒲鲁东没有完全具备研究经济发展的全部知识,所以在研究问题时,他只看到了生产力的维度,而忽视了社会关系的维度。在研究现实的经济发展过程时,既要看到生产力的维度,又不能忽视社会关系的维度,马克思就做到了这一点。"生产关系"是历史唯物主义的一个核心范畴,体现的是生产得以进行的形式。历史唯物主义的一系列基本范畴以及相应的辩证关系都是建立在这一范畴之上的。从马克思在《哲学的贫困》中的论述我们可以看出:蒲鲁东的历史观是唯心主义的,他认为先有观念世界,而现实世界是对观念世界的反映,经济范畴不过是观念的一种表现。蒲鲁东并没有看到经济关系的客观性,也没看到经济范畴是经济关系在人们头脑中的能动反映,因此也就无法做到真正理解经济范畴这个概念。马克思在批判蒲鲁东唯心主义观点的同时,提出了自己对经济范畴的理解。他认为,经济范畴是对客观经济关系的反映,指出了经济范畴只不过是生产方面的社会关系的理论表现。

第三,肯定了工人阶级的历史使命和历史地位。在蒲鲁东那里,解决经济与社会问题,即经济发展中所产生的矛盾与经济社会普遍存在的贫富不均问题,需要把分工、机器、竞争、所有权等结合起来,实现价值构成。他认为,社会革命的根本任务在于经济上的革命,也就是首先解决劳动与财产方面的问题,在实现经济革命的基础上进一步推动社会政治革命。正因如此,蒲鲁东认为,资产阶级是进行社会革命的主力军,因为它掌握着社会上绝大部分的财产,并掌控着劳动领域的生产资料与生产方式,而最底层的无产阶级,包括农民与工人阶级,他们并不能够成为革命的领导者与依赖者。在马克思看来,革命阶级是在一切生产工具中最强大的一种生产力,工人阶级是根本改造资本主义社会的革命阶级。无产阶级反对资产阶级剥削压迫的阶级斗争,必将消灭资本主义社会,建立起一个人人平等的共产主义社会。马克思进一步指出,在消除了阶级和阶级对抗的联合体建立起来之前,消灭一切阶级是劳动阶级实现彻底解放的前提条件,全面革命仍然是无产阶级反对资产阶级斗争的最高表现形式。无产阶级要获得自身和劳动阶级的解放必须与广大劳动群众结盟,同反动统治阶级进行坚决的政治斗争。

3. 著作意义

马克思晚年曾阐明其撰写《哲学的贫困》的目的和意义,他明确指出,"为了给只想阐明社会生产的真实历史发展的、批判的、唯物主义的社会主义扫清道路,必须断然同唯心主义的经济学决裂,这个唯心主义经济学的最新的体现者,就是自己并没有意识到这一点的蒲鲁东"①。《哲学的贫困》是马克思将历史唯物主义的新世界观运用于政治经济学批判初步尝试,实现了历史唯物主义与政治经济学批判的最初融汇。

第一,端正政治经济理论思想,坚定发展社会主义市场经济。170多年以前,马克思对蒲鲁东的小资产阶级思想的批判是成功的,它捍卫了马克思主义的真理性。然而,矛盾是永恒的,伴随社会的不断变革,时至今日,马克思主义仍旧不断遭到来自资本主义阵营的诽谤和冲击。我们应该清醒地认识到,在市场经济条件下,无论是政治经济领域还是意识形态领域,斗争仍然没有结束;尽管斗争的形式和起因与往日不同,但这种博弈仍在继续。正因如此,我们要同蒲鲁东主义的思想进行彻底的斗争,保持我们自己思想的纯洁性,捍卫马克思主义的真理性,要多维度、多角度地去阐述和理解《哲学的贫困》的现实意义。

第二,坚定马克思主义信仰,反对错误思想。联系当前我国实际,在新的历史方位上,在中国共产党的领导下,坚定马克思主义信仰,坚持唯物主义历史观,坚持以习近平新时代中国特色社会主义思想为指导,坚决反对错误思潮干扰马克思主义在意识形态领域的主导地位,彻底反对小资产阶级的政治经济学理论,通过稳扎稳打的细致工作,促进市场经济的健康发展,加强社会高质量建设,加快社会主义现代化建设,努力实现中华民族伟大复兴的中国梦。

(七)《共产党宣言》

1. 著作信息

《共产党宣言》是马克思恩格斯为人类历史上第一个无产阶级政党——"共产主义者同盟"——起草的纲领,是国际共产主义运动的第一个纲领性文献。这篇宣言是马克思主义诞生的标志性著作,同时也是具有世界意义的、对现代社会变革和思想革命影响深远的经典文献之一。

2. 著作主要内容

受共产主义者同盟第二次代表大会的委托,马克思恩格斯于1847年12月至1848年1

---

① 马克思恩格斯全集(第25卷)[M].北京:人民出版社,2001:425-426.

月撰写完成了《共产党宣言》。这篇宣言是理论与实践相结合的产物,是马克思主义与国际共产主义运动相结合的典范之作。

第一,运用历史唯物主义的基本原则,重点阐述了资产阶级社会里的经济基础与上层建筑之间的内在关联。当资本主义凭借大工业、世界市场、现代交通等要素加速了现代生产力的发展时,资产阶级就会相应地要求政治上的统治,或相对应的政治上层建筑就会出现。不仅如此,生产力的加速发展将导致生产力与资产阶级生产关系之间的尖锐矛盾,导致资产阶级与无产阶级之间的不可调和的矛盾与斗争。"社会所拥有的生产力已经不能再促进资产阶级文明和资产阶级所有制关系的发展;相反,生产力已经强大到这种关系所不能适应的地步,它已经受到这种关系的阻碍;而它一着手克服这种障碍,就使整个资产阶级社会陷入混乱,就使资产阶级所有制的存在受到威胁。"①

第二,运用阶级理论的基本观点,详细论述了阶级斗争的一般性与特殊性。《共产党宣言》从一般性的角度阐述了不同历史时代的阶级斗争形式,从而强调了阶级斗争始终伴随着人类历史的进程。此外,它还重点强调了阶级斗争在资产阶级社会中的特殊性。这种特殊性首先呈现为阶级对立的简单化——"我们的时代,资产阶级时代,却有一个特点:它使阶级对立简单化了。整个社会日益分裂为两大敌对的阵营,分裂为两大相互直接对立的阶级:资产阶级和无产阶级。"②这种特殊性还呈现为阶级斗争形式的复杂化与多样化,即阶级斗争不仅包括经济斗争还包括政治斗争,阶级斗争的范围从一国向世界范围的拓展,等等。

第三,重点分析了资产阶级社会中资产阶级与无产阶级产生的历史背景,并客观评价了资产阶级、无产阶级以及中间阶级的历史地位和社会贡献。《共产党宣言》充分肯定了"资产阶级在历史上曾经起过非常革命的作用"③。比如,"资产阶级在它已经取得了统治的地方把一切封建的、宗法的和田园诗般的关系都破坏了。"④"资产阶级……把一切民族甚至最野蛮的民族都卷到文明中来了"⑤,等等。然而另一方面,《共产党宣言》强调,资产阶级的进步同时也带来了自身无法解决的危机,即社会生产力的飞速发展与生产资料私人所有制之间的冲突。在这种情况下,克服危机的唯一途径是无产阶级革命,即由联合起来的无产阶级来完成消灭资产阶级私有制和阶级对立的历史任务。正是在这一意义上,"资产阶级的灭亡和无产阶级的胜利是同样不可避免的"⑥。

第四,深刻阐明了共产党的理论原则、行动目标及无产阶级专政的具体措施等,并驳斥

---

① 马克思恩格斯文集(第2卷)[M].北京:人民出版社,2009:37.
② 马克思恩格斯文集(第2卷)[M].北京:人民出版社,2009:32.
③ 马克思恩格斯文集(第2卷)[M].北京:人民出版社,2009:33.
④ 马克思恩格斯文集(第2卷)[M].北京:人民出版社,2009:33-34.
⑤ 马克思恩格斯文集(第2卷)[M].北京:人民出版社,2009:35.
⑥ 马克思恩格斯文集(第2卷)[M].北京:人民出版社,2009:43.

了众多关于共产主义和共产党人的歪曲解释与责难。《共产党宣言》强调,共产党是无产阶级的政党,具有同整个无产阶级相一致的阶级利益。不仅如此,共产党不同于其他无产阶级政党,是因为它始终坚持无产阶级利益的世界性,而且在所有工人政党中是最坚决的和始终代表无产阶级运动方向的那个部分。它还强调,共产党的最近目标是推翻资产阶级统治并建立无产阶级专政。为了夺取政权,无产阶级要通过暴力革命的方式上升为统治阶级,并利用自身的政治统治,逐步消灭生产资料私有制,从而在根本上变革资产阶级的生产方式。而且,《共产党宣言》明确指出,共产党的理论原则是消灭资产阶级的私有制,"把资本变为公共的、属于社会全体成员的财产"①,消灭雇佣劳动的社会条件,从而使劳动由生存手段恢复为人的个性与独立性的表达。此外,针对那些主张消灭资产阶级私有制就是消灭个人财产并导致懒惰,消灭雇佣劳动就是消灭个性与自由,消灭阶级的教育就是消灭一切教育,消灭资产阶级的家庭关系就是公妻制,责备共产党人取消祖国和民族等错误观点,马克思恩格斯在《共产党宣言》中都逐一进行了驳斥。

第五,立足于阶级理论的一般原则,旗帜鲜明地批判了当时流行的各式各样的、非无产阶级的社会主义和共产主义思潮或派别。《共产党宣言》批判了反动的社会主义。反动的社会主义包括封建的社会主义、小资产阶级的社会主义、德国的或"真正的"社会主义。这些社会主义所代表的不是无产阶级的利益,而是封建贵族阶级、小资产阶级和小农阶级的利益,因而这些社会主义"或者是企图恢复旧的生产资料和交换手段,从而恢复旧的所有制关系和旧的社会,或者是企图重新把现代的生产资料和交换手段硬塞到已被它们突破而且必然被突破的旧的所有制关系的框子里去"②。总之,这些社会主义既是空想的,又是反动的。此外,《共产党宣言》还批判了保守的或资产阶级的社会主义。这种社会主义的倡议者是资产阶级中的一部分人,如经济学家、博爱主义者、人道主义者、慈善家、动物保护协会会员等,他们"想要消除社会的弊病,以便保障资产阶级的生产"③。因此,尽管这种社会主义常常打着"为了无产阶级的利益"这种旗号,但就其实质而言,它不可能代表无产阶级的利益。不仅如此,《共产党宣言》还批判了那种"批判的空想的社会主义和共产主义",即通常所说的"空想社会主义"。这种社会主义与共产主义的鼓吹者"看不到无产阶级方面的任何历史主动性,看不到它所特有的任何政治运动"④,因而"他们总是不加区别地向整个社会呼吁,而且主要是向统治阶级呼吁","他们想通过和平的途径达到自己的目的,并且企图通过一些小型的、当然不会成功的试验,通过示范的力量来为新的社会福音开辟道路"⑤。总之,虽然这种社会主义包含不少批判的成分,但由于对阶级斗争和政治运动的错误理解,这

---

① 马克思恩格斯文集(第2卷)[M].北京:人民出版社,2009:46.
② 马克思恩格斯文集(第2卷)[M].北京:人民出版社,2009:57.
③ 马克思恩格斯文集(第2卷)[M].北京:人民出版社,2009:60.
④ 马克思恩格斯文集(第2卷)[M].北京:人民出版社,2009:62.
⑤ 马克思恩格斯文集(第2卷)[M].北京:人民出版社,2009:63.

种社会主义注定只能停留在理论层面。

第六,简明扼要地阐明了共产党人针对各种不同党派所应采取的正确态度,强调了这一态度至少应包括批判的态度、教育的态度与广泛支持的态度。《共产党宣言》指出,共产党人时刻都不应放弃对资产阶级的批判态度,始终强调所有制问题是运动的根本问题,暴力革命是推翻全部现存社会制度的唯一方式,以此牢牢地把握革命的根本方向。而且,共产党人不应放松对工人阶级的教育,应该使无产阶级明确意识到资产阶级与无产阶级的对立是资本主义社会中的根本对立。为了实现无产阶级专政这一目标,共产党人还应支持一切反对现存社会制度和政治制度的革命运动,应努力争取全世界民主政党之间的团结与合作。正是在这一背景下,马克思恩格斯强调全世界无产者都应该充分地联合起来。

3. 著作意义

《共产党宣言》系统地阐明了历史唯物主义的基本原理,揭示了资本主义必然灭亡、社会主义必然胜利的趋势和途径,在整个马克思主义发展史中具有不可低估的理论价值。今天,我们有必要立足于170年来马克思主义发展史及人类社会发展史上的重大变化,重估这份历史文献的重要意义。

第一,《共产党宣言》是国际共产主义运动的第一个纲领性文件,是集中体现历史唯物主义基本原则的历史性文献。在马克思和恩格斯写作《共产党宣言》之前,他们都经历了一段思想转变和逐步升华的历程。从19世纪30年代至40年代初追随青年黑格尔派,到后来全面批判黑格尔的唯心主义和费尔巴哈的直观唯物主义,再到19世纪40年代开始对古典政治经济学的研究与批判,马克思恩格斯最终与青年黑格尔派划清界限,逐步创立了历史唯物主义。正如恩格斯在《共产党宣言》"序言"中所指出的那样,贯穿于《共产党宣言》的基本思想正是历史唯物主义的两大原则:一是经济生产始终构成任何时代政治生活与精神生活的基础,二是阶级斗争贯穿于(原始土地公有制解体以来的)整个人类历史。从文献发表的角度来看,尽管《德意志意识形态》对历史唯物主义的阐发要早于《共产党宣言》,但由于《德意志意识形态》在马克思恩格斯生前未能出版,所以在很长一段时间内,历史唯物主义主要是经由《共产党宣言》而成为全世界无产阶级与劳动群众的思想武器的。

第二,《共产党宣言》是马克思主义第一次明确而公开地将自身的理论与无产阶级运动相关联的重要文献。《共产党宣言》鲜明地贯彻了理论与实践相一致的原则:它明确地将历史唯物主义的原则运用在关于资本主义社会及其根本矛盾的理解上,既密切关注资本主义经济生活的重大变革及相应的经济理论,又时刻关注欧洲无产阶级革命的困境、解决方案与前景。《共产党宣言》第一次明确地宣称无产阶级必须通过暴力革命的方式推翻资产阶级统治,第一次系统阐述了资产阶级统治必将被无产阶级专政所取代,第一次提出了共产党应为无产阶级运动提供理论指导……。事实上,《共产党宣言》作为马克思恩格斯为共产主义者同盟所撰写的党纲,它本身就反映了马克思恩格斯力求将历史唯物主义的基本理论以通俗易懂的方式呈现出来，并以此从理论上指导当时的工人运动，使其能真正地代表共产主义运动方向的理论努力。

第三，《共产党宣言》在马克思主义形成史上是一部承上启下的经典文献。《共产党宣言》完成之后，马克思恩格斯并没有止步于《共产党宣言》所取得的理论成就。一方面，他们持续地关注欧美各国的阶级斗争状况，相继撰写了《法兰西内战》《路易·波拿巴的雾月十八日》《哥达纲领批判》等传世之作，详细地剖析了包括法国在内的欧美阶级状况及无产阶级革命中暴露的问题。另一方面，他们更为系统地研究资本主义的经济结构与经济危机，撰写了若干部经济学手稿及著名的《资本论》，为无产阶级革命的政治组织形式与斗争策略提供了充分的理论准备和科学依据。在马克思和恩格斯去世之后，《共产党宣言》通过在世界范围的翻译和出版，不仅极大地推动了马克思主义的传播与发展，而且成为国际工人运动公认的共同纲领，对20世纪以来的社会主义运动和民族解放运动等产生了深远的影响。

（八）《反杜林论》

1. 著作信息

《反杜林论》写于1877年，这是恩格斯为批判欧根·杜林在哲学、政治经济学和社会主义领域的错误观点，回击杜林对马克思学说的进攻，并清除杜林思想在德国社会民主党内的影响而撰写的一部重要著作。在1890年9月致约瑟夫·布洛赫的信中，恩格斯明确指出他在《反杜林论》和《路德维希·费尔巴哈和德国古典哲学的终结》这两本书中"对历史唯物主义作了就我（指恩格斯——引者注）所知是目前最为详尽的阐述"[①]。

2. 著作主要内容

通过对杜林思想的系统批判，恩格斯对马克思主义的三个组成部分——哲学、政治经济学和科学社会主义做了全面系统的阐述，揭示了这三个组成部分之间的内在联系，指出唯物辩证法和唯物史观作为科学的世界观和方法论，贯穿于马克思主义政治经济学和科学社会主义，而唯物史观和剩余价值理论的创立使社会主义由空想变为科学。

第一，批判了杜林的唯心主义哲学体系。首先，恩格斯批判了杜林唯心主义先验论的"原则在先"观点；其次，批判了杜林建立"终极真理"体系的形而上学思维方法；再次，阐述了思维和现实的关系及意识的相对独立性。恩格斯强调，思想原则不是先于自然界和人类社会而存在的东西，不是研究事物的出发点，而是它的最终结果。这些原则不是被应用于自然界和人类社会、历史，而是从它们之中抽象出来的。不是自然界和人类社会去适应原则，而是原则只有在适合于自然界和历史的情况下才是正确的。

---

① 马克思恩格斯文集(第10卷)[M].北京:人民出版社,2009:593.

第二，阐明了世界的物质统一性。通过对杜林哲学体系的考察，恩格斯指出，仅仅说明世界具有统一性是不够的，还必须对存在本身作出说明。存在既可以是物质的东西，也可以是思维的东西，无论是唯物主义哲学家还是唯心主义哲学家，都要先赋予存在一定的规定性，然后才能说明世界的统一性。唯物主义应明确提出物质性概念，阐明存在的物质性规定，并以此证明世界的物质统一性。

第三，探讨了时间和空间、运动和物质的关系。恩格斯辩证地分析了物质和运动、运动和静止以及量变和质变的相互关系，以此说明物质是怎样存在的。恩格斯还高度肯定了达尔文的生物进化学说，批判了杜林对生命起源问题的无知，并给生命下了科学的定义。

第四，阐明了马克思主义的真理观。恩格斯提出并论证了思维能力的至上性和非至上性的辩证关系，论述了真理的条件性和相对性，揭示了真理和谬误的对立统一关系。

第五，阐发了马克思主义的平等观和自由观。恩格斯通过批判杜林超历史、超阶级的"绝对平等""绝对自由"论，论证了平等的观念是历史的产物，指明了自由在于认识规律并有计划地使自然规律为一定目的服务。

第六，阐释了唯物辩证法的三大基本规律。首先，批判杜林否认事物矛盾的观点，论述了事物发展的矛盾规律；其次，驳斥杜林对《资本论》的歪曲，阐述了质量互变规律的客观性和普遍性；最后，揭露杜林关于"辩证法的拐杖"的观点，系统说明了否定之否定规律。

第七，揭露了杜林江湖骗子的实质。恩格斯指出，杜林的世界模式论只是黑格尔逻辑学的一个肤浅的无以复加的复制品；杜林给我们提供的天体演化学，充满着最无可救药的混乱观点；杜林对有机界的论述，处处证明了他的无知；在道德和法的领域中，杜林同样表现出很少见的无知。杜林把费希特、谢林和黑格尔这样的哲学家叫作江湖骗子，实际上他自己才是真正的江湖骗子。

3. 著作意义

《反杜林论》总结了马克思主义诞生以来无产阶级革命的经验和自然科学成就，在马克思主义发展史上具有重要的意义。它第一次系统阐述了马克思主义的三个组成部分——哲学、政治经济学和科学社会主义及其内在联系，通篇贯穿了唯物辩证法和唯物史观的科学世界观和方法论。《反杜林论》在发展马克思主义理论方面有着极大的贡献，被列宁誉为"是一部内容十分丰富、十分有益的书"[1]，"同《共产党宣言》一样，都是每个觉悟工人必读的书籍"[2]。

第一，捍卫和发展了马克思主义。《反杜林论》是时代的产物，是恩格斯顺应当时德国工人阶级政党建设的迫切要求，在马克思的积极支持和合作下写成的。《反杜林论》的问世，不仅成功地抵制和消除了杜林思想理论对德国工人政党的影响，增强了党组织的团结

---

[1] 列宁专题文集：论马克思主义[M].北京：人民出版社，2009：58.
[2] 列宁专题文集：论马克思主义[M].北京：人民出版社，2009：67.

和发展,而且在理论上有力地武装了德国工人政党,提高了党的理论水平。完全可以说,19世纪70年代以后参加国际社会主义运动的每一代人,都从这部巨著中学到了科学社会主义学说及其理论基础——历史唯物主义,为树立马克思主义世界观、坚定共产主义信念,获得了巨大的教益和力量。

第二,首次系统阐述了马克思主义三个组成部分及其内在联系。恩格斯总结了马克思主义诞生以来无产阶级革命的经验和自然科学成就,使马克思主义成为一个不可分割的、严密而完整的科学体系,阐明了辩证唯物主义和历史唯物主义是唯一科学的世界观和方法论。在这一体系中,马克思主义哲学是马克思主义理论大厦的基础,而政治经济学为马克思主义理论做了严密的论证,科学社会主义是马克思主义理论的归宿。在《反杜林论》的"概论"中,恩格斯评述了社会主义理论产生的社会历史条件和马克思以前的各种社会主义流派的唯心史观,阐明了唯物史观和唯物辩证法的形成过程,以及唯物史观和唯心史观、辩证法和形而上学的根本区别,指出马克思创立的唯物史观和剩余价值理论使社会主义从空想变成科学。在《反杜林论》的"哲学编"中,恩格斯批判了杜林的先验主义,科学地阐明了思维和存在的关系,指出思维是存在的反映原则,不是研究的出发点,而是研究的最终成果,原则只有在符合自然界和历史的情况下才是正确的。他阐述了世界的真正统一性在于物质性、一切存在的基本形式是时间和空间、运动是物质的存在方式等一系列辩证唯物主义的基本原理;论述了唯物辩证法的基本规律——矛盾规律、质量互变规律和否定之否定规律,指出辩证法是关于自然界、人类社会和思维的科学,是运动和发展普遍规律的科学。他总结了19世纪自然科学的成就,揭示了辩证唯物主义的自然科学基础。他还阐明了人类认识的辩证过程、相对真理和绝对真理的辩证关系,以及马克思主义的道德观、平等观和自由观。

总之,《反杜林论》第一次完整地构建了马克思主义的理论体系,在马克思主义发展史和马克思主义哲学史上都占有极为重要的地位,闪烁着耀眼的理论光芒。

(九)《路德维希·费尔巴哈和德国古典哲学的终结》

1. 著作信息

《路德维希·费尔巴哈和德国古典哲学的终结》是恩格斯完成于1886年的一部经典著作,同年首次刊登在德国社会民主党的理论刊物《新时代》杂志第四、五期上。1888年,恩格斯对该书略加修订,并把马克思于1845年所写的《关于费尔巴哈的提纲》作为附录一并公开出版。

2. 著作主要内容

在《路德维希·费尔巴哈和德国古典哲学的终结》中,恩格斯回顾了马克思主义哲学的形成和发展过程,详细论述了马克思主义哲学与德国古典哲学的内在联系及本质区别。同时,系统地阐述了马克思主义哲学的基本观点,特别是历史唯物主义的基本原理。在此基础上,恩格斯深刻阐述了马克思主义哲学创立的伟大意义。

第一,阐述了生产方式的内在矛盾是社会发展的决定力量,是阶级斗争的根源。恩格斯指出,社会发展史的独特之处体现为"在社会历史领域内进行活动的,是具有意识的、经过思虑或凭激情行动的、追求某种目的的人"①。为此就要揭示引起人民群众、每一民族中的整个阶级行动起来的动机,持久的、引起重大历史变迁行动的动机。恩格斯认为,一切政治斗争都表现为阶级斗争,而阶级斗争也必然具有政治的形式,但不论是何种形式,它都是"由生产力和交换关系的发展决定的"②。

第二,揭示了社会历史发展所具有的客观规律性。恩格斯认为,在社会历史中也和在自然界中一样,在表面上是偶然性起作用的地方,这种偶然性始终是受内部隐蔽着的规律所支配的。历史发展是偶然性和必然性的统一,偶然性受必然性支配,所以只有不拘泥于历史的细节,探究持久的引起重大历史变迁的行动背后的原因,才能透过偶然的表现找到支配历史进程的规律。

第三,阐释了经济和政治、经济基础和上层建筑的辩证关系原理。国家政治制度从属于经济基础。恩格斯指出,任何政治斗争都是阶级斗争,而任何争取解放的阶级斗争,尽管它必然地具有政治的形式(因为任何阶级斗争都是政治斗争),但其归根到底都是围绕着经济解放来进行的。人们进行政治斗争、夺取政权,目的是获得经济的解放。因此,对一个国家来说,政治制度是一种从属的东西,而经济关系则是决定性的因素,经济基础决定意识形态等上层建筑。一个阶级是社会上占统治地位的物质力量,同时也是社会上占统治地位的精神力量,它既支配着物质生产资料,同时也支配着精神生产资料。所以,国家一旦产生,马上就产生了相应的意识形态,使占统治地位的物质关系也以思想的形式表现出来,并且为物质关系服务。

第四,批判了费尔巴哈的唯心主义历史观,指出人是现实的人而非抽象的人。恩格斯认为,在费尔巴哈那里,人是感性的、有血有肉的、生物学和生理学的实体,所以他"在每一页上都宣扬感性,宣扬专心研究具体的东西、研究现实"③,但是他在"一谈到人们之间纯粹的性关系以外的某种关系,就变成完全抽象的了"④。与黑格尔的伦理学相比,费尔巴哈的伦理学表现出一种"惊人的贫乏",其原因就在于它是从抽象的人和"善"出发,仅仅在人与人的社会关系中看到了"道德"的一面。费尔巴哈把人的社会关系简单化了,只是将其视为一种道德关系,因而脱离了社会现实。恩格斯强调,费尔巴哈哲学以此为基础的"人"是一

---

① 马克思恩格斯文集(第4卷)[M].北京:人民出版社,2009:302.
② 马克思恩格斯文集(第4卷)[M].北京:人民出版社,2009:306.
③ 马克思恩格斯文集(第4卷)[M].北京:人民出版社,2009:290.
④ 马克思恩格斯文集(第4卷)[M].北京:人民出版社,2009:290.

种抽象的人,而"不是生活在现实的、历史地发生和历史地确定了的世界里面"①之现实的人,不是处于一定的感性社会关系中的人。这就是费尔巴哈的唯物主义是半截子的唯物主义的根源所在。

3. 著作意义

作为一部马克思主义哲学的经典著作,《路德维希·费尔巴哈和德国古典哲学的终结》揭示了马克思主义哲学的理论来源和基础,阐述了马克思主义哲学的主要内容及其实现的伟大变革。具体而言,这一著作主要有以下三个方面的理论贡献。

第一,全面阐述了马克思主义哲学与德国古典哲学的关系,澄清了马克思主义哲学形成史上的重大理论问题。在马克思主义哲学的形成和创立过程中,马克思和恩格斯深受德国古典哲学的影响。在《路德维希·费尔巴哈和德国古典哲学的终结》的叙述逻辑中,始终贯穿着一条"黑格尔哲学—费尔巴哈哲学—马克思主义哲学"的逻辑线索。如果说费尔巴哈哲学是马克思和恩格斯转向唯物主义的中介,那么黑格尔哲学则是他们真正走向历史唯物主义的领路者。马克思和恩格斯不仅继承了费尔巴哈哲学的基本内核和黑格尔哲学的合理内核,而且还对二者进行了批判性的改造。恩格斯在《路德维希·费尔巴哈和德国古典哲学的终结》这部著作中,对马克思主义哲学与德国古典哲学尤其是黑格尔哲学和费尔巴哈哲学关系的阐明,既"终结"了德国古典哲学(即充分吸取其中的有益成果,扬弃其糟粕),又指明了德国古典哲学的"出路"(即开辟了马克思主义哲学这一全新的哲学道路)。通过对马克思主义哲学与德国古典哲学关系的全面阐述,恩格斯不仅回应了各种错误思潮对马克思主义哲学的歪曲和攻击,捍卫了马克思主义哲学的纯洁性,而且还澄清了马克思主义哲学的理论来源问题,促进了马克思主义哲学更加广泛深入的传播。

第二,深刻论述了哲学基本问题,揭示了马克思主义哲学的革命意涵。在《路德维希·费尔巴哈和德国古典哲学的终结》中,恩格斯关于哲学基本问题的详细论述,为我们界分唯物主义哲学和唯心主义哲学提供了科学依据。在说明了"全部哲学,特别是近代哲学的重大的基本问题,是思维和存在的关系问题"之后,恩格斯明确划定了哲学基本问题的边界,强调不能给思维和存在谁是第一性或谁是本原的问题"加上别的意义"②。恩格斯之所以要这样强调,为的就是要把马克思主义哲学同旧唯物主义哲学从根本上界分开来。众所周知,在马克思主义哲学产生以前,旧唯物主义哲学也承认自然界的第一性,马克思主义哲学也是以此为前提的。但是,与旧唯物主义哲学不同,马克思主义哲学发现了唯物主义与辩证法相结合的阿基米德点——实践。实践即"感性的人的活动"③观点的提出,是马克思主

---

① 马克思恩格斯文集(第4卷)[M].北京:人民出版社,2009:290.
② 马克思恩格斯文集(第4卷)[M].北京:人民出版社,2009:278.
③ 马克思恩格斯文集(第1卷)[M].北京:人民出版社,2009:499.

义哲学真正超越旧唯物主义哲学和唯心主义哲学的基础,也是马克思主义哲学的革命意涵之所在,因为实践本身就是一种"'革命的'、'实践批判的'活动"①。

第三,系统阐释了历史唯物主义基本原理,确立了理解社会现实生活的科学原则。在《路德维希·费尔巴哈和德国古典哲学的终结》中,恩格斯系统阐释了社会历史发展的一般规律、社会历史发展的根本动力、生产力与生产关系的辩证法、经济基础与上层建筑的辩证关系等历史唯物主义基本原理,为人们正确认识世界和改造世界提供了科学的指导。生产力与生产关系、经济基础与上层建筑的矛盾运动,是推动社会历史发展的根本动力。就经济基础与上层建筑的辩证关系而言,国家、法律、哲学和宗教等上层建筑都是由经济基础决定的,但它们反过来又对经济基础产生影响。但是,对于这一基本原理不能做僵化式的、教条式的理解。通过对马克思主义哲学特别是历史唯物主义基本原理的系统论述,恩格斯为工人阶级和国际共产主义运动提供了重要的思想武器。

(十) 关于历史唯物主义的八封书信

1. 著作信息

《马克思致帕维尔·瓦西里耶维奇·安年科夫》(1846年12月28日)、《马克思致约瑟夫·魏德迈》(1852年3月5日)、《马克思致路德维希·库格曼》(1868年7月11日)、恩格斯《致康拉德·施米特》(1890年8月5日)、恩格斯《致约瑟夫·布洛赫》(1890年9月21—22日)、恩格斯《致康拉德·施米特》(1890年10月27日)、恩格斯《致弗兰茨·梅林》(1892年9月28日)、恩格斯《致瓦尔特·博尔吉乌斯》(1894年1月25日),共同构成了关于历史唯物主义的八封书信。这八封书信的写作时间跨度很长,从1846年12月28日马克思写给安年科夫的信,到1894年1月25日恩格斯写给博尔吉乌斯的信,前后经历了近五十年的时间。这些书信在一定程度上反映了马克思恩格斯所创立的历史唯物主义形成和发展的整个过程。它在马克思主义发展史上占有极为重要的地位,是我们学习和研究历史唯物主义的重要文献。

2. 著作主要内容

1) 马克思的三封书信

《马克思致帕维尔·瓦西里耶维奇·安年科夫》这封信是马克思为批判蒲鲁东的《贫困的哲学》一书而写的。安年科夫是俄国自由派地主、文学家,他在1846年11月1日写信给马克思,谈了自己对蒲鲁东的《贫困的哲学》一书的看法,并征求马克思的意见。由于书商

---

① 马克思恩格斯文集(第1卷)[M].北京:人民出版社,2009:499.

的拖延,马克思到1846年12月底才看到蒲鲁东这部著作,他用了两天的时间将其浏览了一遍,并给安年科夫写了这封回信。马克思在给安年科夫的信中,对蒲鲁东的唯心史观和改良主义思想做了无情的揭露和批判,并系统地阐述了他和恩格斯创立的唯物史观基本思想,第一次对他们这个新的世界观做了完整的描述。马克思在这封信中,系统地阐明了社会历史是生产方式发展的历史,生产力的发展决定了人们的生产关系并最终决定了全部社会关系,由此从总体上揭示了社会生活各个方面的内在联系及其发展规律,并把社会形态的发展看作自然历史过程。所谓自然历史过程,指的就是社会同自然界一样是一个客观的合乎规律的辩证发展过程。

在《马克思致约瑟夫·魏德迈》中,马克思简明地概括了他对阶级和阶级斗争理论的新贡献。约瑟夫·魏德迈是马克思和恩格斯的朋友,共产主义者同盟的盟员,1851年流亡美国。马克思在1852年3月写这封信的时候,魏德迈正在美国同否认阶级斗争和阶级存在的卡尔·海因岑展开论战。马克思在信中支持魏德迈的观点,称赞他"驳斥海因岑的文章写得很好","写得既泼辣又细腻","称得上是名副其实的论战"。① 他向魏德迈提供了许多意见和相关的材料,批驳了海因岑等人否认阶级和阶级斗争的观点。他说:"你可以利用上述意见中你认为有用的东西。"② 就是在这里,马克思对阶级和阶级斗争问题作出了一段经典性的表述:"……至于讲到我,无论是发现现代社会中有阶级存在或发现各阶级间的斗争,都不是我的功劳。在我以前很久,资产阶级历史编纂学家就已经叙述过阶级斗争的历史发展,资产阶级经济学家也已经对各个阶级作过经济上的分析。我所加上的新内容就是证明了下列几点:(1)阶级的存在仅仅同生产发展的一定历史阶段相联系;(2)阶级斗争必然导致无阶级专政;(3)这个专政不过是达到消灭一切阶级和进入无阶级社会的过渡……"③

在《马克思致路德维希·库格曼》中,马克思批判了资产阶级庸俗经济学家对《资本论》的攻击,批评空谈家对"价值"的阐述,从历史唯物主义的高度,深刻阐述了价值理论的精神实质,认为价值是在经济生活中呈现出来的,哲学研究不是脱离历史的臆想。路德维希·库格曼是一名德国妇科医生,也是第一国际的会员。他是马克思恩格斯以及他们学说的"狂热的崇拜者",他收集了许多马克思恩格斯的著作,比马克思恩格斯两人自己留存的加在一起还要完备得多。他一开始极其关注马克思的经济学著作,并在与马克思的通信中就《资本论》进行了深刻的讨论。

2)恩格斯的五封书信

恩格斯写给康拉德·施米特(1890年8月5日和同年10月27日两次,共两封书信)、

---

① 马克思恩格斯全集(第28卷)[M].北京:人民出版社,1973:504.
② 马克思恩格斯全集(第28卷)[M].北京:人民出版社,1973:509.
③ 马克思恩格斯文集(第10卷)[M].北京:人民出版社,2009:106.

约瑟夫·布洛赫、弗兰茨·梅林、瓦尔特·博尔吉乌斯的这五封书信,都是恩格斯在十九世纪九十年代所写的,它们有着共同的历史背景。在十九世纪九十年代,马克思主义广泛传播并日益同工人运动相结合;而在德国却出现了一股反马克思主义的思潮,直接攻击历史唯物主义,还有许多人标榜自己是历史唯物主义者,把唯物史观当作标签,到处乱贴。这在思想上造成了极大的混乱。针对这种情况,恩格斯在他晚年写了许多书信,以澄清理论上的混乱。在这五封书信中,恩格斯在全面论述生产力和生产关系、经济基础和上层建筑辩证关系的基础上,着重阐明了上层建筑诸因素的相对独立性和反作用的原理。

第一,经济基础和上层建筑的相互作用。恩格斯在致布洛赫的信中明确指出,"这里表现出这一切因素的交互作用,而在这种交互作用中归根到底是经济运动作为必然的东西通过无穷无尽的偶然事件……向前发展"①。这种交互作用表现为上层建筑各种因素之间以及上层建筑和经济因素之间的相互联系和相互影响。上层建筑参与到社会经济运动中来,是经济运动的必然性,它是以偶然的形式表现出来的,社会历史运动形成一个复杂的运动过程。恩格斯还指出,经济是基础,但对历史斗争的进程发生影响并且在许多情况下主要决定这一斗争形式的,还有上层建筑的各种因素。恩格斯在 1890 年 10 月 27 日致施米特的信中指出,国家权力对于经济发展的反作用可能有三种情况:一是沿着同一方向起作用,这种情况会使经济发展得较快;二是沿着相反方向起作用,阻碍经济的发展;三是国家权力暂时改变经济发展的方向,但最终还是变成上述第一种或第二种情况。

第二,社会意识形态具有相对独立性。恩格斯在通信中精辟地论述了意识形态依赖于社会存在,但又有自身发展的规律,各种社会意识形态都有自己发展的历史。恩格斯阐明了社会意识具有相对独立性的观点,并揭示了社会意识相对独立性的几个主要表现:社会意识形成和发展的历史继承性;社会意识形态的发展和经济发展水平的不平衡性;各种社会意识形态之间的相互制约性。

第三,社会发展过程的"历史合力论"思想。恩格斯在致布洛赫的信中指出,"历史是这样创造的:最终的结果总是从许多单个的意志的相互冲突中产生出来的,而其中每一个意志,又是由于许多特殊的生活条件,才成为它所成为的那样。这样就有无数互相交错的力量,有无数个力的平行四边形,由此就产生出一个合力"②,"一个总的合力"。每个意志又"包括在这个合力里面"。"合力"原理说明在历史形成中,每个人的意志不等于零。人人都参与历史的活动,因而每个人的意志都包括在合力之中。每个人在历史活动中所起的作用有正负和大小之分,凡是个人的意志和愿望符合历史发展的方向,反映历史发展的趋势,则在历史"合力"中起推动作用;反之,则起阻碍历史发展的作用。"合力"作用的大小是同个人的主观努力程度、所处的历史条件和社会地位相联系的。"合力"并不是各种意志和力量

---

① 马克思恩格斯选集(第4卷)[M].北京:人民出版社,2012:604.
② 马克思恩格斯选集(第4卷)[M].北京:人民出版社,2012:605.

的简单相加,而是各种意志和力量相互冲突、交互作用的结果。这表明,每个人的意志在历史形成中都有自己的独特作用,但任何个人的意志都不能决定历史的命运。在历史"合力"中,生产关系体系中处于相同或相近的经济地位、根本利益一致或基本一致的人,又具有大体相同的意志和愿望,并以阶级意志、社会集团意志表现出来。其中符合生产力发展要求,代表进步生产关系的社会力量在历史发展中起主导作用,决定着历史发展的方向和进程。所以,历史发展的总的合力及其发展趋势,归根到底受经济运动的必然性所支配。

第四,历史运动是必然性和偶然性的有机统一。恩格斯强调,"人们自己创造自己的历史,但是到现在为止,他们并不是按照共同的意志,根据一个共同的计划,甚至不是在一个有明确界限的既定社会内来创造自己的历史。他们的意向是相互交错的,正因为如此,在所有这样的社会里,都是那种以偶然性为其补充和表现形式的必然性占统治地位。"①社会历史发展的必然性,"归根到底仍然是经济的必然性"②。也就是说,人们创造历史的活动最终是受经济必然性制约的,而经济必然性又总是通过个人的活动这些大量带有偶然性的因素表现出来,要通过偶然性为自己开辟道路。恩格斯以伟大人物的出现为例进一步阐明了这个问题。他指出:恰巧某个伟大人物在一定时间出现于某个国家,这当然纯粹是一种偶然现象。但是,如果我们把这个人除掉,那时就会需要有另外一个人来代替他,并且这个代替者是会出现的,或好或坏,但是随着时间的推移总是会出现的。③ 在这里,恩格斯深刻地揭示了伟大人物出现的历史规律性,只有把握必然性和偶然性的辩证关系,才能科学地认识伟大人物在历史上的作用。

3. 著作意义

学习和研究马克思恩格斯关于历史唯物主义的八封书信,对于我们更好地理解和运用历史唯物主义具有重大的理论意义和现实价值。

第一,历史唯物主义是我们开展各项工作的指南。马克思恩格斯在通信中深刻地阐述了历史唯物主义的一些基本观点,为我们开展工作提供了科学的思想武器。马克思恩格斯关于历史唯物主义的论述对于我们认真学习马克思主义理论,把马克思主义理论同我国社会主义建设和改革的实际结合起来,有着重要的方法论意义。

第二,历史唯物主义是在同形形色色的反马克思主义思潮和种种错误的立场、观点和方法的斗争中产生和发展起来的。因此,学习马克思恩格斯关于历史唯物主义的八封书信,就是要坚持历史唯物主义的鲜明的无产阶级党性,用无产阶级世界观观察和处理问题,批判国际上出现的各种反马克思主义思潮,批判资产阶级自由化思潮,廓清迷雾、正本清

---

① 马克思恩格斯选集(第 4 卷)[M].北京:人民出版社,2012:649.
② 马克思恩格斯选集(第 4 卷)[M].北京:人民出版社,2012:649.
③ 马克思恩格斯选集(第 4 卷)[M].北京:人民出版社,1972:507.

源,进一步坚定走社会主义道路的信心。当今世界正处于百年未有之大变局,我国正处于改革开放不断深化和社会转型的关键时期,国内国际形势复杂多变,各种社会思潮良莠不齐,资本主义企图在政治、经济、文化等各个领域争夺社会主义意识形态的话语权。恩格斯晚年精准地把握到意识形态理论斗争实际的事例启示我们,要深刻认识维护社会主义意识形态安全的极端重要性。要想建设具有强大凝聚力的社会主义意识形态,必须牢固树立实践思维,聚焦世情、国情、党情的新变化;既要在具体实践中发现和承认过去意识形态工作中存在的不足,又要根据现实的意识形态斗争特点去总结斗争的经验,创新斗争形式。

第三,坚决反对教条主义。恩格斯晚年曾多次强调马克思主义理论不是教条,而是方法,并且是一种不断发展的理论。这启示我们,一方面要深入学习马克思主义理论、学习历史唯物主义基本原理,不断提高自身的理论素养;另一方面要善于运用唯物史观的基本原理来分析问题、解决问题,理论联系实际,在实践中检验唯物史观的真理性,积极主动地推动唯物史观的时代发展,不断丰富唯物史观的基本内容。

第四,注重辩证思维。在关于历史唯物主义的八封书信中,马克思恩格斯在坚持历史唯物主义的基础上,对社会结构中的一些基本现象以及现象之间的联系,进行了辩证分析。学习和研究关于历史唯物主义的八封书信,有助于我们加强辩证思维的训练,增强辩证思维能力,防止和克服形而上学。

四、问题解析与方法启示

本专题研究包含了对马克思恩格斯历史唯物主义思想萌发、创建和发展的历史脉络的系统梳理和阐述,以及对历史观的基本问题(社会存在与社会意识的辩证关系)、人类社会发展的基本规律(生产力与生产关系的矛盾运动)、阶级社会发展的直接动力(阶级斗争)、人民群众是历史的创造者等问题进行了解读和阐释,充分说明了历史唯物主义基本原理的客观性与科学性及其重要的方法论启示。

第一,要以历史真实为依据,通过对历史事实、事件、事态的描述和分析得出思想结论,在经验基础上通过科学抽象获得历史规律性的认识,其科学性和真理性也必须经受实践的检验。在《1844年经济学哲学手稿》"序言"中,马克思指出,他的研究结论"是通过完全经验的、以对国民经济学进行认真的批判研究为基础的分析得出的"[①]。《德意志意识形态》也是根据生产力发展和分工变化情况,历史地考察了部落所有制、古典古代的公社所有制和封建的或等级的所有制产生发展的状况。历史唯物主义的真实核心,就在于它充分而彻底地把握住了客观的社会现实,并在此基础上描述人类的历史运动,以此来理解各种各样的历史事变和历史现象。可见,要想获得对目前历史发展规律的正确认识,还需要我们统

---

① 马克思恩格斯文集(第1卷)[M].北京:人民出版社,2009:111.

筹中华民族伟大复兴的战略全局和世界百年未有之大变局,全面深刻地研判基本国情。

第二,唯物史观作为哲学方法论,为历史研究提供了科学的研究原则、视角和方法。首先,唯物史观为历史研究提供了基于经济分析的唯物而又辩证的历史分析方法。唯物史观对历史作出了唯物主义的解释:"物质生活的生产方式制约着整个社会生活、政治生活和精神生活的过程。不是人们的意识决定人们的存在,相反,是人们的社会存在决定人们的意识。"①这是一种与唯心主义历史观根本不同的唯物主义历史观,它对历史的诠释从思辨的想象回到现实生活,确立起了"此岸世界的真理"②。唯物史观的"辩证"在于它分析了社会存在与社会意识、生产力与生产关系、经济基础与上层建筑之间相互作用的辩证关系所构成的矛盾运动,以及由这种矛盾运动推动人类社会历史的辩证发展过程,并以这种唯物而又辩证的历史分析方法具体地分析了现代资本主义社会,阐明了资本主义生产方式内在的矛盾,从而赋予了历史辩证法以现实的具体的辩证否定性质和批判的革命的意义。其次,唯物史观为历史研究提供了实践的解释原则和历史性解释原则。唯物史观把实践活动看作人的社会历史性的生存方式,人通过实践活动建构生成人的"全部的社会生活"(亦即人的全部社会历史)。最后,唯物史观为历史研究提供了总体性的诠释视角。对历史人物、事件、事变、事态的研究,必须将其置于社会历史的总体结构和总体过程中来考察,从而深入到"历史的本质性一度"中去,把握这些历史事实、事件、事态的内在联系,达致对历史真实的本质性和真理性的科学认识。

第三,重视人的主体地位和作用。在马克思恩格斯看来,对历史的正确解释必然要以对人的本质的科学把握为前提。马克思恩格斯认为,对人的本质的认识应当从"现实的人"或者人的"社会属性"出发,即要把人看作"社会化的"人,是在一定社会生活中从事实践活动的"现实的人"。基于此,马克思明确指出,人的本质不是单个人所固有的抽象物,在其现实性上,它是一切社会关系的总和③。此外,对于创造历史的真正动力,马克思恩格斯也作出了明确回答:历史活动是群众的活动,随着历史活动的深入,必将是群众队伍的扩大④。由此,确立了"人民群众是历史创造者"的历史唯物主义的观点。因此,要想推动中国特色社会主义更进一步,必须调动人民的积极性,才能汇聚起民族复兴的磅礴伟力。要坚持人民主体地位,发挥人民首创精神,把人民群众组织起来,投身于中国特色社会主义伟大事业的建设中去。一百多年来,我们党所取得的历史成就深刻地反映了党对历史唯物主义的深刻理解和创造性运用,使历史唯物主义在中国大地上彰显出强大的生机和活力。在开启党的第二个百年奋斗目标新征程之际,继续坚持将历史唯物主义同中国的具体实际相结合,是党从胜利走向胜利的关键。

---

① 马克思恩格斯文集(第2卷)[M].北京:人民出版社,2009:591.
② 马克思恩格斯文集(第1卷)[M].北京:人民出版社,2009:4.
③ 马克思恩格斯选集(第1卷)[M].北京:人民出版社,2012:135.
④ 马克思恩格斯文集(第1卷)[M].北京:人民出版社,2009:287.

专题二　历史唯物主义与经济治理

一、专题说明

中国特色社会主义政治经济学是中国现阶段经济治理的重要理论工具。因此,构建中国特色社会主义政治经济学是中国现阶段经济治理的重要基础。中国特色社会主义政治经济学是对马克思主义、毛泽东思想、邓小平理论、"三个代表"重要思想、科学发展观、习近平新时代中国特色社会主义思想等一脉相承的经济学理论的总结和综合运用,坚持、继承和践行历史唯物主义理论观点对于构建中国特色社会主义政治经济学具有重要意义。

从历史唯物主义的角度来看,历史是由人民群众的生产劳动创造出来的,是社会生产关系的发展历程。在中国特色社会主义政治经济学和中国经济治理的实践过程中,对于历史唯物主义理论观点的应用得到了深入的把握。中国特色社会主义政治经济学来源于马克思主义政治经济学,是对马克思主义政治经济学的继承和发展,是经过实践检验的原创性理论。

马克思主义政治经济学的创始人卡尔·马克思,旗帜鲜明地站在无产阶级立场上,为争取无产阶级、全体人民乃至全人类的自由、平等和解放而创立了马克思主义理论。马克思主义政治经济学作为马克思主义理论的主体内容和重要组成部分,深刻揭示了资本主义推动人类社会不断发展的自利动机和剥削事实,从而进一步阐释了人类历史发展和进步毋庸置疑的实际推动力,以及资本主义作为由客观上不断发展社会生产力推动的生产关系的历史暂时性,从而号召全体劳动者遵循不以人的意志为转移的人类社会发展客观规律,推翻资本主义生产关系以适应生产力发展、争取全体劳动者的合法权益和合理利益,提供坚不可摧的理论武器。马克思主义政治经济学作为中国特色社会主义政治经济学的唯一理论来源,其人民立场在中国特色社会主义政治经济学的构建和中国经济治理的实践中必然得以展现。

第一,马克思主义政治经济学遵循历史唯物主义的研究思路,提出财富(商品)的使用价值和价值都由劳动人民付出的、具体劳动和抽象劳动共同构成的同一劳动创造,财富的社会生产力始终表现为财富使用价值的生产能力,因而劳动人民始终是社会财富的创造者。因此,中国经济治理的实践必然要依靠广大人民群众的艰苦努力才能取得,这是中国特色社会主义政治经济学中生产力理论的人民立场。

第二,马克思主义政治经济学提出,社会财富全部来源于劳动人民的辛勤劳动,能够被社会成员分配的社会财富总价值完全由人民创造,因而在财富分配过程中理应以人民为中心,以人民需求为最终目的,实现由全体劳动人民共同享有。因此,中国经济治理的实践过程中,不但要关注经济总量的做大做强,更要避免忽视发展成果的创造者对财富的分配,即关注经济社会发展质的提高,这是中国特色社会主义政治经济学中生产关系理论的人民立场。

从中国新时代经济治理的角度来看,经济治理的目的,一方面是为了促进中国经济体量的整体扩大,不断在全球经济市场中谋得重要话语权;另一方面是秉持以人民为中心的坚定立场,牢固树立发展为了人民、发展依靠人民、发展成果由人民共享的经济发展理念,不断满足人民对美好生活向往的实际需求。在这种情况下,历史唯物主义思想对中国经济治理提供了重要的行动指南,帮助我们更好地理解经济现象、更妥善地遵循经济发展的规律。

第一,中国特色社会主义政治经济学的理论源头——马克思主义政治经济学认为,使用价值是财富的自然属性,人类对使用价值的需要是人类社会历史发展的起点。既然如此,财富的使用价值属性自然应是人类从事财富生产的根本动机。但由于资本主义发展社会生产的基础是雇佣劳动制度的建立,换言之,货币与劳动力相互交换使得货币转化为资本,而资本循环的唯一所得(即剩余价值)成为资本实现价值增殖的唯一来源。不可否认,资本主义的出现是人类社会历史发展的产物,是人类社会发展一般规律的具体而特殊的体现。但是,资本主义通过推动人类社会发展使之确立自身的原因,却最终成为阻碍人类社会发展从而终结自身的原因。究其根源,资本主义以资本的价值增殖为目的,最终推动了财富使用价值的生产力水平飞速发展,但这种以价值而非使用价值的财富生产目的显然违背了人类社会发展的一般规律。因此,马克思主义政治经济学认为,人类社会的经济发展始终是以使用价值为核心、以人类需要为目的,人类社会的经济规律始终是财富生产决定人类对财富使用价值需要的实现程度。中国新时代经济治理体系依托中国特色社会主义政治经济学理论,提出供给侧结构性改革,其实质正是着力优化中国经济社会中产业经济的结构,重塑实体经济在中国经济板块中的重要地位,以财富的使用价值为核心、以人民对不断增长的美好生活向往为目标,实现财富量的积累和质的提高齐头并进,从而为实现中国式现代化提供理论支持。

第二,马克思主义政治经济学来源于英国古典政治经济学,并在批判继承古典经济学自由市场原则基础上,为未来社会主义国家明确暗示了政府宏观调控在经济治理中的重要作用。中国特色社会主义政治经济学的重要优势在于,它不但可以吸收入类历史上一切有利于中国经济发展的优秀理论而用之,而且冲破了中国革命、建设、改革史上教条主义和经验主义的双重桎梏，通过结合中国本土的各种实际，形成适合中国新时代经济发展的经济学理论。中国特色社会主义政治经济学认为，经济体制不同于经济制度对社会性质的决定性作用，相反，经济体制作为能够最大限度彰显经济制度优越性的经济治理实践的实现形式，是必然能够辩证发展的。一方面，通过有效市场自发调节供求，在自由竞争中推动生产力的快速提升；另一方面，通过有为政府的宏观调控，发挥政府保证市场效率和弥补市场缺陷的作用，既要保障市场发挥经济效率，最大限度满足人民不断增长的美好生活需要，又要保障人民公平合理地占有所创造的最终财富，杜绝财富占有的两极分化，从而实现人民对美好生活的需要。

二、教学目标

从总体上理解和把握，马克思主义政治经济学的中国特色社会主义运用是中国新时代经济治理的题中应有之义，也是历史唯物主义中的重要问题。了解新时代中国特色社会主义经济治理的理论渊源、一般规律、实践经验与当代价值，增强运用马克思主义的人民立场、观点和方法的能力，探讨构建中国式现代化经济治理实践路径的合理性和必要性。

第一，了解历史唯物主义政治经济学思想。通过对马克思主义政治经济学创立的经济背景、阶级基础和思想渊源的学习，理解马克思主义政治经济学的历史唯物主义诞生条件，从而引入马克思主义政治经济学与历史唯物主义的联系，提出以历史唯物主义的逻辑探讨政治经济学和研究现实经济治理问题的题中之义。

第二，了解新时代中国特色社会主义政治经济学的历史唯物主义思想。中国特色社会主义政治经济学的历史唯物主义理论意义在于，它提供了一种更加深入、科学的解读社会发展规律的方法，为社会主义经济治理提供了科学的理论依据和指导方针。中国特色社会主义政治经济学通过对历史进程和现实社会发展规律的深刻洞察和科学分析，把中国特色社会主义新时代社会主要矛盾和社会发展趋势科学地阐释了出来，为全世界其他国家的经济治理提供了更为科学的中国方案和方法论指导。

第三，理解中国特色社会主义经济制度的历史唯物主义政治经济学理论与实践。历史唯物主义提醒我们，经济制度是在历史的发展中形成的，是历史的产物，而非人类意志的结晶。因此，在建立和完善中国特色社会主义基本经济制度时，必须把握历史的发展规律，深入研究历史经验，避免脱离历史的实际。中国特色社会主义经济制度的历史唯物主义理论意义在于，它通过对历史进程和社会发展规律的深刻理解，以及对新时代中国社会主要矛盾和历史任务的明确阐释，为中国特色社会主义经济治理提供了科学的理论指导。

第四，理解供给侧结构性改革的历史唯物主义政治经济学理论与实践。历史唯物主义强调，人民群众在社会发展过程中的历史作用，即人民群众是社会历史发展的主体和推动力。因此，重视人的积极性、创造性和参与性，加强社会主体的发展与参与，是经济治理成功的关键。供给侧结构性改革的历史唯物主义理论意义在于,立足社会经济发展的必然趋势和历史任务,分析和深入挖掘中国新时代经济治理的内在规律和要求。它强调,在社会经济发展的历史进程中,供给侧结构性改革的推进是实现经济高质量发展的必然要求,是提高经济效率和竞争力、激发市场活力、提升人民福祉的重要途径。历史唯物主义理论对供给侧结构性改革的推进提供了科学的理论支持和有力的思想指导。

第五,理解社会主义市场经济体制的历史唯物主义政治经济学理论与实践。历史唯物主义认为,生产力和生产关系的矛盾运动是推动人类社会发展的根本动力,生产关系一定要适应生产力发展的规律是人类社会发展的一般规律。经济体制作为生产关系的具体实现形式,它的制定和实施必然要以最大限度彰显经济制度优越性为目的。中国特色社会主义基本经济制度的性质决定了中国社会的财富生产是以人民对美好生活的向往为出发点的,因而中国经济体制的确定必然要以实现人民对美好生活的向往为落脚点。因此,中国原创性的提出,发挥市场在资源配置中的决定性作用和更好发挥政府作用的社会主义市场经济体制,是具有历史唯物主义研究价值的中国特色社会主义实践案例。

三、代表性文本

选取卡尔·马克思的《资本论》、亚当·斯密的《国民财富的性质和原因的研究》、大卫·李嘉图的《政治经济学及赋税原理》、西斯蒙第的《政治经济学新原理》、威廉·配第的《赋税论》等五部代表性文本,深入探讨和思考在历史唯物主义视野下的中国经济治理新模式。

(一)《资本论》

1. 著作信息

《资本论》(原著全称《资本论:政治经济学批判》,人民出版社 2009 年版,郭大力、王亚南译)是德国思想家卡尔·马克思创作的政治经济学著作,全书共三卷,以剩余价值为中心,对资本主义进行了彻底的批判。第一卷研究了资本的生产过程,分析了剩余价值的生产问题。第二卷在资本生产过程的基础上研究了资本的流通过程,分析了剩余价值的实现问题。第三卷讲述了资本主义生产的总过程,分别研究了资本和剩余价值的具体形式。这一卷讲述的内容达到了资本的生产过程、流通过程和分配过程的高度统一,分析了剩余价值的分配问题。《资本论》这部巨著第一次深刻地分析了资本主义发展的全部过程,以数学的精确性证明这一发展的方向必然引导到社会主义革命和无产阶级专政的确立,成为无产阶级进行革命斗争的强有力的理论武器,是马克思主义理论宝库中光辉灿烂的科学巨著。

2. 著作主要内容

《资本论》是马克思(1818-1883)的重要著作之一,被誉为"现代经济学的圣经"。它对理解资本主义经济体系、揭示资本主义生产方式的运动规律以及探讨社会发展趋势等都有着深刻的影响。在经济学领域,它对于劳动价值论、剩余价值论、资本积累理论等都作出了重要贡献,并且对于后来的马克思主义者和社会科学家产生了深远的影响。

第一,劳动价值论。马克思的劳动价值论是马克思主义政治经济学的基础,它通过对商品的分析来揭示商品的双重属性。劳动价值论中的价值就是指商品价值,商品二重性的原理构成了劳动价值论的基本内容之一。商品二重性是由生产商品的劳动二重性决定的:一方面,通过具体劳动把一定的劳动对象加工成预想的商品的使用价值;另一方面,撇开劳动的具体特点和过程,人类无差别的抽象劳动形成了商品的价值。商品的价值量取决于生产这个商品所需要的劳动时间。这里所说的劳动时间是指社会必要劳动时间,即在一定社会条件下,以一定平均程度和技术水平进行生产所必需的时间。因此,一个商品的价值就等于生产这个商品所需要的社会必要劳动时间。马克思进一步指出,由于不同行业、不同企业、不同工人之间存在着生产技术水平、工作效率等方面的差异,因此同样一种商品在不同地方、不同时间甚至在同一地方、同一时间也可能具有不同的交换价值。但总体来说,在资本主义社会中,由于竞争和利润追求等因素的影响,商品价格往往偏离了它们实际价值。通过对抽象劳动的专门考察,才能有利于继续研究商品经济,由此揭示了商品、价值等绝不仅仅是物,而是在物的掩盖下人与人之间的关系。同时,劳动二重性学说解决了商品价值量的确定问题。因此,马克思主义政治经济学以科学为基础,建立在科学严谨、逻辑严密、方法科学等基础上,并以《资本论》为出发点。

第二,剩余价值论。其一,马克思认为商品交换是资本主义生产方式的基础。在商品交换中,劳动力也是一种商品,而工人出售自己的劳动力给资本家时,实际上是在出售自己未来一段时间内的劳动能力。资本家购买了工人的劳动力之后,就可以让工人为自己创造价值。然而,工人创造出来的价值并不等于他们所得到的报酬。资本家必须支付给工人部分报酬以维持他们生存和繁殖后代所需的最低限度生活水平,这部分报酬称为必要劳动量。但是,资本家还需要从工人身上获取更多的价值以实现利润最大化。因此,他们会让工人多干一些时间,并将这部分时间所创造出来的价值作为剩余价值并予以占有。马克思认为,在资本主义生产方式下,剩余价值是通过两种方式创造出来的:相对剩余价值和绝对剩余价值。相对剩余价值指通过提高生产效率、缩短必要劳动量和延长剩余劳动量来创造更多的剩余价值,而绝对剩余价值则指通过延长工作时间来创造更多的剩余价值。其二,在《资本论》中,马克思还探讨了如何计算和分配剩余价值、如何进行再生产以及如何实现资本积累等问题。他认为,在资本主义生产方式下,资本家通过不断积累剩余价值来扩大自己的资本规模,从而实现更高的利润率和更大的市场份额。这种积累过程是无限制的,因为资本家必须不断地追求更高的利润率和更大的市场份额,否则就会被其他竞争对手所淘汰。马克思还指出,在资本主义生产方式下,剩余价值的创造是以工人为代价的。工人必须在长时间劳动、低报酬和恶劣工作条件下工作,而资本家则通过占有剩余价值来获取更多财富。这种剥削关系导致了社会阶级矛盾和社会不平等现象的加剧。

第三,资本积累理论。资本积累理论是《资本论》的重要内容之一,它是马克思主义政治经济学的核心之一。资本积累是指资本家通过剥削工人获得的利润再投入到生产中,从而扩大生产规模和增加利润的过程。马克思认为,资本积累是资本主义生产方式的基础和动力。在资本主义社会中,由于竞争和利润追求等因素的影响,资本家不断地追求更高的利润率,而这种追求只能通过扩大生产规模、提高劳动生产率、降低成本等方式来实现。因此,资本积累成为推动整个社会经济发展的重要力量。马克思进一步指出,在资本主义社会中,由于工人只能获得他们创造的价值的一部分作为工资,而剩余价值则被资本家占有并再投入到生产中。这种剥削关系导致了贫富差距不断扩大,并且使得工人阶级无法摆脱被压迫、被剥削的命运。此外,在马克思看来,随着资本积累不断加速,社会财富集中到越来越少的人手中。这种财富集中导致了社会阶级矛盾日益尖锐化,并最终引发无产阶级革命。

总之,马克思在《资本论》中详细阐述了劳动价值论、剩余价值理论和资本积累理论,并通过分析商品交换、货币流通、生产过程等揭示了资本家如何通过盘剥工人创造出剩余价值,并将其转化为资本。这一理论对于我们深入理解资本主义生产方式、揭示其内在矛盾和推动社会变革具有重要意义。

《资本论》是马克思辩证唯物主义和历史唯物主义的具体应用。辩证唯物主义认为,事物的发展是由矛盾斗争推动的,而这种矛盾斗争又是由事物内部的对立面相互作用所引起。在《资本论》中,马克思通过对商品交换和货币交换的分析,揭示了资本主义生产方式内部存在着劳动与资本、买方与卖方等矛盾对立面,并且这些矛盾对立面之间不断地进行着斗争和调和。

历史唯物主义是马克思主义的基本哲学观点之一,它认为社会的发展是由生产力和生产关系的矛盾推动的。在《资本论》中,马克思通过对资本主义生产方式的分析和批判,体现了历史唯物主义思想。其一,马克思认为资本主义生产方式是历史发展的产物。他指出,资本主义是在封建社会基础上发展起来的,它代表了人类社会发展的一个阶段。这种观点体现了历史唯物主义对于社会发展规律的认识。其二,马克思通过对资本主义生产过程的分析,揭示了资本家剥削工人、压榨劳动力的真实面目。他指出,在资本主义制度下,工人只能靠出卖自己的劳动力来维持生计,并且由于竞争压力和垄断行为等原因,工人所得到的报酬往往远低于他们所创造价值的真实水平。这种剥削和压榨体现了历史唯物主义对于经济基础与上层建筑之间相互作用的理解。其三,马克思指出资本主义必然走向灭亡，并且提出共产主义社会作为未来社会形态。他认为，在劳动不断社会化大生产、科学技术不断进步、无产阶级日益壮大等条件下，资本主义制度将不再适应时代要求，并被取代。这种预测体现了历史唯物主义对于社会发展趋势的认识。马克思认为，社会的发展是不断前进的，历史上每一个社会形态都有其自身的矛盾和局限性，最终都将被新的社会形态所取代。资本主义制度也不例外，它在自身发展过程中所产生的矛盾和危机将最终导致它的灭亡。总之，在《资本论》中，历史唯物主义思想贯穿全书，成为马克思主义理论体系不可或缺的一部分。它对于我们深刻理解资本主义制度、认识社会发展规律、探索未来社会形态具有重要意义。

此外，《资本论》还运用了数学、逻辑等工具来分析经济问题。例如，在分析商品交换时，马克思通过对商品价值、使用价值、交换价值等概念的抽象分析，揭示出商品交换背后存在着劳动价值和剩余价值的问题。在分析货币交换时，他通过对货币流通、信用制度等方面的研究，揭示了货币作为资本运动中的重要角色，并且指出货币本身也存在着内在矛盾。在《资本论》中，马克思还强调了对现实社会的深入观察和研究。马克思认为，只有通过对现实社会经济现象的深入观察和研究，才能够更好地理解资本主义生产方式内部存在着的各种矛盾和运动规律。

3. 著作意义

《资本论》是马克思和恩格斯合作完成的一部重要著作，它对于理解资本主义社会的本质、运动规律和历史趋势具有重要意义。它的历史贡献和时代价值主要体现在以下几个方面。

第一，揭示了资本主义生产方式的本质和运动规律。《资本论》深入剖析了商品经济、货币经济和资本主义生产方式的内在联系，揭示了剩余价值的产生和实现机制，阐明了资本积累的历史趋势，为我们深刻认识资本主义社会提供了理论基础。

第二，提出了无产阶级革命理论。《资本论》指出，随着劳动力社会化大生产的发展，无产阶级将不断壮大，并最终推翻资产阶级政权，建立无产阶级专政。这一理论为无产阶级革命提供了科学指导。

第三，对马克思主义哲学、政治经济学和科学社会主义的发展作出了重要贡献。《资本论》是马克思主义哲学、政治经济学和科学社会主义发展过程中不可或缺的里程碑之一，对于后来马克思主义理论体系的形成与发展起到了重要作用。

第四，对当代世界具有重要启示意义。尽管《资本论》写于19世纪下半叶，但其中所揭示的许多问题在当代仍然具有重要启示意义。例如，在全球化背景下如何看待资本主义的发展、如何认识国际分工和经济全球化对各国经济的影响等问题，都需要借鉴《资本论》中的理论和思想。此外，《资本论》还对当代社会主义建设和发展提供了重要的参考和借鉴，为我们深入探讨社会主义建设道路提供了重要思想资源。

总之,《资本论》是一部具有深远历史意义和时代价值的著作,它不仅为我们认识资本主义社会提供了理论基础,而且对于推动人类社会向更加公正、平等的方向发展具有重要启示意义。

(二)《国民财富的性质和原因的研究》

1. 著作信息

《国民财富的性质和原因的研究》(《国富论》原名、全称,人民出版社 1974 年版,郭大力、王亚南译)是古典经济学之父亚当·斯密撰写的经济学著作,这部著作总结了近代初期各国资本主义发展的经验,并在批判吸收了当时有关重要经济理论的基础上,就整个国民经济运动过程做了较系统、较完整的描述。不但对于英国资本主义的发展产生了重大的促进作用,而且对世界资本主义的发展也产生了广泛的影响。在经济学领域,此书被誉为"西方经济学的圣经""经济学的百科全书",是"第一部系统的伟大的经济学著作"。

2. 著作主要内容

亚当·斯密(1723—1790)是产业革命前夕工场手工业时期的英国古典经济学家,在他的主要经济著作《国民财富的性质和原因的研究》中,斯密把资产阶级政治经济学发展为一个完整的体系。马克思曾指出,在这一著作中,政治经济学已发展为某种整体,它所包括的范围在一定程度上已经形成。①

第一,在《国民财富的性质和原因的研究》中,亚当·斯密提出了同情心理论。亚当·斯密认为,人类天生具有同情心,这种同情心是人类道德行为的基础。同情心也是一种能力,可以让我们感受到他人的痛苦和快乐,并且能够引导我们采取适当的行动来帮助他人。

其一,亚当·斯密认为,同情心是一种自然而然的感觉,它不需要任何外在的激励或奖励。亚当·斯密指出,在我们看到别人遭受痛苦时,我们会感到不安和痛苦;而当我们看到别人快乐时,我们也会感到高兴和满足。这种同情心是一种本能反应,使得我们能够与他人建立联系,并且在需要时给予帮助。其二,亚当·斯密进一步指出,在社会中,同情心可以促进正义和公平。他认为正义不仅仅是法律制度的问题,更重要的是每个人都应该具备正义感,并且在日常生活中采取合适的行动来维护正义。

通过同情心理论,亚当·斯密强调了个体对于社会整体的重要性,并且提出了一个基于道德原则的经济学理论。总之,《国民财富的性质和原因的研究》中的同情心思想强调了个体与社会整体之间相互依存、相互关联的关系,并且提出了一个以道德原则为基础的经济学理论。

---

① 马克思恩格斯全集(第 26 卷Ⅱ)[M].北京:人民出版社,2014:181.

第二,在《国民财富的性质和原因的研究》中,亚当·斯密提出了正义思想,认为正义是社会秩序的基础,是人类道德行为的核心。

其一,亚当·斯密认为,正义不仅仅是法律制度的问题,更重要的是每个人都应该具备正义感,并且在日常生活中采取合适的行动来维护正义。其二,亚当·斯密同样认为,正义是一种道德原则,它要求我们在行动中遵守公平、诚实和诚信等基本原则。他指出,在市场经济中,自由竞争可以促进经济繁荣和社会进步,但同时也会带来不公平和不平等。因此,在市场经济中,需要有一个公正的规则来保证每个人都能够享有同样的机会和权利。其三,亚当·斯密进一步指出,在社会中,政府应该扮演一个重要角色来维护正义。亚当·斯密认为,政府应该制定公平的法律和规章制度,并且对于那些违反法律和规章制度的人进行惩罚。同时,政府还应该提供公共服务和基础设施,并且保障弱势群体的权益。

总之,《国民财富的性质和原因的研究》中的正义思想强调了个体与社会整体之间相互依存、相互关联的关系,并且提出了一个以道德原则为基础的经济学理论。这种理论强调了市场经济与政府干预之间需要达到一种平衡状态,在这种状态下每个人都能够享有同样的机会和权利。

第三,在《国民财富的性质和原因的研究》中,亚当·斯密提出了美德思想,认为审慎、正义、慈善和自制是人类朴素情感的深化。亚当·斯密指出,这些美德是人类社会秩序建设的基础,只有在这些美德的指导下,人们才能实现共同利益和整体的幸福。

其一,亚当·斯密认为,先有正义才能谈论仁慈,正义是基础,仁慈是在道德层面上的更高要求。在公正的旁观者的审查下,在想象力的作用下,各自能够设身处地地交换立场,感同身受对方的处境。这种同情心和想象力可以帮助人们产生对自我幸福和他人幸福关注的美德。其二,亚当·斯密还强调了个人利益与集体利益之间的均衡发展。他主张每个人按照自由的方式选择自己的职业,在政治上、经济上实现一定程度的自由,并且通过法律和道德规范来划定人类秩序。各个阶层在法律和道德的指引下做到行为规范,在实现个人利益与集体利益之间的均衡发展中获得共同利益。

总之,《国民财富的性质和原因的研究》中所阐述的美德思想体现了亚当·斯密对于人类道德和社会秩序建设的重视,并且提供了一种理论基础来指导社会秩序建设。

第四,在《国民财富的性质和原因的研究》中,亚当·斯密提出了许多重要的经济思想。

其一,最为著名的分工理论。亚当·斯密认为,"劳动生产力最大的增进,以及运用劳动时所表现的更大的熟练、技巧和判断力,似乎都是分工的结果。"[1]分工可以提高生产效率和劳动生产率,从而促进国民财富的增加。在《国民财富的性质和原因的研究》中,亚当·斯密以制针业(扣针工厂)为例,详细阐述了分工如何提高生产效率和劳动生产率。其

---

[1] [英]亚当·斯密.国民财富的性质和原因的研究(上卷)[M].北京:商务印书馆,1972:5.

二,在货币理论方面,《国民财富的性质和原因的研究》认为货币是一种方便交换的媒介,并且可以促进商品流通和市场发展。亚当·斯密指出,在市场经济中,货币具有三种功能——作为价值尺度、作为交换媒介和作为贮藏手段。其三,在价值理论方面,《国民财富的性质和原因的研究》提出了"劳动价值论",即商品的价值取决于生产它所需要的劳动时间。这一理论对后来马克思主义经济学有着深远影响。其四,在分配理论方面,《国民财富的性质和原因的研究》认为收入来源主要有三种:土地收益、劳动报酬和资本利润。亚当·斯密认为,在市场经济中,收入应该与贡献相对应。

总之,《国民财富的性质和原因的研究》是一部具有里程碑意义的著作,他所阐述的经济思想,不仅为古典经济学奠定了基础,而且对现代经济学发展、现代社会问题的实践和解决具有重要启示作用。

3. 著作意义

《国民财富的性质和原因的研究》是英国近代著名经济学家亚当·斯密于 1776 年出版的一本经济学著作,被认为是经济学的奠基之作。这本书对经济学、政治学和社会学等领域产生了深远的影响,因而也被誉为"现代资本主义理论的圣经"。

就《国民财富的性质和原因的研究》的历史贡献而言:

第一,市场经济理论。《国民财富的性质和原因的研究》提出了市场经济理论,认为市场是自我调节的,市场能够自动平衡供求关系。亚当·斯密认为,市场机制可以使资源得到最优分配,从而实现社会福利最大化。这一理论对后来的自由市场经济思想产生了深远影响。

第二,劳动价值论。亚当·斯密提出了劳动价值论,认为商品价值取决于生产它所需的劳动时间。这一理论对马克思主义政治经济学产生了重要影响,并成为后来劳动价值论派别的基础。

第三,国际贸易理论。《国民财富的性质和原因的研究》提出了绝对优势和比较优势两个概念,解释了国际贸易中各国之间如何进行分工合作以实现效率最大化。这一理论对后来国际贸易理论和全球化进程产生了深远影响。

第四,分工与专业化。亚当·斯密强调分工与专业化在生产中的重要性,并指出分工可以提高生产效率。亚当·斯密提出了"看不见的手"的概念,认为市场机制可以自动调节分工和专业化的程度,从而实现社会福利最大化。这一理论对后来管理学和组织行为学产生了深远影响。

第五,政府干预。亚当·斯密认为政府应该尽量少地干预市场经济,只有在市场失灵时才应该进行干预。亚当·斯密提出了政府应该承担的三项职责:国防、司法和公共设施建设。这一理论对后来的自由主义思想产生了深远影响。

这些理论对于现代经济学的发展产生了深远影响。市场经济理论成为资本主义国家经济政策的基础,分工与专业化促进了现代工业化生产方式的形成,劳动价值论和比较优势理论成为国际贸易理论的重要组成部分,公共财政理论则为现代福利国家制度的建立提供了重要思想支持。

尽管如此,《国民财富的性质和原因的研究》仍然存在一些缺憾。第一,劳动价值论的局限性。亚当·斯密提出的劳动价值论虽然对马克思主义政治经济学产生了重要影响,但它也存在着局限性。例如,它无法解释商品价格波动的原因,也无法解释不同品质商品之间价格差异的原因。

第二,市场失灵问题。亚当·斯密认为市场是自我调节的,能够自动平衡供求关系。但实际上市场并非完全有效,存在着信息不对称、外部性等问题。这些问题可能导致市场失灵,需要政府进行干预。

第三,忽略了社会公正问题。亚当·斯密在序言中阐述了国民财富的增加似乎在较大的程度上取决于劳动分工所产生的劳动生产率的提高,但在论述资本作为财富增加因素的地位时,又声称:"有用的生产性劳动者人数,无论在什么场合,都和推动劳动的资本量的大小及资本用途成比例。"[①]"按照事物的本性,资本的蓄积,必须在分工以前。蓄积的资财愈丰裕,分工就能按比例地愈细密,而分工越细密,同一数量工人所能加工的材料,就能按更大的比例增加。"[②]在此基础上,他提出市场机制可以实现社会福利最大化,从而忽略了社会公正问题。例如,在分工与专业化过程中可能会导致收入不均等问题,需要政府进行调节。

第四,对女性和奴隶的忽视。亚当·斯密在《国民财富的性质和原因的研究》中忽视了女性和奴隶在经济活动中所扮演的角色,并将劳动力视为一种商品,这一观点被认为是对女性和奴隶的忽视。亚当·斯密认为,劳动力的价值取决于生产它所需的劳动时间,但他没有考虑女性和奴隶在生产中所扮演的角色,这导致了对他们经济贡献的忽视。

第五,对环境问题的忽视。亚当·斯密在《国民财富的性质和原因的研究》中没有考虑到环境问题。亚当·斯密认为市场机制可以自动平衡供求关系,但实际上市场经济可能会对环境造成负面影响。例如,工业化进程可能会导致污染和资源枯竭等问题。

第六,亚当·斯密的理论还存在其他一些局限性。他的理论主要适用于当时英国工业化时期的情境,而随着经济、社会和文化等方面的变化,这些理论也需要不断地进行修正和完善。

综上所述,《国民财富的性质和原因的研究》是一部具有重要历史贡献的经济学著作。它为经济学提出了诸多重要概念,并对后来的自由市场经济思想、马克思主义政治经济学、管理学和组织行为学等领域产生了深远影响。

---

① [英]亚当·斯密.国民财富的性质和原因的研究(上卷)[M].北京:商务印书馆,1972:2.
② [英]亚当·斯密.国民财富的性质和原因的研究(上卷)[M].北京:商务印书馆,1972:252-253.

(三)《政治经济学及赋税原理》

1. 著作信息

《政治经济学及赋税原理》(商务印书馆 2009 年版,郭大力、王亚南译)是英国古典政治经济学家大卫·李嘉图创作的政治经济学著作。该书分析了社会中的三个阶级(即地主、工人和资本家)在社会产品分配方面的规律,发现商品的相对国内价值取决于生产这些产品的必要劳动量,利润与工资是互成反比而变化的,工资随必需品成本的变化而变化。此外,全书还论述了其他许多问题。该书一经出版,就逐渐为人们认可,并成为畅销书,曾多次再版,被人们称为"李嘉图革命",影响深远。该书囊括了古典经济学的所有理论,包含着李嘉图的全部思想精粹,成为《资本论》的重要思想源泉,在亚当·斯密和马克思之间筑起了一座桥梁。该书标志着古典政治经济学的完成,对政治经济学的发展起了很大作用。

2. 著作主要内容

《政治经济学及赋税原理》为英国古典经济学家大卫·李嘉图所著,于 1817 年首次出版。这本书主要探讨了分配问题,即如何将社会财富分配给不同的阶层和个人。

第一,李嘉图在这本书中提出了一系列理论,其中最为著名的是"李嘉图分配理论",该理论被认为是古典政治经济学的重要组成部分。李嘉图的分配理论主要涉及三个方面:剩余价值、利润和地租。李嘉图认为,所有的财富都来自劳动力,而资本家通过剥削工人获取了剩余价值。这些剩余价值被用于支付利润和地租。利润是资本家从生产过程中获得的收益,而地租则是土地所有者从土地使用中获得的收益。李嘉图认为,在一个自由市场经济体系中,利润和地租都会随着时间推移而增加。他认为这种增长是由于资本家不断投资扩大生产规模,并且土地资源变得越来越稀缺所导致的。因此,在一个自由市场经济体系中,富人会变得越来越富,穷人则会变得越来越穷。

第二,李嘉图提出了"边际生产力理论",该理论认为每个劳动力单位对总产量的贡献是不同的。李嘉图认为,在一个自由市场经济体系中,工资水平应该等于劳动力单位对总产量的边际生产力。也就是说,工资应该等于劳动力的边际产品价值。这个理论对于现代经济学的发展有着深远的影响,成为现代微观经济学中最基本的原理之一。

第三,李嘉图探讨了税收问题。李嘉图认为,"地主获得双重的利益。其一,它所得的份额加大了;其二,付给他的商品的价值也增加了。"①而税收应该以土地为基础,并且应该按照土地的质量和位置来征收。李嘉图提出了"单一税"的概念,即只征收土地租金作为税收,并取消其他形式的税收。这个理论在当时引起了广泛的争议,但是在现代经济学中仍

---

① [英]大卫·李嘉图.政治经济学及赋税原理[M].北京:商务印书馆,1962:69.

然有着重要的影响。

第四,李嘉图提出了"比较优势理论"。该理论认为不同国家之间应该根据各自的优势来进行贸易。李嘉图认为,如果一个国家能够以更低的成本生产某种商品,那么它就应该专门生产这种商品,并将其出口到其他国家。这个理论对于国际贸易和全球化发展有着深远的影响。

第五,李嘉图指出,资本积累的过程中存在着一些限制因素。其一,随着资本积累的不断扩大,劳动力市场上的供给会逐渐超过需求,从而导致工资水平下降。其二,由于生产规模的扩大和技术进步等因素,生产成本会不断降低,但商品价格却不能无限制地下降。这就意味着,到了一定的程度上会出现利润率下降的趋势。为了解决这些问题,李嘉图提出了"土地边际效益递减法则"。他认为,在一个自由市场经济体系中,土地是一种稀缺资源,并且其边际效益是递减的。也就是说,在土地使用达到一定程度之后,每增加一单位的投入所带来的收益就会逐渐减少。这个法则对于解决资本积累过程中可能出现的问题具有重要意义。

总体来说,《政治经济学及赋税原理》是一本具有重要历史意义和现实意义的著作。它不仅对古典政治经济学和现代经济学产生了深远影响,而且对于当今社会分配问题、税收问题、国际贸易问题等仍然具有启示意义。

3. 著作意义

《政治经济学及赋税原理》是大卫·李嘉图所著的一本经济学著作,被认为是古典经济学的代表作之一。这本书主要探讨了分配问题,特别是剩余价值如何分割为利润和地租的问题。在这本书中,李嘉图提出了一种新的理论框架,即"分配论",并对资本主义社会的发展作出了深刻的分析和预测。

第一,这本书最大的贡献在于提出了"分配论"这一新理论框架。在此之前,古典经济学主要关注生产力和生产关系之间的关系,并没有对分配问题进行深入探讨。而李嘉图通过对剩余价值如何分割为利润和地租来进行研究,提出了一种全新的视角来看待资本主义社会中不同阶级之间的利益冲突。他认为,在资本主义社会中,劳动者、资本家和土地所有者三个阶级之间存在着不可避免的矛盾和冲突,并且这些矛盾和冲突将会影响到整个社会的发展。

第二,在这本书中,李嘉图还提出了"比较优势理论",即不同国家应该根据各自拥有的资源和技术优势来选择适合自己的产业结构,并通过国际贸易实现互惠互利。这一理论对后来国际贸易理论的发展产生了深远的影响,成为现代国际贸易理论的基础之一。李嘉图认为,通过国际贸易,各个国家可以充分利用自己的资源和技术优势,提高生产效率和经济效益。这一理论在当今全球化时代仍然具有重要意义。

然而,这本书也存在一些缺陷。第一,李嘉图在分析资本主义社会中不同阶层之间的利益冲突时,忽略了工人阶级的作用。他认为劳动者只是资本家和土地所有者之间矛盾的牺牲品,并没有意识到工人阶级在社会变革中所起到的重要作用。第二,在"比较优势理论"中,李嘉图没有考虑国际贸易可能会导致某些国家失去竞争力和市场份额,从而造成经济不平衡和社会不稳定。第三,在剩余价值分配问题上,正如马克思所说的,李嘉图只关注了利润和地租两个方面,"从来没有考虑到剩余价值的起源";"他在谈到劳动生产率的时候,不是在其中寻找剩余价值存在的原因,而只是寻找决定剩余价值量的原因"①。例如税收政策、市场竞争等因素都可能对剩余价值分配产生重要影响。因此,在实践中需要综合考虑多种因素来制定合理的分配政策。

总之,《政治经济学及赋税原理》是一部具有重要历史意义的经济学著作。它提出了新颖而深刻的理论框架,并对资本主义社会发展做了深入探讨。然而,这本书也存在一些缺憾。例如,在分配问题上,李嘉图并没有考虑到剩余价值的起源问题。此外,在对资本主义社会发展趋势的探讨中,他忽视了工人阶级和劳动力市场等重要因素。

(四)《政治经济学新原理》

1. 著作信息

《政治经济学新原理》(商务印书馆 2011 年版,何钦译)是瑞士经济学家让·西蒙·德·西斯蒙第(1773—1842)创作的经济学著作。在这部著作中,西斯蒙第不仅以劳动价值论为基础建立经济理论体系,而且在思想体系方面与李嘉图针锋相对,揭露了劳资之间的对立关系,主张通过社会改良,解决产品分配不平等的矛盾。西斯蒙第的一些思想后来分别被德国新旧历史学派所吸收,他的经济理论中的科学因素也为马克思所批判地继承。这部著作的理论和思想对于经济理论范式研究有重要的参考价值。

2. 著作主要内容

《政治经济学新原理》主要探讨了生产和消费之间的关系,以及资本和收入之间的区别和联系。在这本书中,西斯蒙第试图解释资本主义社会中生产和消费的基本规律,并提出了一些新的理论观点。

第一,西斯蒙第认为生产和消费是密不可分的。西斯蒙第指出,在资本主义社会中,生产和消费之间存在着一种矛盾关系。一方面,生产是为了满足消费需求;另一方面,消费则需要收入来购买商品,而收入则来源于生产。西斯蒙第认为,在资本主义社会中,生产和消费之间的矛盾主要表现在两个层面。其一,由于商品的生产需要投入大量的资本和劳动力,因此企业必须追求利润最大化以维持其运营。这可能导致企业过度追求效率和规模扩

---

① 马克思恩格斯全集(第 23 卷)[M].北京:人民出版社,2009:563-564.

张,而忽视了对消费者需求的关注。其二,在资本主义社会中,收入分配不均也会影响到生产和消费之间的关系。西斯蒙第认为,工业化的结果是"中产阶级完全消灭了。社会中,除了大资本家和其雇佣外,没有其他阶级存在的余地。我们看到一个前所未有的阶级——完全没有财产的阶级——的迅速成长"①。社会上一个根本的改变就是"在人类的行列中,出现了无产阶级——这个,作为借用古罗马的名称是如此古老的,但作为它自己又是如此新颖的阶级"②。由于贫富差距过大,低收入人群无法购买高质量的商品或服务,从而导致了消费不足问题。因此,西斯蒙第认为,要解决生产和消费之间的矛盾问题,需要采取一些措施来促进经济平衡发展。例如通过调整收入分配、提高劳动力素质、加强市场监管等方式来实现经济发展与社会公平之间的平衡。

第二,西斯蒙第强调资本和收入之间的区别。他认为,资本和收入是两个不同的概念,即使它们之间存在一定的联系。西斯蒙第指出,"一个企业家的利润有时无非来自对他所雇佣的工人的掠夺。他的获利不仅由于他的企业的产值大大超过成本,而且由于他没有对工人的劳动支付以足够的报酬"③。所以,"罗马的无产者几乎完全靠社会过活……而几乎可以说现代社会靠无产者过活,靠夺取无产者的那一部分报酬过活"④。资本是指用于生产的生产资料和货币资金。在资本主义社会中,企业通过投入资本来进行生产活动,并通过销售商品获得利润。因此,资本是企业运营的基础。而收入则是指个人或家庭从各种来源获得的货币或实物报酬。在资本主义社会中,个人通过出售劳动力来获得工资、奖金等收入。此外,个人还可以通过投资、租赁等方式获得其他形式的收入。尽管资本和收入之间存在一定联系(例如企业利润可以转化为个人收入),但它们并不完全等同。西斯蒙第认为,在理解这两个概念时需要注意到它们所代表的不同方面,并且需要注意到它们在经济发展中所扮演的不同角色。同时,西斯蒙第还提出了一个重要观点:随着生产力水平不断提高,收入将按比例减少。这个观点与传统经济学理论相反。在传统理论中认为随着生产力水平提高,收入将增加。但作者认为,在现代社会中,随着技术进步、劳动力成本下降等因素的影响,商品价格将下降,并导致工人阶级所占比例减少。

第三,西斯蒙第认为资本主义社会中存在着生产过剩的问题。西斯蒙第认为,资本主义社会中的生产力发展远远超过了消费需求的增长,导致了生产过剩和商品积压的问题。在这种情况下,企业为了维持利润和市场份额,可能会采取降低成本、压缩工资等方式来应对,从而进一步加剧了消费不足和社会不平等的问题。

第四,西斯蒙第指出,在资本主义社会中存在着生产力与生产关系之间的矛盾。随着生产力的发展,原有的生产关系可能已经无法适应新形势下的经济发展需要,从而导致了

---

① [瑞士]西斯蒙第.政治经济学研究(第2卷)[M].胡尧步,李直,李玉明,译.北京:商务印书馆,2011:124.
② [瑞士]西斯蒙第.政治经济学研究(第1卷)[M].胡尧步,李直,李玉明,译.北京:商务印书馆,2011:34.
③ [瑞士]西斯蒙第.政治经济学新原理[M].何钦,译.北京:商务印书馆,2009:92.
④ [瑞士]西斯蒙第.政治经济学研究(第1卷)[M].胡尧步,李直,李玉明,译.北京:商务印书馆,2011:24.

更加深刻和复杂的问题。因此,西斯蒙第认为,在资本主义社会中存在着过剩和矛盾等问题,并提出了一些解决方案来缓解这些问题。

第五,西斯蒙第认为,经济危机和经济增长的观点是比较复杂的。资本主义社会的发展是不稳定的,经济危机是其固有的特征之一。他认为,经济危机的根源在于生产过剩和消费不足之间的矛盾。西斯蒙第同时也提到了经济增长这个话题。他认为,资本主义社会中的经济增长是通过扩大生产规模和创造新市场来实现的。然而,他也指出了这种增长方式所带来的问题,例如资源枯竭、环境污染等。总之,西斯蒙第对于经济危机和经济增长都持有相对批判性的观点,并强调了它们所带来的潜在问题。经济危机是资本主义社会内在矛盾的表现,而经济增长则是通过技术进步和劳动力成本下降等因素实现的。西斯蒙第还指出,在资本主义社会中,经济增长往往伴随着环境破坏、资源枯竭等问题。

除此之外,西斯蒙第在《政治经济学新原理》中还探讨了一些其他重要问题。例如,在第二章中,西斯蒙第讨论了价值和价格之间的关系。他认为价值是由劳动时间决定的,并且价格与价值之间存在着差异。在该书第三章中,西斯蒙第探讨了货币和信用对资本主义社会运作的影响。他认为,货币和信用在资本主义社会中扮演着至关重要的角色。货币作为交换媒介,使得商品交换更加便利和高效。同时,货币也成为资本积累的手段,通过投资和贷款等方式,实现了资本的增殖。信用则是货币的衍生物,它使得经济活动更加灵活和复杂。通过信用,人们可以在没有足够现金的情况下进行消费和投资。银行等金融机构则通过发放贷款等方式来赚取利润。然而,货币和信用也会导致一些问题。例如,在经济繁荣时期,过度发放贷款可能导致泡沫经济的出现;而在经济萧条时期,则可能出现信用紧缩、银行倒闭等问题。总之,货币和信用对于资本主义社会的运作具有重要影响,但也需要注意其潜在风险。

总体来说,《政治经济学新原理》提出了一些新颖而有启发意义的理论观点。这些观点挑战了传统经济学理论,并对我们理解现代社会和经济学有着重要的意义。虽然这本书的阅读难度较高,但对于那些想深入了解现代经济学和资本主义社会运作规律的人来说,它仍然是一本值得阅读的书籍。

3. 著作意义

《政治经济学新原理》是由法国经济学家让·西蒙特·德·西斯蒙第撰写的一本经典的经济学著作,这本书于1957年首次出版,如今已成为现代经济学的重要参考书之一。

《政治经济学新原理》的历史贡献主要表现在以下三方面。

第一,对资本主义社会的分析。《政治经济学新原理》对资本主义社会进行了深入的分析,揭示了资本主义社会生产和消费之间的关系,以及资本和收入之间的区别、联系。西斯蒙第认为,生产需要资本,而消费需要收入去购买生产品。因此,为了理解生产和消费的关系,必须先理解资本和收入的本质。这种分析方法对于我们理解现代社会和经济学有着重要的意义。

第二,对价值论的批判。在《政治经济学新原理》中,西斯蒙第对马克思主义价值论进行了批判,并提出了自己的价值论观点。西斯蒙第认为,商品交换中存在两种不同类型的价值——使用价值和交换价值。使用价值是商品所具有的实际用途或功能,而交换价值则是商品在市场上所能卖出的价格。这种观点对于我们理解商品交换过程有着重要意义。

第三,对经济危机的预警。在《政治经济学新原理》中,西斯蒙第提出了"随着生产增长,收入按比例减少"的观点,并指出这种趋势可能导致经济危机。西斯蒙第认为,在资本主义社会中,生产的增长会导致商品的过剩,从而导致价格下跌和利润减少。这将导致资本家减少投资和雇佣工人,从而使收入减少。这种趋势可能会导致经济危机,并对社会造成严重的影响。这种预警对于我们理解经济危机的发生和应对具有重要意义。

当然,《政治经济学新原理》也存在以下一些不足。

第一,对社会主义经济的分析不足。马克思指出:"然而也不应该狭隘地认为,似乎小资产阶级原则上只是力求实现其自私的阶级利益。相反,它相信,保证它自身获得解放的那些特殊条件,同时也就是唯一能使现代社会得到挽救并使阶级斗争消除的一般条件。""使他们成为小资产阶级代表人物的是下面这样一种情况:他们的思想不能越出小资产者的生活所越不出的界限,因此他们在理论上得出的任务和作出的决定,也就是他们的物质利益和社会地位在实际生活上引导他们得出的任务和作出的决定。"①《政治经济学新原理》主要关注资本主义社会,对社会主义经济的分析相对较少。虽然西斯蒙第在书中提到了社会主义制度,但是他并没有深入探讨社会主义经济的特点和问题。这使得这本书在研究社会主义经济方面存在一定的局限性。

第二,对价值论观点的争议。西斯蒙第提出了自己的价值论观点,并批判了马克思主义价值论。然而,他的价值论观点并没有得到广泛认同,并引起了一些争议。一些学者认为,西斯蒙第所提出的使用价值和交换价值之间的区别并不充分,而且忽视了商品生产过程中劳动力价值所起到的作用。

第三,对政治因素影响经济发展问题探讨不足。《政治经济学新原理》虽然强调了生产和消费之间、资本和收入之间的关系,但是它没有深入探讨政治因素如何影响经济发展。事实上,在现代社会中,政治因素对于经济发展具有重要影响力。因此,忽略政治因素的影响可能会导致对经济发展的分析不够全面和深入。例如,政治稳定和政策制定对于经济发展具有重要作用,而政治动荡和政策失误则可能导致经济衰退。因此,在研究经济问题时,必须考虑政治因素的影响。

---

① 马克思恩格斯全集(第8卷)[M].北京:人民出版社,1961:152.

总体来说,《政治经济学新原理》是一部非常重要的经济学著作,它对于我们理解现代社会和经济学有着重要的意义。它揭示了资本主义社会中生产和消费之间的关系以及资本和收入之间的区别和联系,并提出了对于价值论、生产力、收入分配等方面的新观点。

(五)《赋税论》

1. 著作信息

《赋税论》是英国经济学家威廉·配第撰写的经济学著作,全名为《关于税收与捐献的论文》,主要讲述了赋税改革和一些重要的经济理论。《赋税论》是威廉·配第的第一部重要的经济学著作,也是威廉·配第在西方财政学史和政治经济学史上负有盛名的代表作。该书对英国古典政治经济学的创立起了重要作用,对古典学派后来的发展有很大影响。

2. 著作主要内容

《赋税论》是威廉·配第(1623—1687)撰写的一部经济学著作,主要讨论了财政税制问题。该书提出了许多具体的改进建议,并深入分析了财富源泉与赋税的本质关系。下面我们将从三个方面对该书的理论观点进行描述。

第一,土地和劳动是财富源泉。在《赋税论》中,威廉·配第认为,一国居民"应将他们一切土地和劳动所得收入的二十五分之一扣除下来,充作公共用途"[①]。这是因为土地作为自然资源,在经济活动中扮演着重要角色,而劳动则是创造财富的主要手段。"土地为财富之母,而劳动则为其父。"这是配第的著名格言。配第进一步分析了这两种财富源泉的收入承担赋税的本质关系。他认为,作为财富之母的土地上的生产物,是由作为财富之父、更有主动作用的劳动生产出来的。因此,在他看来,社会财富的来源虽然是土地和劳动,但课税的最后对象只能是土地地租及其派生的收入。此外,在配第看来,赋税不论征课到哪种所得或财源,最终都会落到土地和劳动收入上。因此,在深入研究财政税制问题时,必须从其基础入手,并将赋税以土地和劳动收入为主要对象。总之,在《赋税论》中,配第强调了土地和劳动作为财富源泉在经济活动中的重要性,并对这两种源泉在赋税方面承担的责任进行了深入分析和阐述。

第二,赋税应该以土地地租为主要对象。在《赋税论》中,威廉·配第认为赋税的最后对象只能是土地地租及其派生的收入。他认为,社会财富的来源虽然是土地和劳动,但课税的最后对象只能是土地地租及其派生的收入。这是因为土地作为财富之母,在经济活动中扮演着重要角色,而且它不像劳动那样可以随意转移或隐藏。此外,配第进一步指出,在土地和劳动这两种财富源泉的收入中,赋税的主要对象应该是土地地租及其派生的收入。

---

① [英]配第.配第经济著作选集[M].陈冬野,马清槐,周锦如,译.北京:商务印书馆,1981:29.

他认为,虽然劳动也是财富源泉之一,但劳动者已经通过工资等方式承担了各种间接征税和货币贮值所引起的损失。因此,在配第看来,社会财富的来源虽然是土地和劳动,但课税的最后对象只能是土地地租及其派生的收入。总之,在《赋税论》中,配第强调了赋税应该以土地地租及其派生的收入为主要对象,并对此进行了深入分析和阐述。

第三,赋税应该考虑到土地的使用权和劳动力的贡献。在《赋税论》中,配第提出了一种名为"二十五分法"的赋税方案。他认为,一国居民应将他们一切土地和劳动所得收入的二十五分之一扣除下来,充作公共用途。这个方案的目的是为了确保政府有足够的财政收入来维持公共事业和社会福利,并且让所有人都能够承担自己应有的社会责任。配第认为,赋税不论征课到哪种所得或财源,财富的最后源泉终归是土地和劳动。因此,在他看来,要深入研究财政税制问题,必须从其基础入手。他认为,"形形色色、五花八门"的赋税无论经历多少周折,最后终归是落到土地和劳动收入上。

总之,在《赋税论》中,配第提出了"二十五分法"这样一种赋税方案,并强调了赋税应该以土地和劳动收入为主要对象。总之,《赋税论》提出了一种以土地为主要对象、考虑劳动力贡献和不同情况来制定不同政策的赋税方案。这种方案在当时引起了广泛关注,并对后来财政税制改革产生了深远影响。

3. 著作意义

《赋税论》是威廉·配第的经济学著作,被认为是资产阶级古典政治经济学的奠基之作。对此马克思曾有很高的评价,认为配第在他的《赋税论》(1662年第1版)中,"对商品的价值量做了十分清楚和正确的分析"①。该书主要讨论了财政税制问题,提出了许多具体的改进建议,并深入分析了财富源泉与赋税的本质关系。

就《赋税论》的历史贡献而言:

第一,它对商业价值理论的发展作出了重要贡献。在《赋税论》中,配第提出了"劳动创造价值"的观点,认为商品价值取决于生产它所需的劳动时间,甚至在此基础上出现了剩余价值观点的萌芽:"假定一个人能够用自己的双手在一块土地上栽培谷物;即假定他能够作为耕种这块土地所需要的种种工作,……并假定他有播种这块土地所需的种子。我认为,这个人从他的收获之中,扣除了自己的种子,并扣除了自己食用及为换取衣服和其他必需品而给予别人的部分之后,剩下的谷物就是这块土地一年的当然的正当的地租。"②这一观点对商业价值理论的发展作出了重要贡献,成为资产阶级古典政治经济学中最重要的理论之一。

第二,深入分析了土地和劳动作为财富源泉与赋税的本质关系。配第认为,土地和劳

---

① [德]恩格斯.反杜林论[M].北京:人民出版社,1970:229.
② [英]配第.配第经济著作选集[M].陈冬野,马清槐,周锦如,译.北京:商务印书馆,1981:33-34.

动是财富源泉,而赋税则是从这些源泉中提取出来用于公共用途的一种方式。他深入分析了土地和劳动承担赋税的本质关系,并提出了许多具体改进建议,如将所有土地和劳动所得收入的二十五分之一扣除下来充作公共用途等。

第三,对资本主义生产规律进行了探讨。在《赋税论》中,配第探讨了资本主义生产规律,并指出资本主义生产过程中存在着剩余价值问题。他认为,在资本主义社会中,工人创造了商品的价值,但他们只能获得其中一部分作为工资,而剩余部分则被资本家占有。这一观点对后来马克思主义政治经济学的发展产生了深远影响。

第四,强调了财政收支平衡的重要性。配第认为,财政收支平衡是财政税制的基础,只有在财政收支平衡的基础上才能实现公共用途的最大化。他提出了许多具体改进建议,如减少军费开支、增加对教育和公共卫生等领域的投入等,以实现财政收支平衡。

该书虽然对经济学理论的奠基有着突出贡献,但基于历史局限性仍存在一些遗憾。

第一,未能深入探讨资本主义社会中阶级矛盾问题。《赋税论》虽然对资本主义生产规律进行了探讨,但未能深入探讨资本主义社会中阶级矛盾问题。这一问题在后来的马克思主义政治经济学中得到了更加深入的研究和探讨。

第二,未能考虑到国际贸易和全球化等因素。《赋税论》是在17世纪末18世纪初撰写的,当时国际贸易和全球化等因素并不像今天这样普遍存在。因此,在考虑国家税制时未能考虑到这些因素可能导致的一些局限性。

第三,未能充分考虑到环境保护等问题。《赋税论》在考虑公共用途时主要关注于教育、公共卫生等领域,并未充分考虑到环境保护等问题。随着环境问题的日益突出,这一问题也成了当今人类社会面临的重要挑战之一。因此,需要在财政税制中加入环境保护等因素,以实现可持续发展。

第四,未能考虑到社会福利和公平等问题。《赋税论》在考虑公共用途时主要关注于教育、公共卫生等领域,并未充分考虑到社会福利和公平等问题。这些问题在当今人类社会中越来越受到关注,需要在财政税制中加入相应的措施以实现社会福利和公平。

综上所述,《赋税论》是资产阶级古典政治经济学的重要著作之一,对商业价值理论、土地和劳动作为财富源泉与赋税的本质关系、资本主义生产规律等进行了深入探讨,并提出了许多具体改进建议。然而,在阶级矛盾、国际贸易和全球化、环境保护、社会福利和公平等方面仍存在一些局限性。因此,在今天的时代背景下,需要对其进行批判性思考,并结合当今人类社会的实际情况进行相应的改进和完善。

四、问题解析与方法启示

通过"历史唯物主义经济治理"专题的理论构建和教学实践,尝试让学生更加清晰地了解马克思主义政治经济学的起源、开创和发展的全过程,以此使学生塑造对马克思主义政治经济学的科学认识,形成关于中国特色社会主义经济治理体系的理论构架,强化学生对世界风云变幻的经济治理格局的解剖能力,最终使学生树立科学的马克思主义历史唯物主义价值观。在本专题的学习过程中,我们力图通过包括但不限于以上所列举的五部历史唯物主义代表文本,将以下五个经济治理问题阐述清楚。

第一,基本经济制度在经济治理中的作用。《资本论》是一部经典的马克思主义经济著作,它的理论对于理解中国特色社会主义经济治理问题仍然具有重要的参考价值。其中,马克思提出的劳动价值论可以帮助我们理解商品交换和价值规律,这对于我们认识社会主义市场经济和市场调节具有重要意义。此外,《资本论》中还提出了剩余价值理论,这可以帮助我们认识到资本主义制度下存在的剥削问题,并且为我们探索中国特色社会主义基本经济制度如何实现公平分配提供了一些启示。同时,《资本论》中还涉及生产力和生产关系、商品生产和资本积累等问题,这些都与中国特色社会主义经济治理密切相关。因此,通过学习《资本论》中的经济理论,可以帮助我们更好地认识中国特色社会主义经济治理问题,并为实现高质量发展提供一些思路和方法。

第二,国家财富积累与生产力的性质问题。《国民财富的性质和原因的研究》是亚当·斯密的经典著作之一,它对于理解中国特色社会主义经济治理问题同样具有重要的参考价值。在这本书中,斯密提出了自由放任主义和市场经济的理论,这对于我们认识国家财富积累具有重要意义。同时,斯密还提出了"分工"和"比较优势"等概念,这些概念可以帮助我们认识到不同地区、不同行业之间存在着差异性和互补性,从而为我们探索如何通过资源优化配置实现生产力的提高提供了一些启示。此外,《国民财富的性质和原因的研究》中还涉及了税收、公共物品、国际贸易等问题,这些都与中国特色社会主义经济治理密切相关。因此,通过学习《国民财富的性质和原因的研究》中的经济理论,可以帮助我们更好地认识中国特色社会主义经济治理问题,并为实现高质量发展提供一些思路和方法。

第三,资源稀缺和人口增长对经济发展的影响。《政治经济学及赋税原理》是大卫·李嘉图的经典著作之一,它对于理解中国特色社会主义经济治理问题同样具有重要的参考价值。在这本书中,李嘉图提出了劳动价值论和相对价格理论,这对于我们认识市场调节和市场经济具有重要意义。同时,李嘉图还提出了"土地租金"和"人口增长"等概念,这些概念可以帮助我们认识到资源的稀缺性和人口增长对于经济发展的影响。此外,《政治经济学及赋税原理》中还涉及了贸易自由化、国际分工等问题,这些都与中国特色社会主义经济治理密切相关。因此,通过学习《政治经济学及赋税原理》中的经济理论,可以帮助我们更好地认识中国特色社会主义经济治理问题,并为实现高质量发展提供一些思路和方法。

第四,生产和消费之间的平衡关系。《政治经济学新原理》主要关注的是资本主义社会中生产和消费之间的关系,以及资本和收入之间的区别和联系。虽然西斯蒙第并没有直接讨论经济治理问题,但是它提供了一些经济学理论和思想,可以为我们思考经济治理问题提供一些启示。例如,该书强调了生产和消费之间的关系,认为生产需要资本,而消费需要收入去购买生产品。这个观点可以引导我们思考如何平衡生产和消费之间的关系,在经济治理中制定合适的政策措施。此外,该书还探讨了价值、交换价值等概念,并强调了劳动时间构成的价值是资本主义社会矛盾的根源。这些理论可以帮助我们更好地理解市场经济中价值形成的机制,并在经济治理中制定合适的政策措施。因此,《政治经济学新原理》提供了一些有益的经济学思想和理论,可以为我们在实践中探索更好地解决经济治理问题提供一些启示。

第五,财政税制改革等相关问题。《赋税论》的经济理论对中国经济治理提供了一些思路和启示。在中国改革开放初期,我国的财政税制改革正处于起步阶段,这时候《赋税论》的一些观点对于我国财政税制改革具有一定的借鉴意义。例如,《赋税论》中提出了土地和劳动是财富源泉,赋税应该从这两个方面入手,这对于我国土地资源丰富、人口众多的情况具有重要意义。此外,《赋税论》还强调了赋税应该公平合理、不应过度压迫劳动者等观点,这些都为我国财政税制改革提供了一定的参考和借鉴。当然,在实践中,我们需要结合中国国情和实际情况,采取更加科学、合理、适应时代发展要求的经济治理模式和政策措施。

专题三　历史唯物主义与文化治理

一、专题说明

历史唯物主义既强调对历史必然性与规律性的研究,也强调对历史的差异性与丰富性的研究。从文化及文化治理视角出发观察历史发展,有助于我们加强对社会历史的微观把握,了解文化的多样性与历史的丰富性,彰显人在历史中的主动性与创造性,明确中国式现代化道路选择的必然性。

"观乎人文,以化成天下。"文化在社会治理中发挥着不可替代的作用。文化是一个国家、一个民族的灵魂。文化兴国运兴,文化强民族强。没有高度的文化自信,没有文化的繁荣兴盛,就没有中华民族伟大复兴。文化自信是最深厚、最广泛的自信,可以在社会治理中展示出最深沉、最持久的力量。文化治理现代化是国家治理体系和治理能力现代化的重要组成部分,探讨文化治理在国家治理体系中的地位和作用具有重要的理论价值与现实意义。我们要强化文化治理能力,坚守文化立场,发挥文化力量,充分发挥文化对人民群众的教育和引导功能,进一步发挥中华文化所蕴含的理想信念、价值取向、道德规范,从而引领人民坚定文化信心、强化文化自觉、提升道德素质,积极投身中华民族复兴伟业,在融入国家和民族事业的奋斗中实现人的全面发展。奋进新征程,建功新时代,寓文化于治理之中,充分发挥文化在社会治理中的作用,才能更好地构筑中国精神、中国价值、中国力量。本专题旨在明晰历史唯物主义视域下文化治理的理论渊源、基本内涵、功能机制、方法论指引等基础性问题,强化文化治理的重要作用,明确马克思主义在意识形态领域的指导地位,把握当前中国现代化建设中面临的文化挑战,进而牢牢把握文化的正确发展方向,让文化力量完成创造性转化、创新性发展,实现文化治理能力的现代化。

二、教学目标

从总体上理解和把握,文化治理对完善国家治理体系和提升国家治理能力现代化的重要作用。把握文化在历史唯物主义发展视域中的重要作用,了解文化治理的理论渊源、基本内涵、功能机制、实践建构与时代意义。以马克思主义文化观为基本立场与基本方法，借鉴西方马克思主义文化理论的观点与方法，创新文化治理理论体系，探索中国文化治理的具体实践路径。

(1) 了解和掌握马克思恩格斯的文化思想。

(2) 了解和掌握西方马克思主义文化思想。

(3) 了解和掌握新时代文化治理的实践及成就。

(4) 了解文化治理的基本内涵、基本方式、功能机制、重要作用等。

(5) 掌握当代文化治理的现实问题及其新时代文化治理的实践构建。

三、代表性文本

选取本尼迪克特的《文化模式》、雅斯贝斯的《历史的起源与目标》、汤因比的《历史研究》、李凯尔特的《文化科学与自然科学》、C.恩伯和M.恩伯的《文化的变异》、赫勒的《道德哲学》、我国学者编写的《文化哲学十五讲》、托尼·本尼特的《文化、治理与社会——托尼·本尼特自选集》、马健的《文化规制论》、林坚的《文化治理与文化创新》等十本代表性文本，以期助力我们深入理解历史唯物主义视域下文化治理的理论与现实问题。

(一)《文化模式》

1. 著作信息

《文化模式》（社会科学文献出版社2009年版）是美国著名社会学家鲁思·本尼迪克特的著作，被称为"20世纪伟大的著作"。该书从个人行为入手，通过对个人行为方式的多样性与选择性的探究，详细阐释了不同文化背景下的社会行为模式、价值取向和思维方式，以及由此而凝集成的特定的文化模式。该书强化了对文化人类学的研究，开创了"文化与人格"的科学研究范式，先后被翻译成14种语言，是20世纪文化学研究最重要的书籍之一。

2. 著作主要内容

该书主要从人类行为的多样性入手，探讨了不同部落文化选择的唯一性，以及选择后所产生的行为方式的独特性，包括对待生、死、青春期、婚姻的方式以及在经济、政治、社会交往等领域的各种规矩，分析了不同文化模式背景下的社会行为模式、价值取向和思维方式，揭示了文化对人们的深刻影响。该书主要包括以下几个方面的内容。

第一，文化模式的定义。文化模式是指各民族或国家所具有的独特的文化体系，它是由各种文化特质有机结合而构成的一个有特色的文化体系。本尼迪克特指出："一种文化就像一个人或多或少有一种思想与行为的一致模式。每一文化之内总有一些特别的没必要为其他类型的社会分享的目的。在对这些目的的服从过程中每一民族越来越深入地强化着它的经验并且与这些内驱力的紧迫性相适应行为的异质项就会采取愈来愈一致的形式。当那些最不协调的行为被完全整合的文化接受后它们常常通过最不可能的变化而使它们自己代表了该文化的具体目标。"①这就是文化的模式化。它产生于一个民族中广大成员的长期实践与创造,非一朝一夕就能完成。文化模式的形成需要几代人甚至几十代人的生活历练,通过社会化的途径世代延续而结构化或形式化。从这个意义上说,文化模式就是人们普遍接受的共同遵循的风俗习惯,这种习惯直接导致各国家、各民族的文化呈现出鲜明的独特性。

第二,文化模式的差异性。通过对三种类型的文化模式对比,本尼迪克特揭示出不同文化模式下价值观与思维方式的差异性。第一种:"日神型",即阿波罗式。指的是新墨西哥州的祖尼印第安人,他们固守传统且擅长中庸之道,节制、中和、热衷礼仪,安稳、理性、遵守秩序,他们干任何事情都不过分,善于合作,服从是其美德,讨厌酗酒及对特权的竞争,讨厌葬礼时的过度悲恸和常常诉诸自杀的冲动行为,对宗教仪式特别重视,但讨厌狂欢式的祭仪。第二种:"酒神型",即狄俄尼索斯式。指的是温哥华岛上的夸库特耳人,他们偏爱个人竞争、对抗,嗜好心醉神迷,具有偏执似的权威幻想,易冲动、富有进攻性、充满热情或激情、爱好幻想、做事没有节制,比较狂妄,有时为了追求某种东西,不惜绝食或进行自残,他们常在仪式中食用药物、仙人掌与酒,以引发宗教式幻境,他们崇拜个人野心和与众不同,喜欢出风头,使用暴力。第三种:"妄想狂型",即非酒神非阿波罗式。指位于太平洋西南部美拉尼西亚诸民族中最南面的一个民族多布,他们隐秘、执拗冷酷、鬼鬼祟祟、反复无常,在个人与恶劣环境的冲突中看待人生。他们对自然有精神病患者式的恐惧,对邻人则有病态的怀疑,嫉妒心强、彼此猜疑、不信任、干事无法无天、背信弃义,每个人都与其他人为敌,经常互相偷盗、骗人甚至杀人。对于多布人来说,所有的生存都是一场你死我活的斗争,而怀疑和残忍就是他们在斗争中信得过的武器。

第三,文化整合的重要作用。本尼迪克特详细地分析了文化整合功能的巨大作用。她认为,文化模式化与文化整合是同一进程的两个方面。所谓文化整合就是指构成文化的诸文化要素、子系统与层次之间相互适应相互综合变为整体或完全的过程。文化整合强调在各种文化意义中一种逻辑的、情绪的或美感的协调,追求文化规范与行为的适合以及不同的风俗、制度彼此功能上的相互依赖。文化的整合把所有导向谋生、婚配、战争、崇拜神灵等五花八门的行为,根据文化内部发展起来的无意识选择原则,转化为一致的模式。每一复杂层面上的文化即便是最简单的层面上的文化都获得了整合,而且可以存在众多可能的结构。文化整合不仅是在社会活动和精神生产等存在领域的整合,也是在日常生活领域的整合。各种文化特质在其自身文化主旨或"民族精神"的统摄下不断地交接、融合和修

---

① 本尼迪克特.文化模式[M].何锡章,黄欢,译.北京:华夏出版社,1987:36.

正,趋向于或修正为具有一致性的思想或行为模式。一种文化在它自身某种规范化的动机、情感、价值、准则的作用下,从周围地区的那些可能的特性中选择其可用者,而舍弃那些无用的东西。它把其他的特性都重新改造,使它们符合自己的需要,这就是整合的力量,也是整合的结果。在本尼迪克特看来,整合的创造力量在个人的心灵里,而且关系到个人如何根据其文化的主观标准对文化特质加以选择、排斥与修正;但在文化整合中,文化模式和个体人格被双重建构起来。本尼迪克特把一种文化的意义作为一个整体来加以把握,表明文化模式对个体人格的持续塑造作用——"接受",这是一个民族文化的深层结构;但问题是,人不仅是文化衍生物,人也具有主观能动性及其对文化的建构作用。本尼迪克特清晰地认识到了这一点:完整意义上的社会从来不能与作为其组成的个人相分离,恰恰相反,"文化中所具有的任何要素,归根结底没有不是个人所作的贡献。"①

第四,反种族主义与文化相对论。本尼迪克特是文化相对论的持有者,她坚决反对种族主义和文化中心主义。她认为,不同种族可以共同创造文化,而同一种族也可能会有不同的文化或同一文化的不同程度。人类文化的诸多形态,并不是同一种文化进化的不同阶段,而是为适应各自不同的生长环境所形成的、具有各自独特价值取向的文化类型。每一种文化都是一个独立整体,都有其存在的合理性。因此,文化的价值是多元的,对于每种文化,都必须按照它自身的结构和价值来考察,而不是按照某种被颂扬为"绝对价值"的文化来评判其他文化。"绝对的""普遍的"价值标准在未进行文化间的交往和共同确认之前是不可能存在的。每一种文化都有其存在的理由,其特质是其他文化所不可替代的。各种文化都曾经或者正在为人类历史的发展作出自己的贡献,都是人类文化的组成部分。各种文化因皆具有人类心理的可能性而相互之间是平等的。本尼迪克特认为,只有超越欧洲中心主义才能体察到其他各种文化在整个文化体系中的意义和价值。

3. 著作意义

《文化模式》系统阐述了文化的内涵和多样性,对于我们理解和尊重不同文化群体,并指导国际关系、社会学、人类学等领域的研究有着深刻的启发作用。

第一,有利于强化文化治理体系,更好地发挥文化在社会治理中的作用。该书强调文化模式是影响社会价值观形成的最重要因素,这种对文化重要性的论述,有利于深化我们对文化影响社会价值观塑造的认知,大力弘扬中华文化,丰富"中国精神",进而凝聚中国力量、走稳中国道路。

第二,有利于我们尊重文化的多样性,加强文化文明的交流与借鉴。该书认为尊重文化多元性是人的全面自由发展的必备条件,并通过观察个人的行为活动和价值观念,丰富人的特殊性与多样性,为促进人的自由全面发展提供一条文化实践路径。

---

① 本尼迪克特.文化模式[M].何锡章,黄欢,译.北京:华夏出版社,1987:196.

(二)《历史的起源与目标》

1. 著作信息

《历史的起源与目标》(华夏出版社 1989 年版)是德国著名哲学家雅斯贝斯的一部历史哲学著作。卡尔·雅斯贝斯从历史哲学的角度出发,以宏观且开放的目光审视了人类的过去、现在和未来,探讨了历史的意义,勾勒出一个世界历史的结构。卡尔·雅斯贝斯在书中提出的"轴心时代"思想在历史学界引起了很大反响,也为欧洲的汉学研究、文化史和宗教史研究所吸纳。该书首次出版于 1949 年,至今经历了十次再版,引起了广泛的讨论。

2. 著作主要内容

该书主要分为三个部分:"世界历史""当下与未来""历史的意识"。总体来说是以"轴心时代"为基础,通过对世界历史的回顾以及对现在与未来的探讨,围绕着"历史是什么?历史来自何处?历史通往何方?"①等基本问题,详细探究了"历史的意义"。通过对"历史的起源与目标"的阐述,作者将人类发展史分为四阶段——史前、古代文明、轴心时代和科学技术时代,将史前和古代文明归为间歇期,将轴心时代称为突破期,科学技术时代称为第二间歇期,强调人类历史发展是围绕不同地区所共有的"轴心时代"而变化发展。

第一,轴心时代——从过去到未来。雅斯贝斯以人类文明总体的角度作为切入点来把握各文明的意义所在,以人类具有唯一的起源和目标这一基础信念,构建了自己的世界整体历史的图景。其一,阐释了轴心时代的内涵。"世界史的轴心……是在公元前 800 年到公元前 200 年产生的精神过程。那里是历史最为深刻的转折点,出现了我们今天依然与之生活的人们。"②这一时代,简称为"轴心时代",即雅斯贝斯论断中的前一部分——第一轴心时代。具体而言,在上述这一具体时间阶段之中处于世界范围内的各大文化圈纷纷构建出其核心理念,这是一个整个人类"精神化"的阶段:中国的先秦诸子百家、印度的《奥义书》以及佛教文化、伊朗的查拉图斯特拉、犹太人先知以及古希腊哲学等相继出现。也就是"从轴心时代起,世界史获得了唯一的结构和持续的、或者说持续到今天的统一性"③。其二,阐释了人类历史发展进程的四阶段。雅斯贝斯以共同的基础为出发点,将人类历史分为普罗米修斯时代即史前时代(Vorgeschichte)、古代高度文化时代(Alte Hochkulturen)、轴心时代(Achsenzeit),以及我们当下的、雅斯贝斯所称的新普罗米修斯时代的科学技术时代

---

① 卡尔·雅斯贝斯.历史的起源与目标[M].魏楚雄,俞新天,译.北京:华夏出版社,1989:3.
② 卡尔·雅斯贝斯.历史的起源与目标[M].魏楚雄,俞新天,译.北京:华夏出版社,1989:9.
③ 卡尔·雅斯贝斯.历史的起源与目标[M].魏楚雄,俞新天,译.北京:华夏出版社,1989:15.

(Wissenschaftlich-technisches Zeitalter)。"人类看起来好像从新的基础出发了四次:首先从史前时代……"①事实上,直到如今我们仍然未能对这一时期的真实历史怀有一定的具体把握,但不可否认的是,在这一时期人类第一次实现了自身,因而也被雅斯贝斯称为普罗米修斯时代。在这之后,人类文明的进程开始有了更为深刻的变化,逐渐聚集为四大文化圈。在此,人类再次出发,这一阶段雅氏将其归为古代高度文化的出现。经过这一积蓄期,"第三次是从轴心时代出发",在这一时期,"人之存在"真正完全迸发,人之精神觉醒。在此之后的第四次,也就是我们当下所处的时代。人类再一次迎来了一个积蓄期,从当下的科学技术的时代再次出发,并且正在深刻改造着整个人类的生活秩序。② 其三,阐释了人类历史的"两次呼吸"。"第一次呼吸是从普罗米修斯时代开始",在古代高度文化的建立之后通向第一轴心时代,并在其产生的重大影响之中延续。"第二次呼吸开始于科学技术时代",也就是雅氏与史前时代相对比之下定义为的新普罗米修斯时代。在他看来,这一次呼吸具有同古代高度文化这一轴心时代的积蓄期相类似的针对人群组织和自然的发展样态,因而他由此判断,"或许会进入崭新的……第二轴心时代"③。

第二,世界历史的统一性与生存实现。雅斯贝斯将"人"作为一个长期的、连续不断的发展的过程来思考,在这一过程中,以现实的人类历史范畴为指向,一方面表现为世界历史不断统一的过程,另一方面体现为"生存的实现"的过程。其一,阐释个人精神觉醒的三重特性。同步性:在希腊到东亚这一轴心,中国、印度、中东以及欧洲这几个地域基本上同时在思想上出现了相类似的巨大成就。历史性:同期出现的哲学思想构成其文明随后发展的轴心。普遍性:轴心时代第一次以新视角揭示了人类共同的未来。其二,阐释轴心时代个体的新变化。在轴心时代,人们开始意识到其整体的存在、其自身的存在以及其自身的局限。"意识再次意识到其自身,而思想指向了思想本身。"④在此基础之上产生的交往——人与人之间为实现传达思想的目的而相互往来以便沟通背景及经验,如此就在精神层面上产生了相互斗争。因此,轴心时代在人的精神上的觉醒不仅仅构成了人类共同的价值尺度,也使得人类从个体的状态之中脱离出来,不再局限于地理区域,人变为整体性的存在。以轴心时代为核心,世界历史结构得到了长期而根本的改变,各个民族都逐渐归于这三大文化圈,并且在其中排除了特定信仰的角度,破除了基督教在西方世界笼罩的历史哲学神话。这一"轴心时代"成为整个人类文明进程的关键点,形成了从西方到东方乃至全人类可以信服的尺度。自此,"世界历史获得了唯一的结构以及持续至今天的统一"⑤。

---

① 卡尔·雅斯贝斯.历史的起源与目标[M].魏楚雄,俞新天,译.北京:华夏出版社,1989:33.
② 卡尔·雅斯贝斯.历史的起源与目标[M].魏楚雄,俞新天,译.北京:华夏出版社,1989:33.
③ 卡尔·雅斯贝斯.历史的起源与目标[M].魏楚雄,俞新天,译.北京:华夏出版社,1989:33.
④ 卡尔·雅斯贝斯.历史的起源与目标[M].魏楚雄,俞新天,译.北京:华夏出版社,1989:9.
⑤ 卡尔·雅斯贝斯.历史的起源与目标[M].魏楚雄,俞新天,译.北京:华夏出版社,1989:353.

3. 著作意义

《历史的起源与目标》中关于历史起源、当下与未来的具体论述,对理解历史和社会科学研究有着重要的意义,可以帮助人们深入认识历史的本质和当代世界所面临的挑战,从而更好地推动人类文明的进步。

第一,有利于应对技术异化对个人生存境遇的冲击,为精神文明的建设提供理论指引。该书关于科学技术时代的相关论述,为我们抵御技术统治,反抗技术时代对人的消解,挣脱人的信仰缺失和精神陷落之境况,回归自我的主体性与创造性具有重要的指导意义。

第二,有利于在世界范围内强化中华文化的感召力和吸引力。习近平总书记在文艺工作座谈会上谈到中华文化时曾引用了该书关于"轴心时代"的论述,指出古代中国作为轴心时代的文明之一对人类生活的影响。① 这对提升中华文化的国际影响力和号召力,提升我国文化的软实力,强化文化自信具有重要意义。

(三)《历史研究》

1. 著作信息

《历史研究》(上海人民出版社 2005 年版)是被誉为"近代最伟大的历史学家"汤因比的代表作之一。该书是汤因比精心架构和用力最深之作品,前后共耗时 40 余年,在 20 世纪 20 年代初他就拟出大纲,1927 年才正式开始写作,1954 年后第 10 卷杀青,几年后,汤因比又增补了第 11 卷和第 12 卷。该书以文明形态史观为主线,通过对近 6000 年来人类历史的比较研究,揭示各种文明形态及其起源、生长、衰落、解体的一般规律。该书突破了传统的史学模式,以全新的视角建立了宏观历史哲学体系,破除了西方中心论和单一历史线性发展的史观,为历史研究提供了一个独特的模式,被赞誉为"文化形态史观"的奠基巨著。

2. 著作主要内容

《历史研究》全书以对历史形态的研究为前提,以文明为基本研究单位,从一个宏大的视角对人类史做整体性考察。通过对文明的起源、成长、衰落、解体过程的详尽论述,揭示出历史研究的重要意义。该书从逻辑上可以分为三个部分。第一部分是该书的主要部分,包括第 1 卷至第 10 卷,集中论述了汤因比的文明史观;第二部分是地图和地名的汇编。第三部分是对以前观点的修正性说明。

第一,以"文明"为历史研究的单位。在绪论中,汤因比就历史研究的单位指出:"在最

---

① 习近平.在文艺工作座谈会上的讲话[M].北京:人民出版社,2015:3.

近几百年里……历史学家们选择了国家作为研究历史的一般范围。但是在欧洲没有一个民族或国家能够说明它自己的问题。"汤因比认为,在欧洲如果英国的历史发展不能通过它自身说明问题的话,那么其他的欧洲民族国家就都不可能彼此独立地说明自己国家的历史。汤因比分析了从6世纪末到19世纪的英国历史,认为英国历史的发展实际上包含了斯堪的纳维亚、意大利等许多地区和国家的政治、文化因素。因此,他得出结论:"发生作用的种种力量,并不是来自一个国家,而是来自更宽广的所在。这些力量对于每一个部分都发生影响,但是除非从它们对于整个社会的作用做全面的了解,否则便无法了解它们的局部作用。"基于上述逻辑推理,汤因比认为"历史研究的可以自行说明问题的单位既不是一个民族国家,也不是另一极端上的全体人类,而是我们称之为社会的某一群人类。"即作者所说的研究历史的单位——文明。在对世界历史进行研究时,作者将其划分为21种文明,批判了"欧洲中心论",否定了"文明的统一"的观点。他认为,"虽然世界各地的经济和政治的面貌是西方化了,但是他们的文化面貌却大体上维持着在我们西方社会开始经济的和政治的征服事业以前的本来面目。"因此,《历史研究》开篇就主张运用系统论的核心内涵——整体性观点来研究历史。所谓整体性观点,即指在研究任何一个问题时,都不应该孤立地去解释其产生、发展的原因,而要联系相关的各种因素,只有这样才可能得出更趋向于客观和准确的结论。

第二,文明是在"挑战-应战"中发展的。通过列举世界历史上存在与消逝的多种文明形态,该书展开对文明的起源、成长、衰落、解体过程的详细论述。其一,文明的起源。文明的产生不是单独地由种族或地理因素所决定的,而是由两个条件的特定结合所决定的:一个条件是在这个社会里要有一些具有创造力的少数人;另一个条件是那里的环境的挑战性应处于过量与不足之间的某一中间点上,即不能太不利也不能太有利。只有这样,当环境向人类社会提出挑战时,具有创造性的少数人才可能进行有效的应战,而成功的应战就是导致文明产生的源头。在这里,汤因比实质上是反对文明的产生是由某一种力量决定的这一机械论观点,而提出了"内力与外力的合力作用"的系统观点:文明的产生有其内在的和外在的双重规定性,两者的作用缺一不可。其二,文明的发展。文明的发展是"挑战与应战"动态运动的结果,即在每一次成功的应战之后都会出现新的挑战,需要新的应战,这一过程的不断交替就是文明不断演进的过程。在这里,汤因比运用了动态观点,他所说的"挑战与应战"的循环不是一种简单的重复,其内容是在不断变化的。例如,在文明产生过程中所面临的挑战主要来自自然环境。然而,随着文明程度的不断提高,挑战就成为包括自然、社会、物质、精神等多方面的内容。其三,文明的生长。汤因比从统一性与多样性两方面对文明的生长进行了辩证研究。他指出,"生长是由于一个个人或一个社会对于一种挑战进行了应战,而这个应战不仅对付了挑战,同时又使应战者遭遇到了新挑战,这个挑战又需要有新应战。"这是文明生长过程的一致性原则,但是接受挑战的文明"在它们各自的活动方面是各有重点的"。因此,不同文明的生长就表现出形式上的多样化。汤因比在这里所阐释的文明生长是一种统一性与多样性的一致,也就是说,任何一种生长的文明既有其统一的生长规律,也有其自身的个性特点,而这种辩证的思想正是系统论的精髓所在。其四,文明的衰落。汤因比强调了内因的重要性,他认为"外部敌人的最大作用只是能在一个社会自杀而还没有断气的时候,给它最后一击。如果外来进攻以一种暴力打击的形式出现在一个文明历史的任何一个阶段,那么除了在它的最后的垂死的阶段以外,这些外来的进攻,看起来都不会起破坏的作用,反而会发出积极的刺激作用。"汤因比的结论是,文明的衰落和死亡的原因是自杀,而不是谋杀。

第三,对中国文明的高度评价。汤因比赋予中国文明挽救生物圈和人类文明的伟大历史使命,中国文明对于"处于深浅莫测的人类历史长河关键阶段的全人类来说,都是一项伟业"。从时间上来说,汤因比对中国文明的态度可以分为清晰的三个阶段。第一阶段,汤因比前期中国文明观,形成于20世纪50年代初期以前,以《历史研究》前六卷与《文明经受着考验》两本著作为集中表现。前期阶段汤因比对中国文明的态度,既欣赏中国文明大一统、历史经验与包容性,并且借用中国"阴阳"哲学为其新理论做解说;又在更多内容上表现出对中国文明的消极态度,认为中国社会混乱痛苦、中国人狭隘自负,中国哲学杂乱退化。第二阶段,汤因比中期中国文明观,形成于20世纪50年代初期到20世纪60年代中期。这一阶段是汤因比对中国文明的态度由冷漠生硬走向温和软化的过渡阶段,以《历史研究》后六卷为集中表现。这一阶段汤因比对中国文明的态度表现为:涉及中国的内容明显增多,重要性增强;叙述语气走向温和,褒奖明显;然而,汤因比依然没有否定对中国文明的消极态度,延续了第一阶段对中国的批判内容。这种肯定与否定共存的态度表现出一定的矛盾性,意味着汤因比对前期判断的怀疑和挣扎,喻示其对中国文明态度正处于转变过程之中。第三阶段,汤因比晚期中国文明观,形成于20世纪60年代中期到1975年,即汤因比生命最后10年。这一阶段汤因比对中国文明的态度表现为:以中国文明为话题的作品数量激增,除对中国文明各个宏观角度给予广泛关注之外,还对诸如中国文字、印刷术、女性生活等细致话题进行了探讨和赞美,呈现出与第一阶段完全相反的中国文明礼赞观。

3. 著作意义

《历史研究》通过对人类文明前景和命运的探究,详细阐述了文明演进的内在机制,突破了西方中心论的藩篱,给我们当代的历史研究与实践探索带来诸多教益。

第一,有利于尊重文化的多样性,加强文化之间的交流。该书对各文明形态的详细阐释,能够让我们更好地理解诸多文明之间的互动,理解各民族之间文化的差异性,尊重文化的多元性,加强各国之间文化的交流与借鉴,为共建人类命运共同体提供更多的理论依托。

第二,有利于强化文化自信,增强对中华文化的认同感。该书认为人类文明与生物圈未来摆脱困境走向和平发展的希望寄托于中国文明,并通过对中华文明内涵与重要作用的论述,阐释了中华文明承担伟大历史使命的合理性与必然性。这对于我们尊重中国传统文化,强化民族自信,坚定不移走中国特色社会主义文化道路具有重要作用。

(四)《文化科学与自然科学》

1. 著作信息

《文化科学与自然科学》(商务印书馆 1986 年版)是亨里希·李凯尔特撰写的哲学著作。该书从新康德主义弗赖堡学派的观点出发,对自然和文化做了区分。该书认为自然是自生自长的东西的总和,文化则是按预定目的生产出来,或早已存在并因其有价值而得到保护的东西;自然没有价值,而文化具有价值。因此,自然科学是关于事实的知识,不具有价值;文化科学是关于社会现象的知识,包括政治、经济、语言、艺术、宗教、哲学等,均具有价值。该书是继康德之后反对用自然科学理论简单改造人文社会科学从而使之成为科学的延续;就文化史研究而言,该书是李凯尔特对当时兰普勒希特所发起的历史方法论讨论的回应,也是继巴克尔之后促使史学科学化的努力。

2. 著作主要内容

该书集中论述了自然科学和文化科学的区分,指出了它们在研究对象和研究方法上的差异,并讨论了历史研究与价值评价的关系,以及由此引申出的历史研究的客观性问题。全书共分 14 篇。第 1~3 篇集中讨论了自然科学与非自然科学的经验学科的目的和方法的区分。第 4 篇具体地从研究对象的角度讨论了自然科学与文化科学的区别。第 5~10 篇,集中讨论了自然科学方法与文化科学的历史方法之间的区别。第 10~14 篇,进一步分析了自然科学和历史的文化科学的区分所产生的一些问题。

第一,文化科学和自然科学的区别与联系。自然和历史是两种不同的实在。"当我们从普遍性的观点来观察现实时,现实就是自然;当我们从个别性和特殊性的观点来观察现实时,现实就是历史。"[①]其一,研究对象上存在差异。自然科学研究的是客观存在的自然现象和规律,而文化科学则研究人类创造出的文化现象和规律。其二,理论和方法上也存在差异。自然科学主要运用实验和测量等客观科学方法,而文化科学需要运用更多的主观科学方法,如人类学、语言学等。最后,文化科学和自然科学之间的互动关系。文化科学可以运用自然科学的方法和理论,如物理学、生物学等,来解释某些文化现象;而自然科学也需要借鉴文化科学的方法和理论,来探究人类的生态环境问题和社会问题。

第二,价值对于文化科学的重要性。"价值"一词始终是李凯尔特的核心概念。他主张从质料或形式的角度区分自然科学和文化科学,而其标准就是是否含有价值。其一,关于

---

① 亨里希·李凯尔特.文化科学与自然科学[M].涂纪亮,译.北京:商务印书馆,1986:23.

价值概念。李凯尔特认为,价值是文化对象所固有的,因此我们把文化对象称为财富,以便使文化对象作为富有价值的现实同不具有任何现实性并且可以对现实性不加考虑的价值本身区别开来,自然现象不能成为财富,因为它与价值没有联系。价值与文化对象联系紧密,一旦分开,文化对象就会变成纯粹的自然。价值能够附着于对象之上,并由此使对象变为财富;价值能够与主体的活动相联系,并由此使主体的活动变成评价。价值也是历史学家在挑选材料时借以区分本质成分和非本质成分的标准,通过文化所固有的价值以及通过与价值的联系,可叙述的、历史的个别性概念才得以形成。这就是价值联系原则,而历史科学的个别化方法也就是与价值相联系的方法。其二,关于"价值"和"评价"的区分。李凯尔特十分强调理论的价值联系与实践的评价之间的原则区别,价值联系处于确定事实的领域之间,而实践的评价则处于这一领域之外。他举法国大革命一例来说明,评价必定是赞扬或责难,然而这都与价值没有联系。价值能够与主体的活动相联系,并由此使主体的活动变成评价,因此,要说明历史学的实质就必须把价值方法和评价方法严格区别开。但历史学绝不是评价的科学,通过区分价值与评价,文化价值的普遍性就使历史科学排除了个人的主观随意性,从而构成了历史认识客观性的根据。

第三,文化科学与自然科学的分类原则。为了区分历史文化科学与自然科学,李凯尔特在继承自亚里士多德以来的质料与形式二分思想的基础上,指出了划分科学的两个基本原则,即质料原则和形式原则。在质料上,这种区分表现为自然与文化的对立;在形式上则表现为普遍化方法与个别化方法的对立。其一,质料分类的原则。立足于质料分类原则,李凯尔特首先划分出了自然与文化的对立。"自然是那些从自身中成长起来的,诞生出来的和任其自生自长的东西的总和。与自然相对立,文化或者是人们按照所估计的目的直接生产出来的,或者是虽然已经现成的,但至少是由于它所固有的价值而为人们特意地保存着的。"在这个论证过程中,他把价值的原则当作区分自然科学和历史的文化的标准,价值作为文化存在的基础,与文化联系在一起,而价值以外的东西只能被看作纯粹自然。此外,价值也是作为历史学家考察历史事件时得以区分本质成分和非本质成分的根本标准。其二,形式分类原则。李凯尔特强调仅凭质料原则"还不够,必须用一个形式的分类原则来补充这个质料的分类原则"。他认为,自然科学与历史的文化科学在形式上的区别表现在它们各自形成自己的科学概念时所采用的原则的对立,即自然科学的普遍化方法与历史的文化科学的个别化方法的区别。要搞清楚自然科学与文化科学的研究方法的不同特点,就必须厘定两者形成科学概念所各自遵循的一般原则的不同。当我们按照形式的原则去形成"自然世界"的知识时,自然科学概念形成的鲜明特征就表现在"认识自然就意味着从普遍因素中形成普遍概念,如果可能的话,形成关于现实的绝对普遍的判断",即自然科学研究方法只关注普遍而非现实中的杂多,这就是自然科学的界限,同时也是历史的文化科学的开端,与自然科学形式化的逻辑化的方法相对立就是历史的个别性的原则。形式逻辑构造的自然科学概念和历史的文化概念的区别就在于:"当我们从普遍性的观点来观察现实时,现实就是自然;当我们从个别性和特殊性的观点来观察现实时,现实就是历史。"

3. 著作意义

《文化科学与自然科学》通过对文化科学与自然科学、普遍化的自然科学方法与个别化的历史学方法之间的区分,阐释了价值与评价、形式分类原则与质料分类原则等相关问题,对于我们全面厘清两种科学的差异性和互动性,正视两种科学的重要作用具有重要意义。

第一,有利于强化文化科学与自然科学间的交互作用,推动学科融合。科学与人文历来是相辅相成、相得益彰的,共同构筑起人类文明的大厦。该书强调科学发展不单是知识积累与技术创新,也是文化与科学交流互渗的结果。科学研究应追求更广泛的视角,加强对感性与情感等人文因素的思考。这有利于我们加强文化与科学的交流,促进人文精神与科学精神的融合,以人文滋养科技,以科技护佑人文。

第二,有利于加强对文化的重视程度,营造良好的科学文化氛围,提高公众对科学文化的理解和认知。该书突出了文化在科学探索中的价值,提出了科学研究中必须兼顾文化因素的观点,这有利于强化我们对"科技是车,人文就是刹车和方向盘,科技离不开人文"的认知,与习近平总书记明确指出的"国家之魂,文以化之,文以铸之"[①]不谋而合。

(五)《文化的变异》

1. 著作信息

《文化的变异》(辽宁人民出版 1988 年版)由美国人类学家 C. 恩伯与 M. 恩伯夫妇合著,是美国最受欢迎的一部文化人类学专著。该书内容涉及人类学的许多方面,对人类学的定义、研究范围、分支情况,以及政治、经济、语言、婚姻、亲属关系、心理、宗教、艺术等问题进行了深入浅出的阐述,特别是对文化变异问题作出了透辟的分析。

2. 著作主要内容

该书以文化变异问题为研究的中心和重点,以世界各地的民族志为研究的基本依据,结合田野调查和其他实际验证所提供的信息和资料,以饶有兴味的笔调论述了现代族群在语言、食物获取、经济体系、社会分层、性与文化、婚姻与家庭、婚后居处和亲属关系、政治组织、心理与文化、宗教与巫术以及艺术各方面的变异,这些研究几乎涵盖了人类生存的全部内容。

第一,人类学的研究对象、范围和意义。该书指出人类学是研究人类的科学,它与其他研究人类的学科之间的区别在于其研究对象与研究范围比其他学科更广。

---

① 习近平. 在纪念马克思诞辰 200 周年大会上的讲话[M]. 北京:人民出版社,2018:19.

其一，人类学的研究对象。人类学的研究对象一方面是世界各地的人类，另一方面又研究整个社会历史时期的人类，范围涵盖从一百多万年以前人类的出现到今天。

其二，人类学的研究范围。人类学用整体论的方法对人类进行全面研究，而人类学家不仅限于研究形形色色的人，而且还研究这些人在各个方面的经验。该书所关注的文化人类学是人类学所涉及的重要领域，它涉及某个特定社会的传统思维和行为特点。

其三，人类学的意义。作者指出对人类学的研究可以使人变得更宽容——人类学研究能告诉人们为什么各民族的人在文化和体质上会呈现出他们现在这个样子；它能使人了解过去，认清人类的过往，因而可以给人带来谦卑感和成就感，虽然人们不能保证任何一个民族得到永生，但了解其过去所取得的成就会使人们充满信心，更加无所畏惧地面对未来的挑战。

第二，文化的概念与文化的特征。该书对文化的概念及文化人类学所涉及的多个思想流派进行了详尽梳理。

其一，文化的概念。作者指出，"文化指的是任何社会的全部生活方式，而不仅仅是被社会公认为更高雅、更令人心旷神怡的那部分生活方式"①，没有无文化的社会，甚至没有无文化的个人。每个社会，无论它的文化多么简陋，总有一种文化。因此，文化就是生活中数不清的各个方面。尽管个体之间存在着很大的差异性，但在一个特定的社会里，人们对一定环境的反应却有着严密的一致性，因为他们共同享有相同的态度、价值观和行为，这些便构成了文化。

其二，文化的两个基本特征。①文化是共同享有的。如果只有一个人在想某个问题或做某件事，那么这个行为代表的是个人的习惯，而不是一种文化模式，因为文化必须是被一处居民或一群人中的大部分人所共同享用的思想和行为模式。②文化是后天习得的。被一个民族普遍享有的事物并不都是文化这一范畴，先天存在的东西不属于文化，只有通过后天习得并为大部分人所享有才属于文化，而在人类文化的发展过程中，语言是最具代表性的文化表现。概括来说，一个群体的成员所普遍享有的、通过学习得到的信念、价值观和行为都属于文化的范畴。

第三，文化人类学各思想流派及文化变异。关于文化人类学的各思想流派，在人类学的文献中，目前已有两千多种不同的社会得到过描述，这些信息是构成文化变异的资料库。

其一，人类各思想流派。主要包括：早期演化论，即认为文化一般是以一种齐一的、渐进的方式发展或演化的；历史特殊论，即认为人类文化并不是受普遍规律的制约，单个的文化特质必须摆在特质的社会中展开研究；文化传播论，即认为自身很难具有创造力，所以文化是以群体的形式不断进行传播形成的；功能主义，即认为一个社会中所有文化都是为了满足个人需要服务的，文化的功能就是满足该群体成员的基本需要或次生需要；结构功能主义，即认为社会行为的各个方面之所以存在，其目的是保持社会的社会结构，而不是满足

---

① C.恩伯,M.恩伯.文化的变异[M].杜杉杉,译.沈阳:辽宁人民出版社,1988:29.

人的需要;心理方法,即认为一个社会存在着一套典型的个性特征;晚期演化论,即将能量获取当作文化演化的机制;结构主义,即将艺术、礼仪以及日常生活模式等方面所表现出来的文化看成人类心态深层结构的外部表现;民族科学,即力图从对民族志材料的逻辑分析中导出文化思维规则,用某个民族自己的观点来认识世界;文化生态学,即分析文化与其环境的相互关系之科学,主张对文化变异方面的解释需要到社会对其特殊环境的适应中去寻找;社会生物学,即认为自然选择可以对民族的行为特征和社会特征起作用;课题取向和方法取向,即根据课题兴趣或所喜欢的研究方法来规定自己的文化研究方向;假说验证取向,即认为自己的主要兴趣在于力图揭示各种文化现象,任何类型的理论都可以考虑,各种研究方法都可以采用,目的就在于对可能的解释进行验证。

其二,文化人类学的研究内容。通过研究某个群体是怎样生活的,包括他们如何获取食物、怎样组织生产、实行什么样的婚姻制度等,掌握各民族的文化特征。主要包括:语言与文化,即语言交际的特征和文化与语言之间的相互影响;食物获取,即食物采集,食物生产,食物获取方式等;经济体系,即资源的分配、资源的转换、物品和服务的分配等;社会分层,即社会不平等程度的差异;性与文化,即性格差异与性行为;婚姻与家庭,即婚姻与家庭、婚后居家与亲属关系,即婚后居处模式、亲属结构、亲属称谓等;社团与利益集团,即非自愿社团、自愿社团等;政治组织,即政治组织的变异及冲突的解决方式;心理与文化,即对心理发展的普遍性与心理特征的跨文化变异;宗教与巫术,即宗教的普遍性、宗教信仰的变异与宗教与适应;艺术,即人体装饰与对差异文化变异的解释。

第四,当代世界对人类学的影响及文化人类学的新动态。该书对当代世界的变化对人类学研究文化变异的影响以及人类学未来的发展方向展开了详细论述。

其一,当代世界对人类学的影响。该书指出当代世界是一个正在缩小的世界,与此相伴的是,世界在文化领域的缩小。尽管在现代社会中文化变异减少了,但我们在变异方面所看到的大部分东西取决于我们选择对哪个群体进行观察,以及在什么时候对其进行观察,所以,总能找到可供研究文化变异的文化。

其二,人类学发展的未来方向。文化人类学过去主要集中研究的是非商业化社会的文化,而在现代社会,人类学家们正把我们的注意力转向处于技术、经济发展主流中的社会。这种社会先前已被诸如经济学和政治学等学科研究过,而现在人类学家开始运用在研究简单文化的过程中发展起来的技术对更为复杂的社会进行研究。除了城市和复杂社会这一新焦点之外,文化人类学家还开始对民族志学家从前忽视的某些文化产生兴趣。而为了对文化变异特征进行解释,找出变异原因,文化人类学家正在利用其他人类学家所收集的描述性资料进行越来越多的比较性研究。作者在该书结尾处写道:"找出过去、现在和将来不同文化怎样变异以及为什么会变异的确切答案,永远是对我们的挑战。"[1]

---

[1] C. 恩伯,M. 恩伯.文化的变异[M].杜杉杉,译.沈阳:辽宁人民出版社,1988:597.

3. 著作意义

《文化的变异》通过对多种文化全面、细致的解读,揭示了不同文化之间的特征与文化之间的转向,阐释了文化变异的过程,这种对文化的细致研究,有利于我们了解文化的发展过程,探究文化内部的变化机制,对当代文化研究具有重要的参考、借鉴作用。

第一,有利于建立文化理解,树立文化自信。该书所涉及的人类学研究可以增加人类对文化的谦卑感和成就感,强化文化自信,应对未来可能出现的文化转变与文化挑战。这有利于我们在文化多样性的时代背景下,更好地传承中华文化,促进文化交流,实现对中华文化的创造性转化与创新性发展。

第二,有利于加强文化沟通,促进文明对话。该书通过对人类学的产生与发展历程的阐释,分析了不同文化模式的内在机制,揭示了文化变异的原因与形态。这对于增进我们对不同文化、不同文明之间的理解,以"和"的思想实现多元文化的融合,促进国与国之间文明对话具有重要的参照价值。

(六)《道德哲学》

1. 著作信息

《道德哲学》(黑龙江大学出版社 2014 年版)是匈牙利著名的马克思主义思想家阿格妮丝·赫勒的"道德哲学三部曲"中的一部。该书从西方文化模式失效为切入点,详细探讨了当代社会道德失范问题,并以"好人存在,好人何以可能"为其道德哲学的核心论题展开讨论,对道德失范的原因、道德失范的解决途径、道德规范的内容等问题作出解答,以此凸显社会文化(道德规范)对个人本性(能)建构的重要性。作为东欧马克思主义学派的代表性文本,该书先后被翻译成英、法、德、意、中等多种文字,在全世界范围内产生了极大的影响。

2. 著作主要内容

在西方占主导的理性主义特别是技术理性推动下,人类社会获得了空前的进步与发展,但东西方社会都面临着一个共性问题:文化模式对人的引导和制约正在慢慢失去效用,引发了一系列道德失范现象。那么,个人如何在道德多元选择的今天突破片面的技术理性发展所带来的负面影响,进而成为"道德人"?东欧马克思主义学派代表人物阿格妮丝·赫勒在《道德哲学》一书中进行了深入的探讨。该书用规范的方式和方法回答了在现代社会中立足于双重偶然性生存中的现代人,总会面临"我应该做些什么""做什么对我来说是正确的"等问题。

第一,好人存在——道德哲学研究的前提。传统道德哲学研究一直以正直的人享有

"好生活"为前提,但什么样的生活才是好生活,在社会上并没有统一的标准。因此,传统哲学中的"好生活"就无法成为当代道德哲学研究的前提。基于此,赫勒认为当代道德哲学研究的前提应该是"好人存在"。"好人存在"是讨论道德哲学的理论基础,基于这一基础再去论述"何以成为好人"才具有可行性。

第二,"好人存在""好人何以可能"——道德哲学研究的核心。既然道德哲学必须以"好人存在"为前提,那么"好人如何可能"就成了赫勒论述的重点。赫勒认为如果一个人能保持对社会共同体的规范和自我价值观意识领域的一致,并且能够持续遵循这一原则并将其作为社会生活的指导,那他就是个好人。在赫勒看来,要成为一个好人既需要社会从外部制定的约束个人行为的道德规范,还需要个人严格的自我约束。也就是说,既需要一定程度的他律,又需要自律,完全依靠自律或者说没有任何外界规范与约束的自律是不现实的。能成为一个真正的好人,所具有的高尚道德不是纯粹由社会约束产生的。完全出自社会约束下的"高尚道德",不是发自内心的高尚道德,而是基于社会压力下形成的屈服。真正高尚的道德来自内心,来自独立的意识,来自自律。要想成为一个好人,最重要的是要时刻自律。但人作为社会的一员,必须遵守社会制定的规则,因而外在的他律同样必不可少。

第三,当今社会的"好人如何存在""好人何以可能"。现代社会是一个多元化社会,也是一个功能性社会,人们在社会活动中从来没有对它从道德方面进行思考与分析,这就导致制度内的行为成了与道德无关的行为。与此同时,随着社会的多元化发展,存在众多的规则可供大众选择,这就进一步降低了道德合法性,因而人们在对具体行为进行分析时,多依据心理因素而非道德准则。那么,在当今社会,我们怎样才能成为一个好人呢?赫勒认为,如果我们自主选择成为一个诚实的人,我们就可以成为一个具有真正道德的人,这种选择就是善恶之间的选择。"通过选择自己的决定,一个人使自己自由地成为一个好人,一个自我注定成为好人的人。通过选择成为一个好的(诚实的)人,他就是在善恶之间做出选择。"

3. 著作意义

《道德哲学》关于"好人存在""好人何以可能"的道德问题的探讨,为我们明确新时代背景下的道德目标,强化对伦理道德的重视具有重要的作用。

第一,有利于强化公民道德建设,抵御现代性危机。该书对当代社会道德困境的揭示以及对"为什么要做一个好人""如何做一个好人"的探讨,有利于我们当下应对现代性危机,回答"培养什么样的人""怎么样培养人"的时代之问。

第二,有利于实现物质文明与精神文明相协调的现代化。该书对个人道德重塑的具体阐释与党的二十大报告中对"中国式现代化"的要求不谋而合,这对于提升全民道德素质与社会文明程度,强化公众道德良知与道德责任,营造明德守礼的社会氛围具有重要指导意义。

（七）《文化哲学十五讲》

1. 著作信息

《文化哲学十五讲》（北京大学出版社 2004 年版）是北京大学发起编写的"名家通识讲座书系"系列通识课教材和课外读物之一。该书采用学术讲座的风格，有意保留讲座的口气和生动的文风，有"讲"的现场感，亲切、生动、有趣。该书从哲学的高度和视角系统探讨了"文化"这一热门范畴，阐释出从衣食住行等日常生活到各种社会活动和历史运动，显示出明确无误的文化内涵。该书深入浅出，兼顾理论抽象与现实关注，是文化哲学必读书之一。

2. 著作主要内容

该书从哲学的高度和视角，系统地探讨了文化的生成与功能、构成与形态、文化模式、文化危机、文化转型、文化批判及中西文化对比等问题，几乎涉及所有前沿和热点的研究课题。

第一，文化的内涵与文化的基本特征。该书从中外学者视野中的文化入手，对文化的内涵以及所具有的特征展开了论述。其一，对文化从本体上加以界定。与我们通常所说的各门学科研究的对象相比，文化的特性表现在，它不是与经济、政治、科技领域或其他具体对象相并列的一个具体的对象，而是内在于人的一切活动之中，影响人、制约人、左右人的行为方式的深层的、机理性的东西。文化是一种历史凝结成的生活方式，是最稳定的生存方式。其二，文化的基本特征。文化具有人为的性质，它是人的类本质活动的对象化。文化往往同自然和人的先天遗传因素相对照，是人的自觉的或不自觉的活动的历史积淀，是历史地凝结成的人的活动的产物，在这种意义上，文化和历史是同义的范畴，它们代表着人对自然的超越。文化具有内在的自由和创新性。文化是人类超越自然本能而确立的人为的行为规范或者后天的"第二天性"。换言之，人是"非决定的"自我创造的存在，这其中已经包含着对自然给定性的超越，包含着人凭借理性的规范进行自主活动和自由行为的可能性。文化具有群体性，它是历史积淀下来的被群体所共同遵循或认可的共同的行为模式。因此，文化对于个体的存在往往具有先在的给定性或强制性。个人的偶尔行为，或者只被某个人所运用而不为群体认可的行为方式，构不成文化模式。其三，文化具有的内在矛盾和张力。一方面，文化是人的活动的创造物，是人超越自然本能而形成的人为的"第二天性"，它代表着文化的自由和创造性的特征；但是另一方面，文化又明显地具有群体性。文化历史积淀下来的被群体所共同遵循或认可的共同的行为模式，对于个体的存在往往具有先在的给定性或强制性，它一旦形成，就对生活于这一文化模式之下的个体的行为和社会生活具有制约作用，甚至决定性作用。

第二,西方马克思主义的批判理论。该书从理性文化批判的视界、理性文化批判的主题、回归生活世界的文化重建的角度展开。通过对 20 世纪文化焦虑的分析和 20 世纪几个主要文化批判流派基本观点的阐释,揭示了西方理性主义文化精神的内涵。同时,又从 20 世纪的批判思潮的文化批判框架中,提取几个众所关注的理性文化批判的主题,以加深我们对西方理性文化及其当代命运的理解。其一,意识形态批判。意识形态理论在马克思的哲学思想中占据着比较重要的地位。意识形态并不是空洞的幻想,它存在的意义就在于它的现实性。正因为遮蔽性是意识形态的主要特征之一,马克思才主张通过批判去意识形态之蔽,从而认识现实世界的真相。实际上,马克思的意识形态理论对西方马克思主义思潮的形成与发展具有深远的影响,并且其基本理论精神一直作为西方马克思主义社会批判理论的基点。其二,技术理性批判。技术理性批判与意识形态批判一样,构成 20 世纪批判哲学的重要主题之一,很多大思想家从不同侧面揭示了这一主题。韦伯关于价值理性与工具理性的分析、席美尔关于合理化与物化的批判、胡塞尔对实证主义的科学世界的批判、存在主义关于技术世界中人的文化困境的剖析等,都构成技术理性批判理论的重要组成部分。相比之下,西方马克思主义关于技术理性的剖析和批判更为系统,更具代表性。其三,大众文化批判。大众文化是在发达工业社会和后工业社会中随着文化进入工业生产和市场商品领域而产生的新的社会现象,是由现代大众传媒技术和现代信息技术塑造并加以支撑的文化生产形式和文化传播形式,并因此能够成为被大众广为使用和利用的文化消费形式,是基于文化成为大众普遍的消费品而确立起来的文化形态。对大众文化内涵的这种定位已成为西方马克思主义、后现代主义等现代文化理论研究中占主导性的理解范式,大众文化被作为文化工业、媒体文化、消费文化、视听文化、娱乐文化等加以界定、理解、分析和批判。其四,性格结构与心理机制批判。西方马克思主义的技术理性批判、意识形态批判、大众文化批判理论表明,在发达工业社会条件下,马克思在 19 世纪 40 年代所剖析的异化现象非但没有被扬弃,反而呈现出深化和加剧的趋势。具体表现在:以统治人、束缚人、扼杀人性为特征的异化机制从传统的政治统治和经济压迫转化为技术、理性、意识形态等无形的文化力量并对人施以不知不觉的操控。特别需要指出的是,发达工业社会条件下的异化问题不仅仅表现在统治人的异化力量从有形的政治经济力量向无形的文化力量的转化,更严重地表现在,异化的机制逐步深入和内化到人的生存结构中,导致了人的性格结构和心理机制的异化。

第三,中国传统文化的本质。该书指出要真正深刻地揭示中国传统文化的本质,必须从它的结构特征入手。同西方文化相比,中国传统文化具有一种特殊的"超稳定结构"。对于中国传统文化的这种超稳定结构,必须从社会的基础层面或社会的根基入手,从日常生活的结构入手,去真正把握。因此,该书引入西方生活世界理论中的日常生活批判范式,对中国传统文化进行了一种特殊的结构分析。同时,该书还分别揭示了中国传统文化模式的深层的超稳定结构和它在社会转型期依旧强有力的影响,并在此基础上进一步探索中国传统文化转型的机制、途径和方式。该书强调,关于中国传统文化转型机制的探讨必须包括两个方面:一是对原有的文化启蒙和文化转型方式的检讨与批判;二是依据中国传统文化的超稳定结构,提出新的文化启蒙和文化转型的途径和方式。

3. 著作意义

《文化哲学十五讲》以文化模式、文化危机和文化转型三个基本范畴为核心,揭示了人类社会运行和人类历史演化的内在文化机制,对当代中国应对文化挑战、尊重文化传统、实现文化转型、树立文化自信等具有重要的理论指导意义。

第一,有利于促进中华文化大放异彩。该书分析了从传统农业文明的自然主义和经验主义的文化模式向现代工业文明的理性主义文化模式的文化转型,揭示了新文化模式对于现代社会发展和人类生存的重要意义,这对解决当代中国的文化冲突与焦虑,实现文化转型与重建,促进中国文化蓬勃发展具有重要意义。

第二,有利于实现"两个结合"战略目标。该书从历史唯物主义的视角对中国传统文化展开的系统阐释与详细论证,可以加深我们对中华文化的认知度和理解度,实现"马克思主义基本原理同中国具体实际相结合、同中华优秀传统文化相结合"的战略目标。

第三,有利于完成马克思主义文化哲学研究范式的理论创新。在众多研究范式中,文化哲学研究范式是一种基础、全面、包容和独特的研究范式,这一研究范式能够在马克思主义理论研究中充分发挥整合与引领作用,发挥构造与创新功能,完成马克思主义研究的创新性发展。

(八)《文化、治理与社会——托尼·本尼特自选集》

1. 著作信息

《文化、治理与社会——托尼·本尼特自选集》(东方出版中心2016年版)是英国文艺理论家托尼·本尼特的代表性著作之一。作为"批判美学与当代艺术批评丛书"中的一册,该书通过与各种模式的文艺理论展开批判性对话,建立了一套注重社会历史实效、强调实践批判精神的文化理论。该书选用了托尼·本尼特学术生涯的代表性文章,基本涵盖了他主要的学术思考和公共关怀。对于西方马克思主义研究、文化研究、文化机构及相关政策研究而言,该书具有重要的借鉴和参考价值。

2. 著作主要内容

该书在吸收葛兰西、福柯等理论家思想资源的基础上,对"文化"的概念作出了新的理解与阐释,对文化、治理、社会三者关系展开详细论述,强化了文化的治理性内涵,提出了"文化治理"的概念。这一"文化治理"概念及其美学理论观念具有鲜明的理论特色,在英国

20世纪马克思主义美学研究中也具有标志性的理论特征。

第一,文化的基本内涵。对"文化"概念的解析向来是英国马克思主义文化理论研究的核心问题,托尼·本尼特也是如此。这不仅构成了托尼·本尼特文化治理观念的一种支撑性的理论框架,而且是其"文化治理"美学的观念之提出与发展的原生理论动力。托尼·本尼特对"文化"的概念的理解采取了一种更为开放、更具实践性的观念,他不同于泰勒在历史进化的意义上谈文化,也区别于雷蒙·威廉斯等在生活方式的意义上定义文化,而是将文化视为介入社会建构的过程,认为文化就是一种建构性的社会实践,文化的实践性内化和表征出了文化的内涵。他具体对文化提出了四个要求:一是在给文化下定义时,需要将政策考虑进来,以便把它视作特别的治理领域;二是在这种综合领域,需要根据对象、目标和它们特有的治理技术来区分不同区域的文化;三是需要辨认如此界定的不同区域文化所特有的政治关系,需要在这些不同区域文化之中培养适当的有针对性的研究方法;四是需要一种引导学术工作的方式,从而使它不论在物质内容上还是风格上,都可以在相关的文化区域之中有计划地影响或服务于相同代理人的行为。可见,托尼·本尼特突出了文化与治理的关系,将文化看成一种治理的技术与科学,一种国家和社会治理所需要的专门技术。他的"文化"概念为深入研究文化的治理性以及突出文化治理的作用奠定了基础,也是他的文化研究范式的核心内容,体现了他从"文化"的概念到"文化治理"概念的提出及深化的过程。

第二,文化治理及其话语特征。托尼·本尼特将文化的治理性引入文化研究,认为通过文化政策的制定等对文化实施管理有积极意义,它能够达到促进社会进步和文化和谐的目的。其一,文化治理的内涵。托尼·本尼特所谓的"文化治理"是治理理论的一种形式,其主要内涵是对文化的治理性和参与性功能的强调,注重运用文化政策、文化技术实现文化研究充分融入社会治理过程。具体而言,有如下内涵:首先,文化治理传达出一种新的文化实践理念,即关于文化实践性的构想;其次,文化治理的主体是"文化复合体",这个复合体包含了政府、学术研究者以及社会文化的创造者,文化治理主体不再只是政府机关以及纯粹的意识形态国家机器,而是包含市民社会的各种文化机构以及公民个体文化实践的参与行动;最后,由于文化治理主体的变化,导致文化治理不再仅仅表现为政府在文化政策与文化制度层面的顶层设计与单向度的文化管理,而是通过主导文化的建设,推动社会文化建设历程。其二,文化治理的特征。受葛兰西与福柯理论的影响,托尼·本尼特开始从英国文化研究过于注重大众文化文本研究的理论传统转向文化政策、文化治理、知识分子的具体文化实践等方面的研究,这是他的文化治理思想得以确立的基本内容。他的"文化治理"观念最终吸收了葛兰西文化霸权理论与市民社会理论中的文化协商要素,同时吸收了福柯理论中的微观文化治理观念,从而融合成其独特的理论内涵。

第三,文化治理的理论特征与价值。托尼·本尼特通过对英国文化研究的文化话语范式作出了理论的修正,转而生成自己的文化治理的话语内涵和理论特征。其一,理论特征。首先,托尼·本尼特文化治理的理论特征表现在对英国文化研究中的结构主义的理论反拨。托尼·本尼特在葛兰西与福柯等文化理论家的影响下,将文化研究导向文化治理,强调文化研究的治理实践以及文化治理的实用主义功能,较为强调文化作为一种知识和话语所具有的技术性功能,文化既是治理的工具同时又是被治理的对象,文化应该成为建构性的力量而不是纯粹批判的在场,这一点对传统的文化研究理论是有所促进和发展的。其次,托尼·本尼特的文化治理的理论特征还表现在他对审美艺术与知识分子文化实践问题的反思。在美学上,托尼·本尼特向来反对形式主义的审美自律论,他认为任何非功利性的审美最终都通往功利性,审美自律不过是知识分子的一个美学神话。最后,托尼·本尼特的文化治理思想将文化、知识与社会语境结合起来,强调审美、艺术与文化治理的关系,突出文化、知识、话语等在文化治理过程中的作用,因而是一种新的文化话语。文化要想成为治理的对象或治理的工具,就必须成为蕴藉着特定社会元素的话语表征实践。其二,理论价值。托尼·本尼特的文化治理理论最大的理论价值就是将治理纳入文化之中,文化与治理的结合,凸显了文化与社会的复杂关系,因而有利于在一种新的社会语境中推进文化研究。此外,托尼·本尼特还看到了资本主义社会文化研究的复杂性。他指出,从文化研究总的发展历程来看,最好的方式就是把它视为一个讨论文化与权力关系的跨学科的理论交换场所。这就不能简单地将文化与意识形态问题同经济基础与阶级意识等对接起来,而是要在一个发展的眼光中推进文化问题的探讨。

3. 著作意义

托尼·本尼特的文化治理理论,实质上也是对文化制度的探讨,他从文化的外在性与内在性入手,将政策与文化结合,重视文化在社会中的实践,揭示文化具有的社会治理性质及文化在社会发展过程中的作用,探讨文化制度的构筑问题,以及文化与治理、自由之间的平衡关系。

第一,有利于促进人的全面自由的发展。托尼·本尼特继承了福柯提出的权力、治理的观点,将文化研究与权力观相联系,从权力的角度研究文化在社会发展过程中的作用,反映文化具有的政治性,揭示文化治理在实践中的推动作用,进一步彰显文化治理的内核——审美作为自由与治理的桥梁,搭建起自由与治理之间能够达成一致的空间,为人类的自由全面的发展提供理论上的可能。

第二,有利于强化我国的文化治理能力。本尼特通过揭示文化具有的治理功能,将文化引入政策制定中,从政治层面上将文化引入国家治理中去,拉近管理者与民众的距离,也让民众切身体会到国家主人翁的地位。本尼特站在众多学者的肩膀上看待文化问题,通过对前人的批判得出具有独创性的观点,对我国文化政策的制定及实施具有前瞻性及实践理论化的影响。

第三,有利于促进文化在实践中的发展。他的文化理论对当下社会发展具有较强的现实意义,从理论层面阐释文化的实践性,将文化作为治理技术参与到社会发展中去,这与我国提出的文化自信等方针政策相契合,为我国文化制度的发展提供理论参考;从实践层面揭示文化与文化资源在民众日常生活中的深入,以及对主体生活方式产生的影响,为文化治理在实践中的可行性提供依据。

(九)《文化规制论》

1. 著作信息

《文化规制论》(上海交通大学出版社2016年版)是西南民族大学马健的重要著作。该书是国内首部系统研究文化规制问题的专著,对文化规制问题进行了全面系统的阐发。该书将文化规制视为有别于经济性规制和社会性规制,具有相对独立性的第三种规制,并以此为文化规制研究的逻辑起点,建立起了一套关于文化规制的理论。

2. 著作主要内容

该书不仅明确区分了自生自发的文化规制和理性建构的文化规制,以及文化规制的"看得见的"效果和"看不见的"效果,而且系统回答了关于为何规制、规制什么、效果如何、怎样规制的一系列问题,提出了文化规制边域的概念,发现了文化规制的悖反效应,充实了文化规制合法性内容,建构了文化规制的善制范式。

第一,文化规制的内涵及类型。该书从文化规制的概念及其辨析入手,以"为何规制、规制什么、效果如何、怎样规制"为主线,探讨了文化规制类型及其缘由。其一,文化规制的含义。文化和规制都是内涵非常丰富的概念,但这两个词的并列不是简单的语义叠加。从共时性维度看,文化规制是指文化规制结构;从历时性维度看,文化规制可指文化规制变迁;从静态性维度看,文化规制指向文化规则和文化制度;从动态性维度看,文化规制特指某种文化控制。进一步讲,狭义的文化规制仅指规制者依据法律对微观文化主体实施的文化控制,广义的文化规制则包括规制者对微观文化主体实施的一切文化控制。文化规制既不同于普通的间接司法干预,也不同于宏观调控的间接经济干预,而是直接的行政干预。所以,文化规制的行政主体是拥有文化规制权的行政主体,行政主体对文化的规制有其合理性,这也是对"文化何以能够被治理"疑问的一种回应。但行政对文化的规制应是在法律框架下的、宏观层面的,应结合硬性强制手段与软性引导手段,方能既充分发挥优秀文化的积极社会作用,又遏制某些不良文化产品给社会带来的危害。其二,文化规制的类型。从文化规制的生发演化历程来看,有两种类型:"一种是自生自发的文化规制;一种是理性建构的文化规制"。前者是以互惠者为规制主体的文化规制,这是集体无意识的自生自发的产物;后者是以拥有规制权的规制者为规制主体的文化规制,这是个体有意识的刻意为之的文化规制。

第二,文化规制的边界及效果。该书对文化规制的规制范围以及由此产生的效果展开了详细论述。其一,文化规制的范围。作者提出文化规制的边界并不总是一条泾渭分明的"线",由于规制者的心理边界与被规制者的心理边界往往不重合,双方因分歧形成了文化规制的边界,文化规制的现实边界就是在这个边域之中。由于文化规制的具体内容及其强度大小始终处于发展和变化之中。因此,在文化规制的边界问题上很难得出让所有人心服首肯的结论。但是,处理文化规制的边界问题时,有两大原则却是至关重要的:一是边界意识原则,文化规制者必须树立文化规制的边界意识,严格区分公共文化空间与私人文化空间,尽量不侵犯个人的私人文化空间,尊重和保护个人的文化私生活;二是可预期原则,文化规制边域的存在导致了文化规制的不确定性,规制者应该尽量减少这种不确定性,避免选择性规制,增强被规制者对规制结果的可预期性。其二,文化规制的效果。文化规制影响着国家治乱兴衰。从中日两国现代化进程看,首先,文化规制不仅会单独发生作用,而且可能同其他政策共同发力,产生协同效应;其次,文化规制需要在解决短期问题和保持长期发展之间进行权衡,不能局限于对眼前冲突的迅速解决而不考虑未来的发展;最后,"一刀切禁令"与"善加引导的宽松政策"等不同的规制理念会造成迥异的文化后果。

第三,文化规制的中国范式——文化善制。该书指出,最佳的文化范式是文化自律与文化他律的有机结合,规制者与被规制者的合作共制,这种基于认同的文化范式即文化善制。"文化善制"是要在保障人民基本文化权益的基础上激发文化创造活力,抵御文化冲击所引发的各种社会文化危机。作为国家发展和民族振兴的基础性制度安排,文化规制正是决定国家兴衰的重要制度变量。从文化善制的角度来看,放松文化市场准入规制、协商文化产品内容规制、完善分界分类分级机制,成为中国文化规制改革大方向,也成为进一步推动文化治理的制度基础。该书指出,"文化善制"不是空洞的概念,它是由五个方面的内容构成的文化善制范式的有机体系。在这个有机体系中,认同是规制基础;被规制者和规制的利害关系人是规制重点;分界、分类和分级的三分理念是通过解决规制边界问题、规制类别问题和规制程度问题实现规制善制的思想保障;对话机制、评估机制、监察机制和纠错机制是文化善制的机制保障;透明性原则、独立性原则、合法性原则、问责性原则和适度性原则构成了规制善制的五大原则。整个有机体系支撑起文化善制的中国范式,不仅有利于文化善制的现实操作,而且可以通过文化善制,以合理的"对文化的治理"提升有效的"通过文化的治理",最终实现文化治理的善治目标。

3. 著作意义

《文化规制论》提出了"第三种规制"——文化规制的概念,并建构了丰富的文化规制理论,阐释了基于认同的文化善制范式,该书不仅对丰富和拓展文化治理的学术研究具有重要价值,更通过具有相对独立性的文化规制改革的探索,以科学合理的方式为文化治理提供了一条切实可行的实践路径。

第一,有利于提升国家治理体系和治理能力的现代化。该书得出的"中国的文化规制改革必须选择使公共利益最大化的文化规制新范式——文化善制,才能有效应对新技术和新观念的挑战"等结论,为中国文化规则改革提供了理论性思路与对策性建议,有利于提升国家治理体系与治理能力的现代化。

第二,有利于促进国家从"文化管理"到"文化治理"的转型。该书对文化规制的内容、界限、方式等内容的详细论述,有利于我国在全面深化改革的文化改革过程中,实现从"管"到"治"的转变,完成文化管理理念、管理内容、管理方式的全方位变革,更好地对文化进行"建章立制",以促进文化的包容性发展。

(十)《文化治理与文化创新》

1. 著作信息

《文化治理与文化创新》(中国人民大学出版社 2019 年版)是中国人民大学林坚教授的重要著作之一,是"国家发展与战略丛书"系列的其中一册。该书结合中国的实际国情与文化特质,提出了独具深刻性与可行性的文化治理方式与文化创新路径,是提升我国文化治理能力的重要参考书之一。

2. 著作主要内容

该书围绕文化治理与文化创新两大主题,将文化治理纳入国家治理体系中全面思考,系统研究并阐释了文化的定位、文化自觉与自信、文化系统结构与模式、文化形态与功能,全面梳理了中国共产党的文化观、社会主义文化建设的指导思想、社会主义核心价值体系、中国文化传统与文化遗产等相关内容,并针对中国文化体制面临的问题提出了详尽的改革建议。

第一,文化的定位与定向。该书通过对文化的内涵、特性、结构与模式的全方位论述,阐释了文化的基本定位与定向。该书强调文化的概念及其复杂性,认为人们的理解存在诸多差异,因而要对文化有清晰的定位,确立文化自觉与文化自信。其一,文化的定义。作者指出,广义的文化是指人类创造的一切物质产品和精神产品的总和;狭义的文化专指语言、文学、艺术及包括一切意识形态在内的精神产品。具体来说,文化是特定的人群或组织于一定的环境之中,从生存与发展的需要出发,通过创新而发展起来的一套模式,这套模式中的社会成员有着共同的心理习惯、思维定式、人生态度、工作方式等,他们以价值观念为核心,通过学习、认知等社会行为,彼此沟通和融合。文化是指人的生存、生活方式及其所追求的价值。其二,文化的特性。文化具有以下特性:文化的核心是价值观;文化具有超自然性;文化的根本在于人化;文化具有社会性;文化体现在象征、符号和语言之中;文化具有时间性、动态性;文化具有空间性;文化具有环境适应性和传承性;文化具有一定的独立性和稳定性；文化具有民族性、差异性和多样性；文化有极强的柔性和包容性。其三，文化的结构、类型与模式。文化结构主要是指文化系统内部诸要素及其所组成的子系统相互联系、相互作用的方式和秩序，主要分为三层：最核心的是价值观和精神层面，中间包括文化行为和制度层面，最外围和广义的是与人相关的一切事物和形态，也就是经过人改造、利用或创造的东西。文化类型是文化在类别上的样式，涉及文化的不同层次，按照不同的角度可以对文化进行"二分法""三分法""四分法"的分类；文化模式即文化的结构形式，是一种文化被社会诸成员普遍接受的文化结构，是彼此交错联系的文化系统。其四，文化的形态与功能。文化的形态是指一定社会发展阶段上人类共同体的文化整体。社会形态是指社会历史发展的普遍性阶段。文化形态的划分有两个界限：一是纵向的、一般的历时性界限；二是横向的、特殊的与个性文化一致的共时性界限。文化的功能指文化系统内部各要素之间的相互关系，以及这些要素对文化这一整体所发挥的作用和效能。文化的功能主要表现在传播功能、认知功能、教化功能、先导功能、凝聚功能、协调功能、规范功能、技术功能、经济功能。

第二，文化治理的内涵与实施。该书对文化治理的概念、主体、对象、结构与功能展开了详尽的论述。其一，文化治理的内涵。从词义上来说主要包括对文化领域的治理和以文化的方式进行治理，就是人文化、民主化、科学化治理。文化治理在国家治理体系中，主要指对文化领域进行治理。文化治理要做到文化治理主体多元化、文化治理方式规范化、文化治理对象分类化、文化治理理念兼容化、文化治理机制系统化。其二，国家治理体系中的文化治理。文化在国家治理体系中不可或缺。一是文化传统是国家治理体系形成的要素；二是文化开放是推进国家治理体系现代化的必由之路；三是文化兴盛是国家治理体系现代化的标志；四是文化软实力是国家治理体系的灵魂。进行社会主义文化建设需要处理好文化治理与政治治理、经济治理、社会治理、生态治理之间的关系，正确处理好主导文化与多元文化的关系，正确把握好文化产品的意识形态属性和产业属性，正确处理好文化冲突和文化融合等关键问题。其三，文化治理的实施。文化领域当前面临一些突出问题，如文化分裂、缺乏文化共识、文化偏执、文化泛化等，急需展开文化治理。加强文化治理有利于完善国家治理体系、增强我国文化软实力、实现中华民族伟大复兴。文化治理的任务主要为形成"四个体系""两个体制机制""两个格局"。因此，需要我们充分挖掘思想文化资源，实现创造性转化；实现文化管理体制机制的创新；完善文化政策与法规；建立健全现代文化市场体系；构建现代公共文化服务体系。

第三，中国特色社会主义文化建设。文化治理要紧密结合本国国情，中国特色社会主义文化建设主要包含中国共产党的文化观、社会主义核心价值体系、文化体制的改革、文化传统与文化遗产、文化冲突与文化安全、文化创新等内容。

其一，强化中国特色社会主义文化观。一是注重强化中国共产党的文化观。中国共产党自成立之日起就以马克思主义为指导，以改造中国社会为己任，一开始就注意建立健全党的宣传机构，确立党对文化的领导地位。中国共产党的文化观经历了从为无产阶级政治服务、建设革命型文化到为人民和社会主义服务、建设中国特色社会主义文化的转变。当下，我们要以习近平新时代中国特色社会主义思想为指导，以建设社会主义核心价值观为根本任务，以满足人民精神文化需求为出发点和落脚点，着力解决人民日益增长的美好生活需要和不平衡不充分的发展之间的矛盾；以改革创新为动力，发展面向现代化、面向世界、面向未来的社会主义文化。

其二，要强化社会主义核心价值体系。建设社会主义核心价值体系、增强社会主义意识形态的吸引力和凝聚力，是文化建设的首要任务，它涉及马克思主义理论、中国特色社会主义共同理想、中华民族精神、西方文明价值体系、时代精神、社会公共道德与公民道德等。

其三，加强文化体制改革。文化体制是一个多环节、多层次的复杂系统，包括组织领导模式、文化所有制形式、文化事业管理体制、文化产业运作体制等。文化体制改革的关键在于：创新文化管理体制，深化文化事业单位改革，加强文化市场建设与管理，完善文化政策与法规。

其四，学习和传承文化传统与文化遗产。学习和传承文化应是一个民族的自觉习惯，任何时代的文化都是在前代文化上形成和发展起来的，保护文化遗产应上升为国家战略，只有在传承的基础上，才能创造新的文化。保护文化遗产需要做到：提高物质文化遗产保护水平，加强非物质文化遗产保护传承，拓展文化遗产传承利用途径。

其五，警惕文化冲突与文化安全。文化体系内部的矛盾、冲突，以及不同形态的文化发生碰撞、冲突，会引起文化的变迁和发展。在全球化时代，各种文化之间的冲突与碰撞会给人们的心理和生活带来冲击。世界范围内的文化传播极不平衡，文化安全已成为突出问题，文化全球化既给我们带来挑战也使我们面临很多机遇。

其六，加强文化创新。文化既有稳定性，又是不断发展的。文化创新是在已有文化的基础上，适应新的时代特征，进行新的文化创造。文化创新的目标是建设有利于社会整体创新的文化。文化创新的途径主要有三个：吸收传统，推陈出新；学习异文化，合理扬弃；有机整合，实践创新。

3. 著作意义

《文化治理与文化创新》通过对文化的定位与定向、文化治理体系、中国特色社会主义文化观的全面论述，阐释了文化对于国家治理能力提升的重要性以及强化文化治理的必要性。这对于提升社会主义文化建设、强化社会治理能力、促进中国式现代化进程具有重要的指导意义。

第一，有利于强化对文化的认知，发挥文化的意识形态引导作用。该书关于文化内涵、功能、形态、结构、重要性等内容的阐释，有利于强化文化自信与文化自觉，更好地发挥文化对意识形态的引领作用。

第二,有利于创新国家治理体系,强化文化治理能力。该书关于文化治理概念、治理内容、治理结构、治理功能、治理方式的详细论述,对当代中国式现代化文化建设具有重要的实践指导意义。

第三,有利于强化中国特色社会主义文化观,促进文化传统的学习与传承。该书关于中国共产党文化观、社会主义核心价值体系、文化传统重要性、文化遗产保护等内容的阐释,有利于全面推进中国特色社会主义理论体系的学习、研究、宣传,繁荣和发展哲学社会科学,强化思想道德建设与文化遗产的学习与保护。

第四,有利于促进文化体制改革与文化创新。该书关于文化体制的问题、文化政策的法规、文化体制的关键以及文化创新的途径等内容的论述,有利于我国深化文化体制改革,完善文化政策与法规,实现文化的创新性发展与飞跃。

四、问题解析与方法启示

本专题研究立足于文化发展的现实需要,基于时代化、全球化、民族化等多维视角,以马克思恩格斯的文化思想为依托,基于历史唯物主义的立场、观点和方法分析文化的本质、文化的类型、文化的功能,用理论观照现实,帮助我们理解文化治理的本质内涵、基本特征、功能属性、实施机制等,实现理论与实践的有机结合,推进和丰富马克思恩格斯文化理论的时代化,为明确新时代文化治理问题,推动新时代文化治理实践创新提供理论支撑与经验借鉴。从历史唯物主义的视角来看,文化是历史凝结成的生存方式,是特定的人群或组织于一定的环境中,从生存与发展的需要出发,通过创新而发展起来的一套模式,这套模式中的社会成员有着共同的心理习惯、思维定式、人生态度,以共同的价值观念为核心。故而,文化是一定社会形态之价值观的集中展现,以文化为切入点可以从细微处把握社会历史发展规律,了解不同民族和国家的差异性与多样性。但是,随着全球化背景下文化体系内部以及不同文化形态的文化碰撞冲突的出现,文化领域当前面临一些突出问题,如文化分裂、缺乏文化共识、文化偏执、文化泛化等,急需展开文化治理。如何最大化发挥文化的各种功能,强化文化治理能力,完善文化治理体系,直接关系到我国文化软实力的提升与中华民族的伟大复兴。

本专题研究以马克思恩格斯的文化观为理论基础,深刻分析了历史唯物主义视域下的文化转向,明确了不同历史时期的文化模式,解读了不同文化模式与文化形态的本质特点,并从多个视角探索了文化治理问题,这充分体现了马克思主义的实践性与发展性,彰显了马克思主义的时代化,为我们解决新时代的文化问题、提高文化治理能力、创新文化治理体系、实现中国式现代化提供了重要的方法论启示。具体启示如下。

第一,对历史唯物主义视域下文化治理的研究,需要从理论与实践两个层面展开,即将马克思恩格斯的文化理论、西方马克思主义者的文化理论与新时代文化治理能力研究相结合。该系列研究将马克思恩格斯的文化思想与时代特征紧密结合，赋予了马克思主义理论以鲜活的生命力，同时对西方马克思主义文化观做了系统的归纳与整理。如《历史的起源与目标》一书注重从历史唯物主义视角对社会历史模式展开论述，深入阐释了人类的过去、现在与未来，探讨了历史的意义，这对于我们深刻认识历史唯物主义和深入理解马克思主义文化观具有重要意义。《历史研究》一书突破了以往的史学研究视角，以历史形态的研究为前提，以文明为基本研究单位，从一个宏大的视角对人类史做整体性考察，详细分析了各种文明形态及其起源、生长、衰落、解体的一般规律，这对于丰富马克思主义的社会形态理论、拓展马克思主义的文化历史研究具有重要意义。《文化的变异》一书以马克思主义的实践性为基本依托，将文化变异问题作为研究的中心和重点，以世界各地的民族志为研究的基本依据，结合田野调查和其他实际验证所提供的信息和资料详细研究了各时期文化的变异，这对于丰富马克思恩格斯历史唯物主义的文化观具有重要意义。《道德哲学》一书以马克思恩格斯的文化观为理论参照，以人的全面发展为价值旨归，以西方文化模式失效为切入点，详细探讨了当代社会道德失范问题，以此凸显社会文化对个人本性建构的重要性，这对于我国加强社会主义精神文明建设，弘扬社会主义核心价值观具有重要意义。可见，该系列研究将时代新变化与马克思恩格斯的文化观相结合，深入分析了马克思恩格斯文化观的时代化转变，极大地丰富了历史唯物主义视域下文化治理的相关研究。

第二，对当代中国特色社会主义文化治理的研究，需要从逻辑与历史相统一的研究方法出发，探寻文化治理的内在机制和实施之策，为解决当前中国乃至世界出现的文化问题提供有益借鉴。该系列研究以社会历史发展为主要脉络考察了不同民族、部落的文化特质，通过中西方文化的多元化对比，明晰中华民族文化的独特性，并从逻辑思维的高度挖掘、总结、提炼、概括出文化的本质和文化治理方式，提出更优的文化治理方案。如《文化模式》一书从历史发展的角度详细分析了不同民族之间的文化差异性，通过对个人行为方式的多样性与选择性的探究，详细阐释了不同文化背景下的社会行为模式、价值取向和思维方式，以及由此而凝集成的特定文化模式。这对于我们了解不同文化之间的差异性、尊重文化的多样性、拓宽文化研究的视野具有重要意义。《文化哲学十五讲》一书从历史哲学的高度和视角系统探讨了"文化"这一热门范畴，通过对衣食住行等日常生活的考察，系统地探讨了文化的生成与功能、构成与形态，以及文化模式、文化危机、文化转型、文化批判及中西文化对比等问题，这对于我们全方位地了解文化的内涵，明确中国文化的特质具有重要意义。《文化、治理与社会——托尼·本尼特自选集》一书通过与各种模式的文艺理论展开批判性对话，建立了一套注重社会历史实效、强调实践批判精神的文化理论，厘清了文化、治理、社会这三者之间的关系，对于强化我国文化治理能力、促进文化在实践中发展具有重要的理论意义。《文化规制论》一书以文化规制为研究的逻辑起点，明确区分了自生自发的文化规制和理性建构的文化规制，系统回答了关于为何规制、规制什么、效果如何、怎样规制的一系列问题，并立足于中国国情明确提出文化规制的中国范式——文化善制，这对于提升国家治理体系和治理能力的现代化、促进国家从"文化管理"到"文化治理"的转型具有重要意义。《文化治理与文化创新》一书立足于中国特色社会主义文化与中国国情,围绕文化治理与文化创新两大主题,将文化治理纳入国家治理体系中予以全面思考,系统研究并阐释了文化的定位、文化自觉与自信、文化系统结构与模式、文化形态与功能,对中国特色社会主义文化发展展开详细论述,这对于我们强化对文化的认知、发挥文化的意识形态引导作用、提升文化治理能力具有重要的参考、借鉴作用。可见,该系列研究全面把握各历史阶段、各地域文化发展的客观历史事实,探寻文化发展的客观历史规律,这是历史研究与逻辑研究的统一,为我们在新时代新征程上更好地把握文化发展规律、发挥文化的作用、提升文化治理能力奠定了重要的理论基础。

专题四　历史唯物主义与科技伦理治理

一、专题说明

当代科技革命的发展带来了一系列新型的社会问题,成为历史唯物主义研究的新课题。科学技术是人类迈向美好生活的第一推动力,随着科技发展突飞猛进,由科技发展所引发的伦理问题愈发凸显,科技伦理治理也日益成为时代关注的焦点。在马克思主义研究中,历史唯物主义与伦理道德的关系是近年来关于马克思主义道德观争论中的核心问题,因而,科技实践与伦理重建的互动成为当代历史唯物主义创新发展的重要内容。

近代以来,科技革命与产业革命相互促进,人类社会的物质文明得到了空前的发展。在科学技术的不断发展中,人们逐渐实现对自然过程的部分揭示与控制,主体的价值得以充分的彰显。但与此同时,科技与物质利益交融的局限性也日渐显现。科技成为人们追逐物质利益的有效手段之后,科技发展逐渐打破了传统的价值信念体系,使人类进入了快速变迁的世俗化时代。在世俗化的科技社会中,一方面,社会的发展使人们享有更多的物质利益,使生活方式的选择成为可能,但面对强大的社会技术系统却越来越感到无力,出现了人的自我实现与物化的两难困境;另一方面,伴随着科技活动的全球化进程,科技活动的风险已经上升为一种高后果风险,对大量人口造成普遍性后果,层出不穷的危机(如核危机、生态危机)使人的生活处于极端的不确定状态。为缓解诸如此类的现实困境,伦理考量成为一个尤为重要的方面。本专题旨在明晰历史唯物主义视域下科学技术伦理的理论渊源、方法论基础、价值引导等基础性问题,对科技前沿和进展做准确和细致的把握,通过普遍性的伦理基础的重建和伦理精神的不断揭示与拓新,理解科技伦理的实质,通过妥善处理科技发展所提出的道德问题和挑战,真正建立健全多方参与、协同共治的伦理治理机制,塑造科技向善的文化理念和保障机制。

二、教学目标

从总体上理解和把握,科技活动不仅是一种知识和物质创新活动,也是一种开拓性的伦理实践,是历史唯物主义研究中的重要问题。了解历史唯物主义视域科学技术伦理的理论渊源、方法论基础、价值引导等,从而增强运用马克思主义立场观点和方法,使越来越多的科技活动负载向善的价值,汇集在以马克思主义"自由而全面发展的人"为核心的伦理体系之中。

(1) 了解和掌握马克思恩格斯的科学技术思想。

(2) 了解和掌握马克思主义科技伦理思想。

(3) 了解和掌握当代科技实践与伦理应对。

(4) 理解科技伦理的理论渊源、本质内涵、基本要求、价值取向等。

(5) 掌握科学技术发展面临的现实问题,构建面向现代科学技术的伦理体系。

三、代表性文本

选取戴维·B. 雷斯尼克的《科学伦理学导论》,尼可莱塔·亚科巴奇的《科技与伦理》,罗纳德·蒙森的《干预与反思:医学伦理学基本问题》,黄顺基、郭贵春的《现代科学技术革命与马克思主义》,秦书生的《马克思恩格斯科学技术思想及其中国化研究》五本代表性文本,以及汤姆·比彻姆和詹姆士·邱卓思共同撰写的《生命医学伦理原则》、陈彬撰写的《科技伦理问题研究:一种论域划界的多维审视》、程现昆撰写的《科技伦理研究论纲》、王前和杨慧民主编的《科技伦理案例解析》、王前撰写的《中国科技伦理史纲》等文本,以期助力我们深入理解历史唯物主义视域科技伦理治理的理论与现实问题。

(一)《科学伦理学导论》

1. 著作信息

《科学伦理学导论》为美国环境卫生科学学会副主席、生命伦理学家戴维·B. 雷斯尼克(David B. Resnik)所著,中国社会科学院哲学研究所研究员殷登祥翻译,由首都师范大学出版社于2019年1月出版发行。该书作者戴维·B. 雷斯尼克累计发表250余篇关于哲学和生物伦理学主题的文章,著有《科学伦理学导论》《科学与政治的博弈》等,在科学伦理学领域影响颇深。

2. 著作主要内容

这是一部对科学伦理学进行全面论述的教科书和学术专著。作者认为,科学家要遵循适当的行为标准,了解科学中重要的伦理关切,并对它们进行思考;要把科学看作更大的社会情境的一部分。如果科学家只重视探索研究而忽视伦理的标准和关切,科学和社会都会遭到损害。此书阐释深刻,案例丰富,对巴尔的摩事件、"克隆"研究、冷聚变之争、师生关系等公共话题都提出了严肃的拷问,因而广受读者欢迎,在科学伦理学领域产生了很大影响。

第一,科学与伦理学。科技伦理学主要研究科技与伦理之间的关系,是当代新兴学科"科学、技术与社会(STS)"的重要组成部分,也是科技哲学和一般伦理学的分支。科技伦理问题自20世纪70年代以来,逐渐成为一个全球性的研究热点。科技伦理研究热潮的兴起,有其深刻的社会历史背景。整个人类文明史,实际上就是一部人类与自然的关系史。科技是人类与自然的中介,人类通过科技从自然获取生存和发展资料。从19世纪末20世纪初迈入现代以来,随着人类逐渐获悉自然的微观、宏观和复杂性奥秘,人类第一次有可能开始利用现代科技按照自己的意志驾驭和控制自然,不仅可以重新安排、改变、影响山川河流和种种自然事物与自然现象,而且可以干预和重塑生命,甚至人类自身。因此,人类必须树立人与自然和谐的价值观,从伦理上深刻反思自己的科技行为,利用正确的伦理观念和规范来指导和约束自身的科技活动,从而充分发挥科技的积极作用,努力克服科技的负面影响,使科技真正成为人类的福祉。

第二,科学活动中的伦理问题。科学技术是人的有目的的实践活动,无论是研究和开发,还是改革和创新,甚至发现和发明,都离不开人的自觉活动。用正确的伦理思想和规范来指导和约束人的科技行为,是至关重要的。《科学伦理学导论》重点从研究客观性、科学出版伦理问题以及实验室伦理问题三个维度谈论了科学活动中的伦理问题,包括科学不端行为、错误与自欺、研究偏见、利益冲突等多个方面。伦理原则是能够影响并制约科学技术项目的责任选择、科学技术活动的道德进阶、科学技术成果的价值评价的准则。科学技术活动的伦理原则,其实也是对科学技术活动的伦理要求。

第三,建立一种更具伦理关切的科学。在《科学伦理学导论》中探讨了一些与科学伦理有关的概念、原则和问题。作者认为,对科学和社会都重要的是,科学家要遵循适当的行为标准,了解怎样认识科学中重要的伦理关切,并对它们进行思考,要把科学看作更大的社会情境的一部分,对人类有积极的影响。如果研究者的态度是,为了对知识进行探索,就可以忽视伦理的标准和关切,那么科学和社会都会遭到损害。科学同样需要各种管理机构来促进伦理教育和实施,目前也建立了一些相应的重要管理机构,例如专业学会、资助组织的伦理委员会和大学的研究行为委员会等。尽管有了这些良好的开端,科学仍需要组织良好的系统来实施科学公正。

3. 著作意义

该书深刻指出,应用伦理规范实际解决各种伦理问题的基本要求,就是要做到研究的客观性。为此,书中揭露了各种各样违反研究客观性的行为;具体分析了科学家在获取知识的实验室活动和发表、传播知识的出版活动以及面临的社会角色冲突中所出现的各种伦理问题,如何在伦理规范的指导下具体解决这些伦理难题等。

第一,该书全面、系统地介绍了世界科技伦理的最新成果,这对于促进我国科技伦理研究有着重要的学术价值。该书从理论和实践两方面构筑了一个比较完整的科学伦理学学科体系。书中典型案例有:巴尔的摩事件、冷聚变、密立根油滴实验、人和动物的"克隆"、美国战略防御倡议(俗称"星球大战计划")、"挑战者"号灾难和烟草研究等,还设想了多种多样的伦理两难案例。这不仅有助于人们深入理解和掌握科学伦理学理论,而且实际指导人们如何去正确处理科学研究中所遇到的种种伦理难题。

第二,对于克服当前科技领域内的不端行为,为我国科技创新和生态文明建设提供伦理保障具有重要的现实意义。现代科学活动价值目标的转化,一方面是社会价值目标在科学活动中的具体展现,另一方面也是科学活动主体对于科学活动在人、社会、自然系统中所产生的正负两极效应的意识自觉,亦是科学活动主体对自身所担负的道德义务与道德责任之意志自律,体现了科学活动主体将社会价值目标与科学活动价值目标相统一,进而实现自身价值目标的自觉意向,而这正表明科学伦理学的建立既有内在可能性,又有客观必然性。该书所包含的新的伦理思想和规范,以及极其丰富的科技伦理案例,对于我国在科学发展观的指导下,大力开展科技伦理教育,提高广大公众特别是科技人员的科技伦理素养具有重要意义。

(二)《科技与伦理》

1. 著作信息

《科技与伦理》(暨南大学出版社 2019 年版)是瑞士学者、日内瓦韦伯斯特大学教授尼可莱塔·亚科巴奇的重要著作之一。该书主要探讨了人类与新兴科技的关系,以及人类与科技的发展历程。21 世纪是新兴技术指数级增长的时代,人工智能、生物工程、数字技术等飞速发展推动着指数级的创新,但也对现有的伦理道德提出了挑战。该书作者通过一系列的提问,让人们认识并反思这些新技术可能带来的后果,展示最关键的技术进步是如何塑造我们的世界和影响当前时局的,从而促使人们就技术、哲学和新的伦理标准进行必要的讨论。

2. 著作主要内容

该书立足于 21 世纪新兴技术的指数级增长的时代现实,在探讨人工智能、生物工程、数字技术等新兴技术的同时,意图揭示先进技术带来的潜在问题,并探讨人类与完美的机器发展之间的作用关系。本书就人类当下的进化进程,指出我们的伦理正在努力适应呈指数级增长的技术。

第一,人类与机器关系的演变。该书介绍了遥控机器人、医用机器人、加强版机器人、自动机器人等各类机器人,认为:机器人既令人生畏,却又能方便人们的生活;既令人感到可怕,却又能提高效率。为此我们必须考虑:当机器人变得有自我意识时,我们将如何识别?作者同时谈论了我们今天所面临的最大恐惧之一——超级机器的发展。超级机器可以与人类的大脑相媲美,甚至超越人类的大脑。这就引出了一个问题:如果制造出比人类更聪明的人造机器,世界将会发生怎样的转变?正如世界经济论坛的创始人克劳斯·施瓦布(Klaus Schwalb)告诫我们的那样,这场革命是不可预测的——因为它模糊了物理、数字化和生物领域之间的界限。这些协同效应正在形成一场技术革命,它将非常迅速、极端,以至于连科幻小说都无法完全想象我们的未来会是什么样子的。因此,我们人类跟不上日新月异迅猛发展的技术,也越来越难以学习新的技能并适应这种不断变化的趋势。

第二,先进且迅速发展的人工智能存在的整体伦理问题。就人工智能而言,伦理道德似乎是中国从一开始就考虑的问题。国务院也有呼吁注重伦理道德的文件,文件提出:在大力发展人工智能的同时,必须高度重视潜在的安全风险和挑战,加强前瞻预防与约束引导,最大限度降低风险,确保人工智能安全、可靠、可控发展。哲学家阿尔瓦·诺伊(Alva Noe)认为,人工智能代理可以有价值观念,也可以没有价值观念。如果它们没有自己的价值观念,人类则不必害怕被它们征服。诺伊认为,它们不过是一种智能设备,是一种配有复杂软件的"烤面包机"。但是如果赋予它们价值观念或者它们会开发自己的价值观念,它们就会理解自己的需求,它们会有自己的原则。它们会是"人"。虽然是人造的,但它们会有自己的想法。因此,如果说要把人类的价值观念安装或强加于它们身上,则无异于鼓吹奴隶制。

第三,人工智能对人类而言是把双刃剑。人民群众是历史的创造者,也是历史发展的决定力量。因此,人工智能诞生最初的意义便是为人类服务。21世纪是新兴技术指数级增长的时代,人工智能、生物工程、数字技术等科学技术的飞速发展推动着指数级的创新,这种指数式暴增意味着人类将在21世纪各个方面以特快速度取得进展。未来几十年内,机器智能有可能超越人类智能,带来人类历史上前所未有的技术变革。这些进展将很快促成生物智能和非生物智能、基于软件的永生人类和有自我意识的人造生命的融合。伊隆·马斯克(Elon Musk)创立的美国"神经连接公司"(Neuralink)已经开始研究植入式的脑-机接口(BCIs),该接口最初将用于治疗神经退行性疾病,但最终将把我们的大脑直接连接到计算机和其他电子设备上,使我们的大脑能够与各种电子设备和程序直接交互,而不需要任何中介。早期的神经假肢模型已经允许截肢患者和有身体障碍者或锁闭综合征患者用他们的思维操控假肢等等一系列科技造福人类的创新突破是我们不可否认的,但现代技术的高度发展作为后人类主义最为显著的特征,被马克思、海德格尔、马尔库塞、哈贝马斯等人予以广泛讨论,其中马克思主义理论关于现代技术的追问,为辩证看待技术与主体性的双重关系提供了重要思想资源:一方面,技术的发展既能促进人的主体性解放;另一方面,技术也可能与资本结合而形成对主体性新的压抑。

3. 著作意义

《科技与伦理》一书着眼于过去和现在的技术,并构想它们在未来将发挥怎样的作用,展示出最关键的技术进步是如何塑造我们的世界和影响当前时局的,并深刻地、谨慎地考虑这些技术问题可能产生的后果,使人们对指数级增长的技术产生真实的好奇心,并促使人们就技术、哲学和新的伦理标准进行必要的讨论,这对于我国历史唯物主义地推进科技伦理治理具有重要的现实意义。

第一,科技进步是历史发展的必然要求。科学技术作为人类智慧的结晶,对人类社会的进步具有十分重要推动作用。马克思的历史唯物主义主张生产力决定论,而劳动生产力的核心也就是人的体力和智力。人的体力是有限的,而人的智慧却是无穷的。恩格斯曾指出:离开脑,单靠手是永远造不出蒸汽机的。如果说蒸汽机开启了机械化大生产的新时代,那么,电力技术的实际应用则揭开了自动化生产的序幕。在当今世界,随着人工智能技术和生物技术的不断发展,物质生活资料之生产过程的自动化和智能化程度愈来愈高。这就不仅大大减轻了劳动群众的劳动强度,而且把工农大众的劳动时间大大缩短,自由时间大大增加,从而使每个人的体力和智力都能获得全面而自由的发展。这就为"人类从必然王国进入自由王国的飞跃"提供了必要的物质技术条件。

第二,科学技术是历史唯物主义的基本范畴。物质生产力和物质生产方式的发展是人类社会发展的本质和根本动力,不同的文明形态归根到底是由不同的物质生产力和物质生产方式所决定的,不论是把握文明的演进历史还是未来发展,都应始终坚持这一客观标准。从物质生产方式的视角去分析和认识新科技革命和新产业革命及其造成的社会变革,是遵照唯物史观认识当代社会发展的根本要求。对于目前正在兴起的科技革命,我们必须予以特别关注。因为,它不再是一场单一领域的普通产业变革,而是一场生产方式和社会文明的全面变革,我们必须对其可能带来的潜在风险作出精准预判。

(三) 《干预与反思:医学伦理学基本问题》

1. 著作信息

《干预与反思:医学伦理学基本问题》由当代著名的医学伦理学家、美国密苏里州圣路易斯大学的科学哲学和医学哲学教授罗纳德·蒙森(Ronald Munson)所著,是其最重要的医学伦理学著作。该书是当代美国最广泛使用的医学伦理学教科书,它总是处于最新争论的前沿,一直是撰写医学伦理学教科书的标准,并以广泛的新材料积极回应社会、法律环境、科学共同体和医疗实践中出现的新变化,书中援引了美国的众多法庭案例,系统呈现诸多医学伦理问题。

2. 著作主要内容

医学伦理学在科技伦理领域内具有特别重要的地位,该书除"序论"外,分为"终止""权利""控制""资源"四篇,分别对生命伦理学领域的基本话题加以阐述。

第一,介绍基本的伦理理论。该书第一部分系统介绍了功利主义、康德伦理学、罗斯伦理学、罗尔斯正义理论、自然法伦理学和道德神学等各大伦理理论。其中,功利主义认为人应该作出能"达到最大善"的行为,所谓最大善的计算则必须依靠此行为所涉及的每个个体之苦乐感觉的总和,之中每个个体都被视为具有相同分量,且快乐与痛苦是能够换算的,痛苦仅是"负的快乐"。不同于一般的伦理学说,功利主义不考虑单一个人行为的动机与手段,仅考虑其行为的结果对最大快乐值的影响。康德伦理学认为,道德法则与自然法则的分野是我们的一个常识,道德法则是康德伦理学的核心命题,而康德对于道德法则的论证以是否合乎自然法则来进行。罗斯拒绝功利主义通过结果确立正当性的做法,同时他也对康德的绝对命令感到不满,他发现这些规则不仅没有显示出行为情境的复杂性,而且有时候还会自相矛盾。对罗斯来说道德属性与非道德属性之间存在着明确的区分。他认为只有两种道德属性,即正当和善,而且从某种意义上来说,其二者不可相互替代。

第二,医学伦理学的研究内容与基本原则。医学伦理学是医学与伦理学的交叉学科。在珍爱生命、敬畏生命的伦理精神指引下,医学从洪荒时代冲破艰难险阻走到了今天的现代医学。医生肩负着维护和促进人类生命健康的重任,优秀的医生必须是医德和医术的完美统一。从伦理角度评价医学研究的基本出发点是以研究对象,即人的利益作为最重要的关注目标。目前,国际上公认的伦理学原则包括四个方面:研究工作不能对研究对象造成伤害;应有利于研究对象;尊重研究对象;公正考量。同时,医学伦理学具有决定性、普遍性和利他性的基本特征,即:医学研究如果不符合伦理学原则就不能实施;医学研究必须符合伦理学原则是每一项研究都必须遵从的原则;医学研究在有利于研究对象的同时,具有利他性,它强调研究结果将造福于人类健康、对其他人有益(即使某些研究并不能给研究对象的健康带来直接的利益,但如果研究结果对今后类似患者有可能带来益处,则这样的研究仍是符合伦理的)。

第三,医学伦理难题与医学伦理决策。该书作者通过列举终止妊娠、残疾婴儿和医学的无助、安乐死和医助性自杀等类型难题等具体案例展开对医学伦理难题的讨论。如:每一个人的生命都要经历生、老、病、死,这是自然规律,人人绝对平等;治疗过程中的医患关系之处理及社会责任,药品和医疗器械开发中的社会责任;人工流产,辅助生育,残疾婴儿,克隆人,基因歧视,遗传疾病,安慰剂,个人隐私,知情同意,安乐死,医疗中的种族、性别、阶级问题,老年保健、社会医疗保障;等等。这些都是社会关注的主要热点,也是该书诠释的核心内容。人类的医疗科技行为,直接涉及人类自身的生存、繁衍、幸福和发展,并关系到社会的和谐稳定。医疗科技资源在整个社会资源中应占何种份额以及在全体社会成员中如何分配,是极其重大的民生问题,也是各国政府决策的重要内容。

3. 著作意义

在我国,医学伦理学教学要以辩证唯物主义和历史唯物主义为指导,以人们的社会物质关系作为其赖以发展的前提,以增进和维护人类健康为目的。医学伦理学的学习有利于帮助学生提高医德认识,增强医德情感,坚定医德信念,养成良好的医德行为和习惯。因此,《干预与反思:医学伦理学基本问题》一书对基于历史唯物主义的中国特色社会主义医学事业发展具有重要的理论意义与现实价值。

第一,在理论层面,《干预与反思:医学伦理学基本问题》对于我们全面把握医学伦理的规范体系具有重要意义。书中涉及的辅助生育、遗传疾病、克隆技术、残疾婴儿、社会医疗等诸多问题既是该书的核心内容,也是人类辅助生殖技术关注的重点,其基本而又透彻的阐述无疑对我国医学伦理学领域的研究提供了重要理论支持与帮助。

第二,在实践层面,书中列举的各类医学伦理难题案例对于我们解决现实困境有重要启示。医学伦理学研究的一个重要目的就是运用伦理学学科知识,解决医疗实践中的问题。书中谈及的基本伦理原则以及医疗实践中应当遵循的伦理规范,都对我们现实中开展医学活动具有重要指导意义。此外,引导读者在研究医学实践具体问题的时候,掌握并运用辩证唯物主义和历史唯物主义的方法,客观、准确地反映医疗实践的现状,为医疗实践和医疗政策实施提供依据以及行为准则。

(四)《现代科学技术革命与马克思主义》

1. 著作信息

《现代科学技术革命与马克思主义》是 2007 年中国人民大学出版社出版的图书,作者是黄顺基、郭贵春。该书以现代科学技术革命为纲,围绕其产生发展及带来的社会、经济、文化、思想等领域的问题,重点选择了 43 个专题来展开。

2. 著作主要内容

《现代科学技术革命与马克思主义》一书主要针对现代科学技术革命的新形势、新进展与新问题,联系国际国内思想理论的变化及社会变革,作出有引导性的论述,提出值得思考的问题,并提供相关阅读资料。全书共分为五个部分:科学技术革命与马克思主义的形成及发展,现代科学技术革命的前沿与热点问题,现代科学技术革命引发的社会问题,现代科学技术革命引发的思想理论问题,现代科学技术革命与当代中国。

第一,现代科技革命的主要内容及其特征。20 世纪 80 年代初开始,科学技术革命、经济全球化与文明的冲突三股浪潮,冲击着人类的历史进程。科学技术是第一生产力,科技术革命实质上就是生产力革命。由科学技术革命引发的经济全球化与文明的冲突，其实质是生产力革命引起经济基础、上层建筑以及与之相适应的社会意识形态的变革及其在现代世界范围内呈现的新形式。面对现代科学技术革命带来的机遇与挑战，各个国家无不奋力寻求对策。高技术及其产业化巨大地释放和提高了生产力，并由此迎来了知识经济时代，进而使科学技术产业化、经济化，产业、经济科学技术化，实现了科学技术创新与经济创新的统一。因此，现代科学技术革命是一个完整的概念，是整体性、综合性和全面性、根本性的创新，是科学创新、技术创新与经济创新的统一。

第二，现代科学技术革命与马克思主义的关系。一方面，现代科技革命与马克思主义哲学之间是相互影响的关系。现代科技革命深化和拓展了马克思主义哲学的宇宙观，充实和丰富了马克思主义哲学的基本原理，证明了马克思主义哲学基本原理的真理性，给马克思主义提出了许多新的研究课题。另一方面，马克思主义哲学为现代科技革命的发生、发展提供了正确方向，确保了现代科技革命的唯物主义方向。马克思主义哲学的发展总是与科学发展紧密相关的。19 世纪末 20 世纪初的物理学革命，曾对马克思主义哲学的发展起了巨大的推动作用。当代科学技术革命的迅猛发展，也必然给予马克思主义哲学以极大的影响。当今世界科学技术进步日新月异，使人类社会的经济、政治、军事和思维方式、生产方式、生活方式等发生了深刻而巨大的变化。

第三，现代科学技术革命与当代中国。新的科技革命对于我国实现经济现代化、发展社会主义民主政治、建设中国特色社会主义文化，既提供了机遇也提出了挑战，总体来讲是机遇大于挑战。更为重要的是，我们必须直面、参与和正确应对这场革命，必须运用多种科技手段发展经济。大力发展高新技术产业，掌握先进生产力，是赶超发达国家的关键，是努力的方向。运用高新科技改造传统产业，是处于工业化阶段的我国的现实选择。运用现代生物技术、化学技术和机械技术等先进科技，发扬精耕细作传统，选择合适的组织形式，大力发展现代农业，彻底解决粮食问题，实现农业现代化，是我国现代化的基础。因而，实现中国式现代化，必须始终坚持马克思主义理论指导。

3. 著作意义

当今世界，正日益强烈地感受到现代科技革命浪潮的涌动和冲击。这是一次以往历史无法比拟的世界性、全方位的科技革命，引起人类社会生活的巨大变化，同时也提出了许多新的理论问题。

第一，《现代科学技术革命与马克思主义》生动描绘了近现代以来科学技术革命的发展历程。该书指出马克思主义必须认真总结和吸取 20 世纪以来人类文明成果，包括现代科技革命新成果，回答时代提出的新问题。在这种情况下，认真学习马克思主义、剖析现代科技革命的作用，对现代科技革命提出的一系列富有挑战意义的问题进行科学的分析和研究，对于坚持和发展马克思主义、推动社会发展具有十分重要的意义。

第二,《现代科学技术革命与马克思主义》指明了中国科学技术创新事业的发展方向,对于我们深化科技创新、推进中国式现代化进程具有指导意义。该书在探讨中国特色的科学技术创新之路时指出,为谋取科技事业在新世纪取得大的发展,中国科技部在新世纪伊始就认真谋划应对的战略和对策,围绕科技创新提出了科技发展的新思路。这便是:明确调整科技创新战略的指导思想,强调自主创新,力争实现科学技术发展的跨越。我们要引进和学习世界上先进的科技成果,但更重要的是要立足于自主创新,并强调要调整科技创新的理念和管理体制,牢固树立"以人为本"的理念和价值观。

(五)《马克思恩格斯科学技术思想及其中国化研究》

1. 著作信息

《马克思恩格斯科学技术思想及其中国化研究》为东北大学马克思主义学院马克思主义原理研究所所长、辽宁省高校思想政治理论课学科带头人秦书生所著。该书主要研究和探讨马克思恩格斯科学技术思想及其中国化的有关问题。

2. 著作主要内容

《马克思恩格斯科学技术思想及其中国化研究》一书研究和探讨马克思恩格斯科学技术思想及其中国化的有关问题,包括马克思恩格斯关于科学技术的本质、科学技术与哲学的关系、科学技术是生产力、科学技术与社会生产的关系、科学技术的历史作用等方面的思想。论述了毛泽东、邓小平等人把马克思主义科学技术思想与中国具体科学技术实践相结合而总结出一系列适合中国国情的科学技术发展思想,充分体现了马克思恩格斯科学技术思想的中国化。

第一,马克思恩格斯科学技术思想产生的时代背景与理论基础。任何理论的产生都不是偶然的,都有着极其深刻的时代背景和历史根源。马克思恩格斯科学技术思想的形成也不是偶然的和一蹴而就的,而是以当时的社会大环境为基点,以当时的社会生产关系和历史文化背景为框架,对当时的科学技术发展状况进行研究。19世纪是近代科学技术发展的黄金期,是生产力突破质的飞跃的关键期,是自然科学和人文科学发展的飞跃期。第一次工业革命和第二次工业革命带来的经济快速发展及由此引起的政治上层建筑领域的深刻变化,为马克思恩格斯科学技术思想的产生奠定了坚实的经济基础和政治基础,自然科学和人文科学的发展则为马克思恩格斯科学技术思想的产生提供了浓厚的学习氛围和理论基础。

第二,马克思恩格斯科学技术思想的内容。马克思恩格斯所处的时代是科学技术飞速发展的时代,虽然他们并不从事科技工作,但为了创立新的哲学、政治经济学和科学社会主义理论的需要,他们以极大的热情和精力去关注、研究同社会发展密切相关并直接推动历史前进的科学技术,特别是关注与他们同时代的科学技术进步推动的产业革命和社会变革的巨大作用。他们自觉地把科学技术纳入对社会历史发展规律的理论分析框架之中,提出了一系列崭新的、深刻的关于科学技术性质和作用的基本观点,这些观点可统称为马克思恩格斯科学技术思想。纵观马克思恩格斯的科学技术思想,主要包括以下几个方面:关于科学与技术问题的论述,关于科学技术在历史发展中作用的分析,马克思恩格斯对科学技术的异化揭示,等等。马克思恩格斯认为,形而上学是抽象的、思辨的,而自然科学也不可避免地受这种思想的影响。所以,科学是建立在实践基础之上的,自然科学是依靠感性经验为基础建立起来的实验科学。

第三,马克思恩格斯关于科学技术在历史发展中的作用分析。在马克思恩格斯看来,科学是排除了形而上学的,它建立在实践的基础之上。因此,马克思主义认为,生产力与生产关系之间的矛盾是人类社会的基本矛盾,构成了社会其他各个子系统的基础,生产力成为人类社会发展的最终决定力量。在此基础上,马克思提出了科学技术是生产力的思想。后来,邓小平在此基础上深化了这一思想,提出了"科学技术是第一生产力"的科学论断并成为经典。"科学技术是生产力"是马克思恩格斯历来的观点,它是建立在历史唯物主义基础之上的。"科学技术是生产力"是马克思恩格斯科学技术思想核心内容,有着非常丰富的理论内涵,是马克思主义理论体系的重要组成部分。

3. 著作意义

当今世界各国之间的竞争越来越集中体现为科技竞争。如何以正确的科技观为指导加快科技发展,充分利用科学技术为我国经济和社会建设服务,实现经济和社会可持续发展,是我国现代化建设面临的重大现实问题。马克思和恩格斯非常重视科学技术研究,他们对科学技术与经济的关系以及科学技术与社会变革的关系有过深刻的思考。他们的观点不仅深刻影响了人类对科技的看法,也形成了中国化马克思主义的科技观。这些科技思想对我们今天的科技发展有着重要的指导价值。

第一,系统梳理马克思主义科技观的内容,使人们对马克思主义科技观有更完整、更深刻的认识。科学作为一种"精神生产"和"智力劳动",是人类精神生产的直接成果,它变革了人们的思想观念和思维方式;在大工业时期,科学技术参与到生产过程中,变成了现实的、物质的生产力,极大地提高了劳动生产率,成为促进社会向前发展的革命性力量。

第二,探讨马克思主义科技观及中国化马克思主义科技观在当代中国科技发展战略中的重要指导价值。马克思认为科学技术是一种在历史上起推动作用的革命力量,他承认科学技术在社会历史中的重要作用。恩格斯说过:"在马克思看来,科学是一种在历史上起推动作用的、革命的力量。"在这里,马克思延续了科学技术是生产力的思想,在此基础上又提出了科学技术是推动社会进出的革命力量。中国经济要走可持续发展道路,必须依靠科学技术的创新,继承和发扬马克思主义科技观,对于我们改革科技体制、实现科技强国战略和走可持续发展道路都具有极其深远的现实意义。同时,我们必须深刻理解马克思主义科技观的深刻内涵,准确把握中国领导人关于科技战略的思想,积极建立健全科技创新体制,努力营造良好的科技氛围,使我国的科学技术得到跨越式发展,为我国的社会发展作出积极贡献。

(六)《生命医学伦理原则》

1. 著作信息

《生命医学伦理原则》由美国著名生命伦理学家汤姆·比彻姆(Tom Beauchamp)和詹姆士·邱卓思(James Childress)教授共同撰写。该书是生命伦理学世界名作,所提出的四大生命伦理原则得到普遍公认,推动了生命伦理学学科和诸多生命伦理学派的诞生,开启了人类对生命医学研究深刻的系统反思。该书于1979年由牛津大学出版社首次出版,并一版再版。《生命医学伦理原则(第5版)》由李伦等翻译,北京大学出版社2014年出版发行。

2. 著作主要内容

《生命医学伦理原则》共分为三部分。第一部分的主要内容是道德规范和道德品格。首先,作者分析论证行为和政策,阐述伦理原则、规则、义务、权利等概念的特征。作者对伦理学、道德的概念进行了分析研究,具体考察了一般道德和职业道德,讨论了道德两难的案例,认为在两难情境中无法避免违背道德的迹象,提出四大道德原则——尊重自主原则、不伤害原则、有利原则、公正原则。其次,作者对道德美德和道德品格进行了探讨,分析美德的概念和地位,考察职业角色中的美德,阐述在医学、医疗和科学研究中具有特殊意义的五大美德——同情、洞察力、可信、诚实、良心。作者区分了常规道德标准和超常道德标准,认为前者是道德底线,后者是道德理想,并不要求人人都拥有。此外,道德卓越与这二者也具有密切联系,并有充分的理由进行探讨。

第二部分对上文提到的四大道德原则进行论证。第一,作者围绕尊重自主的非理想性的道德要求进行分析,提出根据"(1)有意图地、(2)理解、(3)不受决定其行为的控制性因素的影响"①分析自主行为,认为同意或拒绝具有复杂性,提出充分把握病人的自主选择的决策能力的重要性和标准,阐释了"知情同意""理解""自愿"的内涵及相关现实问题,探讨了代理决策标准的框架。第二,作者考察了不伤害原则及其对生物医学伦理学的意义,批判性区分了"杀死与任其死亡、意欲的有害后果与预见的有害后果、保留生命维持治疗与撤

---

① [美]汤姆·比彻姆,詹姆士·邱卓思.生命医学伦理原则(第5版)[M].李伦,等译.北京:北京大学出版社,2014:61.

出生命维持治疗、超常规治疗与常规治疗"①,并提出了指导生命维持治疗和协助死亡决策的分析框架。第三,作者区分了两种有利原则:积极有利原则和效用原则。积极有利原则要求为行为主体提供福利,效用原则要求行为主体权衡以产生最佳效果。作者特别讨论了有利原则与自主原则的冲突——家长主义,认为成本-效益分析(CEA)、成本-利益分析(CBA)、风险-利益分析(RBA)是受尊重自主原则和公正原则限制的实现效用原则的方式。第四,作者分析了"公正""分配公正"这两个概念,提议"社会应在包括效用主义与平等主义标准的分配框架内,认可获得合理最低限度的医疗的适当权力"②。

第三部分的主要内容是道德理论与道德方法和论证。第一,伦理学理论应符合清晰性、自洽性、完备性和综合性、简单性、解释力、论证力、推导力、实用性八个标准。基于此标准,作者主要讨论了第一章和第二章提及过但未进行深入探讨的五种道德理论——效用主义、康德主义、自由个人主义、社群主义和关怀伦理学,分别对其特征、优点、贡献以及缺陷进行分析。第二,作者讨论了是否存在生命伦理学方法,以及如果存在,哪些方法更可取。相较于自上而下推理模式或自下而上模式,作者更偏向于"一致性理论",但也指出了该理论存在的尚未解决的问题。作者提出,公共道德更适合在生命伦理学中发挥基础作用,它为论证所需的深思熟虑的判断提供了内容,并加深了方法及其与一致性理论的联系。

3. 著作意义

《生命医学伦理原则》提出和论证的原则主义是生命伦理学最具有影响力的理论,对生命伦理学和其他应用伦理学产生了广泛而深刻的影响,对于推进科技伦理的理论研究、解决科技伦理治理中的风险问题具有重要意义。

第一,该书为科技伦理研究提供了研究内容和方向。《生命医学伦理原则》所提出的四个原则,是介于抽象的伦理学理论与具体的情况、案例、问题和判断之间的层次。在抽象的伦理学理论层面,该原则面临道义论和功利主义的冲突;在具体案例中,该原则的案例分析仅涉及西方国家的案例。由此可见,虽然该原则是被广泛接受的普遍原则,具有丰富的内容,但仍留有尚待解决和深入研究的问题,这为科技伦理理论研究提供了充足的研究内容和多样化研究思路,有利于新的研究成果的产生。

第二,该书有益于为应对、处理新兴科技引发的社会性风险提供指导。新的时代,为有效应对由基因编辑、人工智能、信息技术等新兴科技引发的社会性风险,必须加强科技伦理治理,提升医学科技伦理治理能力,推进医学科技伦理研究。《生命医学伦理原则》提出了

---

① [美]汤姆·比彻姆,詹姆士·邱卓思.生命医学伦理原则(第5版)[M].李伦,等译.北京:北京大学出版社,2014:113.
② [美]汤姆·比彻姆,詹姆士·邱卓思.生命医学伦理原则(第5版)[M].李伦,等译.北京:北京大学出版社,2014:262.

生命伦理学流行的四原则——尊重自主原则、不伤害原则、有利原则、公正原则,并进行了具体的阐释和论证,为科技伦理治理提供原则指导,为道德难题的解决提供了标准和有效参考。

(七)《科技伦理问题研究:一种论域划界的多维审视》

1. 著作信息

《科技伦理问题研究:一种论域划界的多维审视》由中共山东省委党校哲学教研部三级教授陈彬所著,对于当今理解与实践科技伦理、引导和规范科技研发具有较强的理论与现实意义。该书于2014年12月在中国社会科学出版社正式出版发行,是新世纪应用伦理学丛书之一。

2. 著作主要内容

《科技伦理问题研究:一种论域划界的多维审视》一书在较为广泛的意义层面理解科技伦理,认为凡是科学技术本身或者科技研发应用过程中引发的所有关涉道德、义务、责任、价值等方面的问题,均属于科技伦理的研究范畴。在此基础上,该书考察了科学技术的伦理全貌,并依照科学技术与各种伦理问题所涉及领域的逻辑,建立起一套并列关系的论域分类体系对科技伦理问题进行探讨。主要内容如下:

第一,在本体域探讨科学技术的价值问题和伦理指向。作者首先对科学技术与价值、道德的关系依次进行了探讨,指出科学技术的价值包含它对人的作用意义和人们对它有用性的评价,可能外显,也可能内隐;科学技术和道德的关系既是历史的,又是现实的,人们的一切科技活动都应遵循一定的道德规范。在此基础上,作者明晰了科学技术的伦理指向——使自然生态协调平衡、使社会充满活力和谐发展、使人自由全面发展。

第二,在主体域探讨科技主体的责任伦理。作者首先明确了责任伦理和科技伦理的责任主体内涵,进而揭示出科技伦理竞争协作、公平公正和人本向善的原则以及促进科技进步、引导科技行为的道德选择和提升科技行为主体的责任伦理观的责任目标。最后,作者具体交代了科学技术共同体、科技管理者、企业和企业家共同体、民众四个科技行为主体的责任伦理。

第三,在客体域探讨自然生态伦理与环境正义。作者指出科学技术是人与自然相互关系的中介。但由于人们的工具理性思想和科学功利主义甚嚣尘上,人们应用科技而进行的实践活动引发的生态环境问题与日俱增,并呈现出潜在性、系统性与长期性的时代特征。因而,人类社会历史的发展迫使科学技术在社会功能、理性价值、评价标准和文化等方面作出伦理的生态转向,人类中心主义和非人类中心主义两大生态伦理研究派别自此诞生,共同为协调科技发展和生态保护之间的平衡提供行动规范。

第四,在学科域探讨各门学科的自然科学技术伦理问题。作者认为,只有建立在具体专业学科领域道德问题研究基础之上,才能真正从总体上回答科技研究的原因与价值等一系列问题,真正建立起科学、完整的科技伦理学。因而,作者在本部分探讨了生命科技、神经科学、纳米科技、信息网络科技和核技术等学科领域的伦理问题并给出相关应对建议。

第五,在工程域探讨工程价值并进行工程伦理分析。作者指出,工程活动涉及人与自然、他人以及社会之间的复杂关系,因而具有丰富的伦理意蕴,需要从宏观层次、用哲学思维来把握其本质与规律。因而,本部分梳理了工程与工程伦理学的发展历程,明确了工程伦理学的任务目标与工程活动的基本伦理原则,审视了工程活动在造物、伦理道德和环境等方面的价值,进而在外在表现与内在支撑两方面剖析了工程活动中的伦理缺失问题。

第六,在管理域探讨科学技术的伦理治理问题。作者认为,良好的科技运行离不开正确有效的科技管理,因而在本部分试图探讨科技管理与科技伦理相结合的可能性与现实路径,以期更好地推动并规范科技的发展。他指出,科技伦理治理有三方面内容,即保障科技运行和发展的正确决策、建立公正合理的科技运行体制机制和克服空间运行中的功利倾向;具有两种路径,即约束和克制管理者动机的内部路径,控制参与者行为后果的外部路径。尽管在现实层面,科技伦理治理面临着诸多挑战,但作者也一一指出了相应出路。

3. 著作意义

《科技伦理问题研究:一种论域划界的多维审视》是陈彬教授以马克思主义理论和哲学思维,深入剖析与理解当前科技伦理问题的重要成果,对于推进科技伦理研究、反思人类与科技的关系,从而促进人类未来发展具有重要的理论与现实意义。

第一,该书建立了一种新的且较为合理的观察方式与分析框架,极大地推动了当前科技伦理研究的进展,对学界未来研究也有所启发。该书以科学技术本身为参照系,综合运用了本体论和认识论的哲学论域。它不仅在抽象概括层面探讨了科技伦理的元问题,即科技的伦理指向与道德问题,还聚焦了不同领域中科技伦理问题的具体表征及其应对,更在主体和客体层面探讨了科学技术的伦理要求。在此基础上,该书建立起本体域、主体域、客体域、学科域、工程域和管理域这样一套并列关系的论域分类体系,对科技伦理不同研究领域进行了全面且细致的划分,对当代科技伦理问题进行了深入剖析,有力地推进了相关研究的创新与深入推进。

第二,该书为当下的科技发展与科技社会运行提供了伦理方面的规范与推动力量。该书指出,协调平衡的自然生态、充满活力和谐发展的社会以及自由全面发展的人,既是科学技术的价值旨归与伦理规范,又是科学技术长远发展的必然要求。该书对当代科技伦理问题的深入剖析鞭辟入里,对于新时代破解科学技术发展过程中的种种伦理困境,明晰科学技术多元参与主体的责任伦理,促进科学技术的人本与向善发展,规范并保证科技社会的良好运行具有极为重要的意义。

(八)《科技伦理研究论纲》

1. 著作信息

《科技伦理研究论纲》一书的作者是大连医科大学马克思主义学院教授、硕士研究生导师程现昆,现任大连医科大学马克思主义学院副院长。该书属辽宁省教育厅高校科技专著出版资金资助出版的学术著作,2011年由北京师范大学出版社出版发行。

2. 著作主要内容

《科技伦理研究论纲》基于马克思主义科学技术哲学理论,以科技伦理为研究对象,以"科技与人相互作用的关系"为研究的基本问题,把握科技伦理的研究现状、产生背景,探析科技伦理的结构、价值和生成样态,初步建立了科技伦理的研究纲领。全书除导言外共计五章。

"导言"分析了国内外科技伦理研究现状并认为,虽然科技伦理问题备受关注,但存在基本含义、研究对象、学科定位尚不清晰,研究方法具有局限性等问题。由此,作者提出,该书将立足最新的研究,从科学技术哲学的角度分析科技伦理,力求实现逻辑的自洽性与问题的开放性相结合。

第一章考察科技伦理思想、科技伦理问题的由来。第一,梳理了科技伦理思想的演进,将人类科技伦理思想的发展过程分为古代科技伦理思想的萌芽、近代科技伦理思想体系的形成、现代科技伦理规范的建立与完善三个阶段。其中,作者重点探究了马克思主义的科技伦理思想。第二,分析了科技伦理问题产生的时代背景及其原因。

第二章探讨科技伦理的本质。第一,从历史演进角度分析科技伦理,具体阐释科学主义和人文主义两大西方哲学思潮。第二,科学界定科技伦理的内涵和表现形式。其一,科技伦理主要包括两方面含义:科技伦理产生于科学技术实践活动,产生于社会上与科学技术研究和应用相关的一切活动;科技伦理的作用是规范行为,应对科学技术的负效应和障碍性影响。其二,科技伦理具体表现于科技活动层面、人的发展层面、社会发展层面。

第三章分析科技伦理系统的结构。第一,强调科技伦理有复杂的内在结构,是一个有层次结构的"大共同体"。第二,解释科技伦理生态的含义,建构科技伦理的生态信息场。第三,认为科技伦理问题是需要全社会关注的问题,每个人都应承担科技伦理责任。

第四章阐述科技伦理的价值问题。第一,分析科技伦理的价值构成,认为科技伦理的价值是对终极存在的追寻。第二,提出科技伦理价值评价的原则——求真原则、向善原则、臻美原则、问责原则。第三,建构由科技伦理子系统、科技环境子系统构成的科技伦理价值评价模型。

第五章分析科技伦理的生成样态。第一,要在理论向度科学定位科技伦理,将其发展成为一个独立的学科。第二,要在实践向度上重塑发展观。科学发展观实现了发展观问题上的伦理革命,提出了以人为本的伦理标准,坚持全面发展、协调发展,以和谐作为价值准则,以实现人性的完整为最终目的。第三,在人性向度上,要实现科技发展和人的发展的统一,认识到人性是科技伦理的本体论依据,科技异化的实质是人性的缺失,科技人化是人性的自我实现。

3. 著作意义

坚定历史唯物主义的立场观点方法加强科技伦理治理,事关中华民族伟大复兴中国梦的实现。《科技伦理研究论纲》以马克思主义科学技术哲学为指导,以人的自由全面发展为主线,对我国新时代的科技伦理治理具有重要意义。

第一,《科技伦理研究论纲》以科技伦理为对象展开了全面研究,阐释了科技伦理的本质、结构、价值评价、生成样态。此外,本书在把握学界最新研究成果的基础上进行了创新,提出了"科技伦理的本质是科技与人的相互作用"[①]等新观点,有利于深化学界对科技伦理的本质认识,指导科技伦理实践,为学界提供有待进一步探索的新的研究点。

第二,《科技伦理研究论纲》高度关注人的发展问题,强调科技伦理的当代发展必须关注人性向度,认为科技伦理学的发展不能仅停留在理论层面,而是要追求科技与人的关系的改善,助力人的发展。这一立场坚持了历史唯物主义,有利于凸显科技伦理中人的发展这一终极目标,提高人的发展问题在科技伦理领域的研究热度。

(九)《科技伦理案例解析》

1. 著作信息

《科技伦理案例解析》一书,系中国自然辩证法研究会科学技术与工程伦理专业委员会主任、大连理工大学王前教授和大连理工大学马克思主义学院杨慧民教授共同编撰的著作。该书是硕士研究生公共理论课"自然辩证法概论"的专题性教材,通过展示案例分析的思路、体例、分析模式,使研究生们的思维从感性认识上升到理性认识,获得对科技伦理意识和规范的深切体验和准确把握。该书由高等教育出版社 2009 年出版。

2. 著作主要内容

《科技伦理案例解析》一书从科学伦理、技术伦理、工程伦理、环境伦理和生命伦理五个领域入手,精心筛选、整理和加工了 30 多个具有典型性、可读性强且极富教育启发意义的教学案例进行案情介绍和理论剖析。该书取材新颖精当,内容覆盖面广,问题讨论层次分

---

① 程现昆.科技伦理研究论纲[M].北京:北京师范大学出版社,2011:206.

明,解析力求富于哲理、深入浅出。具体内容如下:

第一,科学伦理。由于科技工作者逐渐职业化和组织化,现代社会科学技术的高速发展以及由此所带来的科学研究风险和难以预料的后果,加之科学研究中对科研人员的各种利益诱惑等因素,使得科学伦理成为科学研究中科技人员必须遵守的行为准则。科学伦理的研究范围主要包括现代科学研究活动带来的伦理问题,以及科学工作者的职业道德问题。加强科学伦理的研究可以有效规范科学技术的发展,使之更好地为人类服务;扭转学术腐败的不良风气;协调科研人员之间、科研人员与社会整体之间的关系。

第二,技术伦理。技术伦理来源于近现代西方哲学世界两股力量的汇流:一是应用伦理学对技术主题的关注,二是技术哲学研究的伦理学转向。技术伦理,主要指技术活动过程引发的伦理问题,包括空间技术、计算机与网络技术等在内的高技术引发的伦理问题,以及常规技术活动带来的伦理问题。加强技术伦理研究,有利于提高工程技术人员的责任伦理意识、提高公众对技术伦理风险的认识、促进技术与社会的和谐发展。

第三,工程伦理。工程伦理的兴起起源于工程引起的社会问题,旨在协调工程与社会之间日益加深的矛盾。工程伦理起源于19世纪末20世纪初,美国和德国两个工业强国是工程伦理方面发端较早的国家。工程伦理主要涉及工程设计和规划中的伦理问题、工程施工中的伦理问题、工程完成后使用中的伦理问题。工程伦理侧重于讨论如何公正地处理有关的各种利益关系,主要是工程师与工程之间的权利义务关系,雇主与工程师之间、工程师与同事以及下属之间、工程与公众之间的利益关系,工程与自然的利益关系。工程伦理的社会价值主要体现在三个方面:其一,工程伦理的社会作用在于可以公正地处理有关的各种利益关系;其二,工程伦理可以为工程师履行社会责任提供具体的实践指导;其三,工程伦理通过对工程的伦理评估,可以建立工程活动与社会政治、经济、文化、生态环境、民众生活等相关方面的和谐关系。

第四,环境伦理。环境伦理学是对人与自然环境之间道德关系的系统研究。它要求人们从哲学的高度重新反省人类与自然之间的关系,认识人类对自然环境以及自然中各种动植物的责任。环境伦理研究的主要问题是人与自然环境的伦理关系和人与人的伦理关系。主要包括四个方面的内容:一是环境破坏者和环境受害者之间的关系问题;二是污染转移的地区之间的关系问题;三是代内正义与代际正义问题;四是公共参与问题。环境伦理的产生进一步丰富了伦理学的基本理论,扩大了伦理学的研究范围,拓展了人类的伦理视野。环境伦理的思想为提高人类的全球意识发挥了特殊的作用。

第五,生命伦理。生命伦理研究20世纪50—60年代起源于美国,主要研究与生命相关的伦理问题,它既是对生命科学与人类道德观念的关系的反思,也是对人自身生命价值的审视。生命伦理研究旨在探讨和解决现代生命科学和医疗技术在应用过程中引发的伦理问题,主要包括辅助生殖技术、安乐死、器官移植、人体试验及人类基因研究等医学行为所带来的伦理争论。生命伦理研究为生物科学的发展注入了宝贵的人文精神,也为现代生命科学技术的应用提出了道德准则。

3. 著作意义

《科技伦理案例解析》选择了科技伦理五个领域的一些典型案例进行理论解析,对科技伦理的主要内容进行了概括精讲,对如何利用科技伦理进行了深入阐释,既讲核心要义和重点问题,又兼顾科技伦理的基本框架和整体逻辑,是一部易读易懂的案例专著。

第一,该书有利于推动完善科技伦理治理体系。科技伦理是开展科学研究、技术开发等科技活动需要遵循的价值理念和行为规范,是促进科技事业健康发展的重要保障。加快提升创新能力和科技实力,推动科技向善,必须建立健全科技伦理治理体系,全面增强科技维护和塑造国家安全的能力,以科技安全来支撑和保障政治安全、经济安全、社会安全等各个领域的安全。该书通过具体的案例分析,对科技伦理治理提供了丰富的理论支持。

第二,该书有利于丰富科技伦理研究视角。案例分析法是对有代表性的事物或现象深入地进行周密而仔细的研究以获得总体认识的一种科学分析方法。该书在研究科技伦理的过程中大量使用案例分析,具有代表性、系统性、深刻性、具体性等特点,为科技理论研究注入了以案例分析为切入点的研究视角。

第三,该书有利于提升科技伦理教育效果。科学技术发展带来的伦理问题逐渐成为学术界和社会各界关注的焦点,科技伦理教育的必要性逐渐增强。现有的教材体系中对科技伦理基本内容、发展状况和现实问题的讨论大多不够充分。该书充分适应案例教学的需要,在注重理论知识教育的基础上,更加注重实际问题,将科技伦理教育落实到具体的道德体验和道德行为上。从案例教学入手进行科技伦理教育,对于学生了解科技伦理的原则和规范,形成科技伦理意识和社会责任感,是大有助益的。

(十)《中国科技伦理史纲》

1. 著作信息

《中国科技伦理史纲》一书由大连理工大学教授、博士生导师王前所著,他从宏观角度梳理了中国科技伦理演变的历史线索,揭示了不同时期的科技伦理作用机制,反映了不同观念和派别相互影响的思想脉络。该书于2016年12月由人民出版社出版,是"科技哲学与科技管理丛书"之一。

2. 著作主要内容

《中国科技伦理史纲》以先秦时期"以道驭术"的科技伦理观念为出发点,沿着工程技术伦理、环境伦理、医学伦理和学术伦理四条主线,分别回顾并讨论了中国古代、近代、现代各个不同时期科技伦理的社会背景、现实问题、观念特征、典型事例和实际影响。这四条主线延续发展并于当代呈现为不同方面的伦理问题,基于此,该书作者针对当代科学研究引发的新的伦理问题探索能够促进当代中国科学技术与社会关系协调发展的相应对策。

第一,中国古代的科技伦理。古代的科学技术伦理以工程技术伦理、环境伦理、医学伦理为主,有很少一部分涉及与科学研究活动有关的学术伦理问题。作者将该阶段划分为先秦、秦至宋、宋至清三个时期,先秦时期各种伦理观念和原则初步形成,关注的焦点是如何用伦理道德观念引导和约束技术活动,即"以道驭术",这成为之后中国科技伦理发展的思想根基。秦代至唐代的伦理思想和行为是在自然经济基础上展开的,而宋代至清代商品经济有所发展,西方科技成果也开始传入中国,科技伦理的内容和形态有了相应改变。

第二,中国近代的科技伦理。近代科技伦理在我国以 1840—1919 年为时限,该时段中西科技伦理观念和行为相互冲突又相互融合,整体呈现出转型期的明显特征。在学术伦理方面,由于西方科学传入中国,学术界既要面临传统的与科学研究活动有关的学术伦理问题,也要涉及现代意义上的科技伦理问题。

第三,中国现代的科技伦理。现代科技伦理在我国分为 1919—1949 年、1949—1976 年、1976—2000 年三个时期。1919—1949 年科技伦理主要涉及科学伦理、技术伦理和医学伦理三个方面,但这些方面的伦理问题研究都还没有形成相对独立的领域。1949—1976 年的科技伦理与当时的政治思想教育有密切的关系。在科学伦理方面以"又红又专"为导向,在技术伦理方面以"征服自然"为导向,许多具体的伦理问题都被放置到这样的思想框架中展开,而环境生态方面的伦理问题当时还无暇顾及。1976—2000 年现实生活中的各种科技伦理问题日益凸现,科技伦理研究全面开展,逐渐成为学术界和社会上的理论热点领域。

第四,简要评述中国当代的科技伦理概况。进入 21 世纪,科技伦理问题变得日益明显和社会化,对人们的生活和工作有了越来越大的影响。作者总结了科技伦理学研究的观点,概括了进入 21 世纪后我国科技伦理方面的现实问题以及科技界、社会层面对待现实问题的态度、方式等。

第五,思考"以道驭术"机制的现代重建。通过探讨中国科技伦理现实问题的思想渊源和形成机制,借鉴历史上"以道驭术"的成功经验和做法,吸收国外的科技伦理道德规范和制约模式,促进中国科技伦理体系的建设和科技伦理教育的开展,重建行之有效的当代"以道驭术"机制。

3. 著作意义

《中国科技伦理史纲》对科技伦理史演变过程的分析,以学术界大量历史文献资料和研究成果为基础,在归纳整理过程中形成了兼顾科技与社会、文化冲突与融合、历史与现实的思路,深入梳理了历史线索,展现出历史概貌,具有重大的理论和现实意义。

第一,该书根据不同历史时期的实际情况界定研究范围,系统阐释中国古代、近代、现代的科技伦理史,并对当代的科技伦理状况做了简要评述,为当前学界的科技伦理研究提供了重要的史料支撑。该书从广泛的专业书籍、原始文献中收集史料并进行反复对比,确保了史料的真实性、权威性;尽可能地压缩评论、分析和进一步阐发的内容,保证史纲的客观性;在编排整理中融入逻辑思路,使"史纲"特点更为突出,增强了该书的参考性。

第二,该书多视角、多方位对中国科技伦理史料以及多重互动关系进行了系统性梳理,逻辑思路具有创新性。从科学技术与社会的互动关系角度理解科技伦理问题的形成和演变规律,从中西文化冲突和融合角度理解中国科技伦理问题的特色,从历史与现实相贯通的角度理解中国传统科技伦理观念的现代价值,为理解和思考中国科技伦理问题提供了新的逻辑思路。

第三,该书深入分析了不同时期科技伦理需要面对的现实问题并探讨了问题出现的历史根源,有助于科技发展以史为鉴规避科技伦理问题。该书提出在现代意义上重建"以道驭术"机制,推动解决科技发展带来的伦理方面的现实问题,在深入分析"道""术"关系发展演变基础上,思考当代科技伦理问题对"道""术"和谐关系的破坏,提出应及时建立适应近现代技术和市场经济所需要的"以道驭术"机制,真正实现科学技术与伦理道德的有机结合。

四、问题解析与方法启示

本专题研究立足于科学技术发展的现实需要,基于马克思历史唯物主义的立场、观点和方法理解科技的本质、功能与应用,将理论联系实际,帮助我们掌握马克思历史唯物主义下的科技伦理体系。同时从时代性、全球化、可持续发展等多维视角出发,以马克思恩格斯的科学技术思想为依托,推进和丰富马克思恩格斯科学技术思想、马克思主义伦理观的时代化,为加强新时代科技伦理治理,推动新时代科技伦理治理实践创新发展提供理论支撑与经验借鉴,从而实现理论与实践的有机结合。

马克思认为,科学技术是一种在历史上起推动作用的革命力量,他承认科学技术在社会历史中的重要作用。恩格斯说过:"在马克思看来,科学是一种在历史上起推动作用的、革命的力量。"在这里,马克思延续了科学技术是生产力的思想,在此基础上又提出了科学技术是推动社会进步的革命力量。从历史唯物主义的视角来看,物质生产力和物质生产方式的发展是人类社会发展的本质和根本动力,不同的文明形态归根到底是由不同的物质生产力和物质生产方式所决定的,不论是把握文明的演进历史还是未来发展,都应始终坚持这一客观标准。从物质生产方式的视角去分析和认识新科技革命和新产业革命及其造成的社会变革,是遵照唯物史观认识当代社会发展的根本要求。

本专题研究以马克思恩格斯的科学技术思想为理论基础,深刻分析了历史唯物主义视域科学技术的不断变革与发展,并讨论近代以来的科技实践与伦理应对,掌握当代科学技术发展面临的现实问题,为构建面向现代科学技术的伦理体系,提高科技治理能力,创新科技治理体系提供了重要的方法论启示。

第一,历史唯物主义视域进行的科技伦理治理研究,必须始终坚持理论与实践相结合,即将马克思恩格斯的科学技术思想、马克思主义伦理观与当代科技实践、伦理应对相结合。该系列研究在对西方科技伦理思想做了系统归纳与整理的同时,从历史的角度回顾了近代以来科技革命的发展脉络,并且将马克思恩格斯的科学技术思想与时代特征紧密结合,彰显出马克思主义理论鲜活的生命力与时代性。如,《现代科学技术革命与马克思主义》生动描绘了近现代以来科学技术革命的发展历程,指出马克思主义必须认真总结和吸取20世纪以来的人类文明,包括现代科技革命新成果,回答时代提出的新问题;《科学伦理学导论》指出,对科学和社会都重要的是,科学家要遵循适当的行为标准,了解怎样认识科学中重要的伦理关切,并对它们进行思考,要把科学看作更大的社会情境的一部分,它对人类有重要的影响;《马克思恩格斯科学技术思想及其中国化研究》一书研究和探讨马克思恩格斯科学技术思想及其中国化的有关问题,包括马克思恩格斯关于科学技术的本质、科学技术与哲学的关系、科学技术是生产力、科学技术与社会生产的关系、科学技术的历史作用等方面的思想。可见,认真学习马克思主义,剖析现代科技革命的作用,对现代科技革命提出的一系列富有挑战意义的问题,进行科学的分析和研究,这对于坚持和发展马克思主义、推动社会发展具有十分重要的意义。

第二,始终坚持马克思主义理论指导,遵循社会历史发展规律,牢固树立"以人为本"的理念和价值观,不断调整科技伦理治理的理念和管理体制。该系列研究立足历史唯物主义视角,从社会生产力发展的角度,对近代以来的科学技术革命加以剖析,并始终强调人的社会历史主体地位。如《科技与伦理》一书指出,科学技术作为人类智慧的结晶,对人类社会的进步具有十分重要推动作用。马克思的历史唯物主义主张生产力决定论,而劳动生产力的核心也就是人的体力和智力,即人的体力是有限的,而人的智慧却是无穷的。《科学伦理学导论》称,整个人类文明史,实际上就是一部人类与自然的关系史。科技是人与自然的中介,人类通过科技从自然获取生存和发展资料。随着人类逐步获悉自然的微观、宏观和复杂性奥秘,使得人类利用现代科技按照自己的意志驾驭和控制自然逐渐成为可能,人类不仅可以重新安排、改变、影响山川河流和种种自然事物与自然现象,而且可以干预和重塑生命,甚至人类自身。因此,人类必须树立人与自然和谐的价值观,从伦理上深刻反思自己的科技行为,利用正确的伦理观念和规范来指导和约束自身的科技活动,才能充分发挥科技的积极作用,努力克服科技的负面影响,使科技真正成为人类的福祉,为实现马克思所描绘的"人自由而全面"的发展奠定基础。可见,本专题基于历史唯物主义的视角,将近代以来科学技术的变革与马克思恩格斯科学技术思想相结合,从伦理的角度审视科技的发展,极大丰富了历史唯物主义视域科技伦理治理的相关研究。

专题五　历史唯物主义与国家治理

一、专题说明

国家治理是政治主体运用政权及其他力量对国家进行治理,以获得预期目的的行为与过程。实现国家治理体系和治理能力的现代化,是中国共产党治国理念的重大创新,是对马克思主义国家理论的创新和发展。国家治理现代化是完善社会主义制度的必然要求,也是实现社会主义现代化的题中应有之义,其基本内容是国家治理体系和治理能力的现代化。国家治理体系和治理能力现代化已成为政治学、法学、社会学等学科关注的热点。对于国家治理现代化尤其是国家治理体系现代化的研究,历史唯物主义不能缺场、缺位。把国家治理放在历史唯物主义上层建筑理论中予以观照,可以为我们提升国家治理现代化效能提供理论支撑。

推进国家治理体系和治理能力现代化,是适应社会发展新要求和人民群众新期待的必然选择。习近平同志在省部级主要领导干部学习贯彻十八届三中全会精神全面深化改革专题研讨班上指出:我们讲过很多现代化,包括农业现代化、工业现代化、科技现代化、国防现代化等,国家治理体系和治理能力现代化还是第一次讲。中国现代化不再是单纯的经济富裕和综合国力的提升,同时也体现在制度的民主化、科学化、法治化,在观念上秉持民主、法治、社会公平正义。国家治理体系应当包括治理国家所需要的物质基础、制度保障和观念向导。国家治理的组织结构包括家庭、市民社会和国家。系统把握和理解国家治理以及国家治理体系和治理能力现代化的理论基础、实践困境、破解路径,需要运用历史唯物主义的立场观点和方法。本专题旨在阐释历史唯物主义视域国家治理的理论基础、价值目标、基本要素、组织结构、政策研究,以及现实困境和历史趋势,指明借鉴西方国家治理有效经验、避免其局限性的路径和方法,辨明从物质基础、制度保障和观念导引等方面,坚持以人民为中心,进一步完善国家治理体系,提升国家治理现代化效能的现实路径。

二、教学目标

①从总体上理解和把握,国家治理是中国共产党治国理念的重大创新,也是历史唯物

主义的题中应有之义,是坚持马克思主义、不断开辟马克思主义新境界的理论和实践成果。②了解国家治理以及国家治理体系、国家治理现代化的概念内涵、实践变迁、结构特征与时代使命。③提升运用马克思主义基本立场观点方法分析审视国家治理体系和国家治理现代化的基本内容、价值导向,批判性借鉴西方国家国家治理经验教训的洞察力,增强在守正创新中探索国家治理现代化实践路径、把中国特色社会主义的制度优势转化为国家治理效能的自觉性。具体来说:

(1) 了解和掌握马克思主义国家观。

(2) 了解和掌握国家治理的理论基础和理论创新。

(3) 了解和掌握新中国成立后我国国家治理实践和治理模式的变迁历程。

(4) 把握历史唯物主义视域下国家治理的价值取向、结构特征、社会追求、生态理念等。

(5) 掌握新征程中国家治理现代化的时代使命、现实困境及路径建构。

三、代表性文本

选取让-皮埃尔·戈丹的《何谓治理》,俞可平的《治理与善治》,段忠桥的《从历史唯物主义到政治哲学》,张效敏的《马克思的国家理论》,汉娜·阿伦特的《马克思与西方政治思想传统》,陈炳辉的《西方马克思主义的国家理论》,欧阳康的《国家治理现代化理论与实践研究》,弗朗西斯·福山《国家构建:21世纪的国家治理与世界秩序》,吕德文的《基层中国:国家治理的基石》,B.盖伊·彼得斯的《政府未来的治理模式》,共计十个代表性文本。这些文本依据治理的概念、马克思主义国家观(内含国家治理观)、国家治理的现当代阐释、中西方国家治理理论对比、基层治理、国家治理的未来方向等逻辑线索排序,以期通过回看文本、结合当下,助力我们深入理解历史唯物主义视域国家治理的理论与现实问题。

(一)《何谓治理》

1. 著作信息

《何谓治理》一书为法国政治学教授让-皮埃尔·戈丹所著。2002年,法国巴黎政治学院出版了该著作;其中文版由我国学者钟震宇翻译,社会科学文献出版社2010年1月出版。巴黎政治学院是法国乃至欧洲最知名的人文社科教研机构,一直名列世界最优秀的学术机构之中,特别是在历史研究、国际事务、比较政治学、社会学等领域。从20世纪90年代后期开始,其正式推出"公民丛书",对象是"未来的世界公民",内容更着眼于全球关联性,该书正是其出版的第一辑九部著作之一。

2. 著作主要内容

《何谓治理》一书历史性地梳理了治理理念十几年的发展,基于理论和实践两个角度,运用实证主义、经验主义等多种方法,从"治理"形成的背景、"治理"实践的历史到"治理"理念的广泛传播直至其成为"政治学新的图腾"、成为"对旧式统治风格而言的一种前景光明的现代化"这一发展脉络进行论述。主要内容如下:

第一,该书阐释了治理理念出现的历史必然性,认为治理理念是客观环境变化的产物。两大阵营瓦解后伴随的全球化进程加速以及几次重大经济危机的发生,充分暴露出权力的多极性、复杂性、流动性以及分散性,国家在国际关系、经济调节、与地方政权的关系这三方面已不再是"中心",国家的作用相对微弱了。倡导多方合作的国际组织及非政府组织等21世纪的新星推动了世界新秩序的形成。然而,用什么来确保新秩序呢?让-皮埃尔·戈丹指出"政治需要解释世界,也需要确定性"[①],采用治理理念维持新秩序必须使其成为系统化理论,运用实证方法与实践知识相结合的方法而非仅仅依靠经验主义方法,将"最初的预感"转化为整体概念。

第二,该书从理论研究视角阐述了治理理论在学界的研究状况,解释了治理理论是如何形成并合法化的。社会的复杂性使得学界对治理理论的探讨难以达成一致。首先,在研究方法上,继实证主义、经验主义、信息论、系统论等普遍的政治学研究方法之后,英国学者罗德·罗茨提出的"网络分析法"成为一种新的有效研究治理理论的方法。在他看来,国家是一个汇聚了各个机构的网络集合体,这些网络由政府参与者和社会参与者组成,但是没有处于统治地位的最高权力行为体。在这些条件下,处于合作和竞争并存关系的所有公共政策网络组成了一个指导公共行为的新机制,他认为这种"新型"治理能够不求助于统治特权而运作起来。因此,根据罗德·罗茨的网络分析这个方法论工具,可将治理概括为一种"网络化的公共行为,一种非预先设定的和常历常新的关于合作的关系实践,它与过去的行政等级架构和因循守旧的程序有很大不同"[②]。其次,在研究内容上,政治治理的理念汲取自当代研究的两个方向的灵感:一个是多层次政治制度治理,另一个是公司治理。研究前者的流派主要集中于德国,它们关注更具功能主义的政治体系社会学,而不是承载社会批判的政治体系社会学;研究后者的先驱性代表人物罗纳德·考斯来自美国,其开创的公司治理研究以经济学尤其是企业经济学为思考框架。此时的治理理念虽已形成,尚未广泛传播。

第三,该书从实践视角阐述了治理理念的发展及理论应用于实践之后治理观的传播。在经济领域,世界银行是实践治理观的先驱。20世纪90年代中期,"国际发展援助议题"

---

① [法]让-皮埃尔·戈丹.何谓治理[M].钟震宇,译.北京:社会科学文献出版社,2010:13.
② [法]让-皮埃尔·戈丹.何谓治理[M].钟震宇,译.北京:社会科学文献出版社,2010:26.

使世界银行掌握了治理的主题,真正实现了全球化。为了将"善治"付诸实施,相关国家围绕国际城市管理培训计划,吸收和培养新的精英,从而绕开传统的政治精英,达到"良好的实践"。之后,联合国的一些专门机构及经合组织、泛美开发银行也逐渐接受治理理念的魅力,并将其作为对开发援助政策进行评估和判断的参考依据。至此,治理理念已在全球产生反响。在政治领域,英国是国家政策层面首先推动治理实践的先驱。从撒切尔夫人为代表的保守党时期到"第二左派"新工党时期,始终进行着地方分权改革,保守党时期推出的"地方治理计划"极具代表性。政府的实践支持并诱发了学界的理论探讨,其重点是研究英国工党新协调主义第三条道路的特点与意义,为新工党地方自治和公共服务改革提供理论支撑与指导。治理理念通过实践和理论两方面的推进传播开来。

第四,该书揭示了治理的必要性、意义及前景。首先,就其必要性而言,治理是一个兼具效率与民主政治的双面币,符合现代政治发展潮流,是"现代性的标签"。治理填补了政治的"真空地带",成为政治学"新的图腾"。随着治理理念广泛传播并于实践中加以丰富,其内容又得到了不断完善。治理由国家层面逐渐转向大城市研究中,如何进行有效的城市治理,破除城市隔阂,加强城市协调,增强城市竞争力成为讨论的重点。其次,就治理的意义而言,治理是"新型民主文明",与目前"三位一体"的新公共行为相吻合,治理观使政治不再是经济分支,而将经济和国际贸易延伸,将正义、公平引入经济,弥补了经济的缺陷,建立了一种政治经济新型合作关系。最后,就治理的前景而言,让-皮埃尔·戈丹指出,现代治理要"负起责任,但同时也要倾听民意"①,"治理是一种与新的软权力配合使用的一种新政治鸡尾酒,这包括:日益采用协商方式的国家、偏爱显露公民属性的企业,以及新型地区经济共同体"②。

3. 著作意义

让-皮埃尔·戈丹所著的《何谓治理》对"治理理念"的形成从理论发展、实践演进等方面进行了全面介绍,为我国进一步深化改革提供了理论支撑和实践借鉴。

第一,在理论层面,《何谓治理》指出了治理的三个层次的意义。"其一,治理是对现代谈判现实主义的最直接的呼吁,这种谈判融入市场规则,这是最明确的意义;其二则更多表现在道德层面,现代治理是责任感的呼唤,是为了更好保证效率;其三具有理想主义色彩,认为治理变成了世界新人道主义原则和全球政治秩序原则。"③

第二,在现实层面,《何谓治理》列举了三类具有代表性的体现治理理念的实践模型,为我国进行国家治理提供了实践借鉴。首先,书中提到的世界银行通过国际城市管理培训计

---

① [法]让-皮埃尔·戈丹.何谓治理[M].钟震宇,译.北京:社会科学文献出版社,2010:96.
② [法]让-皮埃尔·戈丹.何谓治理[M].钟震宇,译.北京:社会科学文献出版社,2010:97.
③ 吴济桃.治理:我国改革攻坚期的爆破筒——读《何谓治理》[J].经贸实践,2016(7).

划在相关国家吸收和培训新的精英,促使"非政府组织"成为其新的对话者这一实例可以为我国民间社会团体组织健康发展提供有益借鉴。其次,英国在国家层面的改革中所确立的现代主义的"第三道路",对我国进一步推进中央与地方、政府与企业之间权力的合法划分提供了某种经验。最后,法国的"城市治理"倡导的通过城市间加强合作、实现优势资源互补的理念,对解决我国目前地域性经济差距过大的问题有一定的借鉴作用。同时,书中指出治理如同硬币的两面,一面是效率,另一面是民主政治,治理的民主体现在"更加重视讨论,关注公共政策社区网络和在制定地方项目时提出的建议","减少国权,加大城权"对于人口数量庞大的中国来说更有助于推进民主化进程。

(二)《治理与善治》

1. 著作信息

《治理与善治》是国内出版的第一本有关治理问题的译著,由我国著名学者、政治学家、中国民主治理的主要倡导者之一俞可平主持编译。该书收录了14篇英国、法国、美国、瑞士等国学者关于治理学的代表性论文,系统介绍了治理理论的基本论点,以求为中国国家治理的理论发展与现实应对提供借鉴。该书由社会科学文献出版社于2000年9月公开出版发行。

2. 著作主要内容

《治理与善治》一书汇编的关于治理的文章(论文)是当今国际社会重要的前沿理论研究,也是该书的核心内容,主要探讨了治理与经济发展的关系、治理与现代福利国家之间的关系、治理与市场模式之间的关系、治理与世界银行的作用、治理与地方自主治理的关系、治理与治理能力、治理与国际关系、治理与非政府组织等问题。

第一,该书介绍了治理研究的兴起,治理的内涵、外延、用法,以及治理与统治的区别。鲍勃·杰索普认为政府的财政危机、"政府再造"运动(政府失灵)、经济全球化以及政治民主化等因素导致了治理研究的兴起。对于治理的内涵,格里·斯托克将其定义为"它所要创造的结构或秩序不能由外部强加;它之发挥作用,是要依靠多种进行统治的以及互相发生影响的行为者的互动"[①],强调了治理主体的多元化及其带来的管理过程中政府和社会之间双向互动多元治理主体的相互影响。玛丽-克劳德·斯莫茨用法治、效率、责任和透明这四个关键词来确定有效治理的含义。罗伯特·罗茨详细论述了治理的六种用法:作为最小国家的治理,作为公司治理,作为新公共管理的治理,作为"善治"的治理,作为社会-控制系统的治理,作为自组织网络的治理。弗朗索瓦-格扎维尔·梅里安在对比分析新旧理论

---

① 俞可平.治理与善治[M].北京:社会科学文献出版社,2000:32.

的基础上阐述了统治与治理的区别,即:在统治的观点看来,一个现代国家必定是一个强盛的国家,统治面对的问题关乎权力的行使;而在治理的观点看来,一个现代国家应当是一个适度的国家,治理面对的问题关乎权力的分享。

第二,该书阐述了全球化治理的必要性及其本质。自20世纪90年代以来,世界各国经历了一个比以往任何时代都更快速的变迁,这个变迁被普遍命名为"全球化",其主要含义是不断增长的经济依赖性,同时暗示着不同文化和制度的国家在价值观念上的冲突或者趋同。用丹尼尔·贝尔的话说,"国家对解决小问题则嫌过大,对解决大问题则嫌过小。"① 玛丽-克劳德·斯莫茨分析了治理在全球化背景下的变化:"治理在世界一级一直被主要视为政府间的关系,如今则必须看到它与非政府组织、各种公民运动、跨国公司和世界资本市场有关。凡此种种均与具有广泛影响的全球大众传媒相互作用。"② 治理正是在全球化背景下从众多新思维中脱颖而出和蓬勃发展的,它反映了对国家没有能力独立解决的经济和社会问题的关注以及建立必要的制度以保证秩序和公正的努力。接着,玛丽-克劳德·斯莫茨将全球治理定义为"就是超越国界的关系,就是治理而没有主权。全球治理就是在国际上做政府在国内做的事"③。可见,治理思想与国际关系体系的研究相关联,但它对按照传统观念来理解的国家体制所构成的挑战也是显而易见的。

第三,该书阐释了善治的实质以及实现善治所具备的基本条件。不少学者对何为善治进行了分析,如:皮埃尔·德·塞纳克伦斯将其解释为"放弃了它的章程所规定的政治中立态度,表示关心发展所需的某些政治条件"④;辛西娅·休伊特·德·阿尔坎塔拉认为善治"不仅仅是要减少政府的作用而使之更有效率,而且是要将部分社会权力从政府和公共部门转移到个体和私营部门","不仅是为了实现'良好管理',而且最终将利于促进民主这一更高目标"⑤。综合来看,善治的实质是要求那些"管理不良"的国家改革官僚机构,但善治比"国家改革"或"政治变革"等提法更具技术性而较少政治色彩,为多边组织和金融机构用一种相对而言较为缓和的语言讨论敏感问题提供了方便,且不造成越权干涉主权国家内政的印象。善治只有在民主的社会才有可能,民主是善治的基本条件。善治有赖于公民自愿的合作和对权威的自觉认同,没有公民的积极参与和合作,至多只有善政,而不会有善治。

3. 著作意义

随着中国特色社会主义进入新时代,推进国家治理体系与治理能力现代化的历史时

---

① 俞可平.治理与善治[M].北京:社会科学文献出版社,2000:128.
② 俞可平.治理与善治[M].北京:社会科学文献出版社,2000:270.
③ 俞可平.治理与善治[M].北京:社会科学文献出版社,2000:265.
④ 俞可平.治理与善治[M].北京:社会科学文献出版社,2000:248.
⑤ 俞可平.治理与善治[M].北京:社会科学文献出版社,2000:21.

机和实践要求更加迫切,这需要我们不断拓展理论视域。《治理与善治》一书的最大价值就是将治理的国际思考首次介绍到中国来,为有兴趣研究治理问题的人们提供了有益的参考。书中收录的文章大都涉及治理的关键性问题,并且多处引述国际上重要的治理学著作,对于我国推进中国式现代化国家治理具有很大的启发性意义。

(三)《从历史唯物主义到政治哲学》

1. 著作信息

《从历史唯物主义到政治哲学》是人民出版社于2020年出版的图书,作者是段忠桥。该书由作者的一些已经发表且具有代表性的论文汇集而成。该书梳理探讨了历史唯物主义与马克思主义政治哲学的基本问题,甄别和批判了部分对马克思主义进行错误解读的观点。该书具有极其重要的理论意义与社会现实意义,是历史唯物主义视域下国家治理研究的重要参考文本。

2. 著作主要内容

该书分为上编和下编两个部分,上编为历史唯物主义相关论文合集,下编为政治哲学相关论文合集。

首先,上编的第1~4篇论文通过对马克思恩格斯本人相关论述的考察分析,对历史唯物主义的一些基本范畴和基本理论提出了与当时国内流行的历史唯物主义教科书不同的理解。第5~8篇论文提出马克思主义哲学的标志性成果不是"实践唯物主义",而是"历史唯物主义"的观点;提出恩格斯是历史唯物主义的创立者之一和主要阐发者的观点;指出对历史唯物主义的理解必须依据《〈政治经济学批判〉序言》等马克思和恩格斯的经典论著;提出历史唯物主义不是"哲学"而是"真正的实证科学"这一观点。第9~14编探讨了国内历史唯物主义研究中长期被忽略的公平、正义等问题。

其次,下编的第15~17篇论文涉及科恩倡导的社会主义平等主义,分别从科恩对罗尔斯差别原则的批判、对自由至上主义的批判以及对社会主义的道德辩护这三方面阐述科恩的平等主义。第18~20篇论文涉及国内政治哲学界关注的三个问题:第一个是如何理解分配正义概念,第二个是政治哲学在当代中国的建构问题,第三个是对罗尔斯"正义是社会制度的首要价值"这一论断的理解。第21、22篇论文涉及的是当前我国存在的"贫富差距"是否正义的问题。第23、24篇论文涉及"马克思与正义"的争论,作者认为伍德对马克思恩格斯著作中的正义概念存在不少误解,有必要纠正这些误解。第25~27篇论文与霍布斯的"自然状态"理论有关,阐述了作者对霍布斯"自然状态"理论的理解。第28篇论文是反驳吴晓明教授对当前我国做马克思政治哲学研究的学者的批评,认为唯物史观不包含与规范性政治哲学相关的内容,但其在一些著作中从规范意义上论述的公平、平等、正义问题是具有重要指导意义的。

3. 著作意义

《从历史唯物主义到政治哲学》一书对历史唯物主义与马克思主义政治哲学基本问题的梳理和探讨,能够帮助我们深入理解历史唯物主义和马克思主义政治哲学,有利于我们甄别、抵御和批判错误的思想观念,坚持马克思主义的精神指引,保持正确的发展方向。

第一,在理论层面上,该书的政治哲学编探讨的问题,如政治哲学在当代中国的建构问题、马克思恩格斯的"正义"问题等,有助于我们进一步理解马克思主义政治哲学,并构建当代中国的政治哲学。

第二,在现实层面上,对马克思恩格斯关于公平、平等、正义等问题的论述进行研究,有助于我们认识当前中国在现代化国家治理上面临的一些现实问题,对我国探索现代化道路、推进国家治理能力与治理体系现代化具有重要的指导意义。

(四)《马克思的国家理论》

1. 著作信息

《马克思的国家理论》一书由民国早年的知识分子、五四运动的参加者张效敏撰写。该书是英语世界中第一本系统叙述马克思国家理论的学术著作,1931年在美国出版后,一直被反复引用,直到1970年还在重版。中文版由学者田毅松翻译,上海三联书店于2013年出版。该书是张效敏阐明马克思主义国家理论的重要成果,也是马克思主义理论与国家治理问题结合研究的典范文本。

2. 著作主要内容

马克思在不断深入的社会实践中完成了对理性国家观的批判超越,建立起了历史唯物主义的国家观。该书立足于历史唯物主义的立场、观点和方法,从国家起源和本质、国家属性及职能、国家消亡等层面入手,系统梳理了马克思的国家理论。

第一,该书在对历史唯物主义的解释中,推演出马克思关于革命及阶级斗争的理论。马克思的国家理论赖以确立的哲学基础是历史唯物主义,可以将其解释概括为这样一种简单的表达形式:"生产方式决定社会生产关系——也就是经济关系;社会生产关系进而决定着法律、政治和其他所有的社会关系以及它们所包含的思想和原则。"[①]历史唯物主义包括两个要素——唯物主义和辩证法,当二者相结合时,生产方式就代替了绝对理念而成为历史发展的首要推动力,也正是这种结合构成了马克思所发现的"人类历史运动和发展的基

---

① 张效敏.马克思的国家理论[M].田毅松,译.上海:上海三联书店,2013:23.

本规律"。生产关系就是阶级关系,并且当生产力与阶级关系发生冲突的时候,阶级对立或阶级斗争就导致了革命,这种阶级斗争和革命的观点是历史唯物主义的必然结果。没有对抗就没有进步,这是文明发展直到今天所遵循的规律。因此,对历史的唯物主义解释把自身融合到了革命和阶级斗争的历史观之中。只有社会主义或共产主义,才能通过消灭私有制进而消灭阶级本身来终结这种阶级斗争的历史时代,或更准确地说,这就是"史前"时代。

第二,该书运用历史唯物主义基本原理,梳理了马克思关于国家的阶级统治理论及无产阶级专政理论。首先,张效敏从国家的起源与本质、国家的目的和职能以及国家的命运等方面对马克思关于国家的阶级统治理论进行阐释。历史唯物主义认为,经济基础决定上层建筑。因此,国家的产生也依赖于经济条件,即对私有制的保护导致了国家的出现,国家是阶级斗争不可调和的产物。张效敏认为,马克思眼中的国家是一个阶级组织,是一个阶级对另一个阶级进行压迫的组织。它具有四个典型特征:按地区来管理居民,创立强制性的公共权力,收取税赋和发行公债的权力,凌驾于社会之上的官吏的特权地位,等等。① 国家的目的是保护私有制,具有政治统治和社会管理的双重职能,二者相辅相成,在社会发展过程中共同发挥作用。既然马克思强调通过废除私有制和阶级来解决阶级斗争的问题,那么国家作为一种寄生制度命中注定要消亡。因此,关于国家的阶级统治理论必然包含着废除国家的观点。其次,张效敏系统论述了马克思的无产阶级专政理论。他认为,马克思所说的无产阶级专政等同于无产阶级民主,无产阶级专政是由无产阶级对资产阶级采用暴力手段来获得和维持政权。无产阶级专政具有双重目的——镇压资产阶级和建设社会主义,前者是破坏性的、政治性的,后者是建设性的、经济性的。此外,张效敏还通过将无产阶级专政与资产阶级国家对比分析,概括出无产阶级专政的职能,包括国内职能与国际职能、经济职能和政治职能等。

第三,该书采用历史唯物主义研究方法,阐释了马克思关于国家消亡的理论构想。历史唯物主义的辩证决定论方法强调,社会历史在本质上是一种"自然历史过程",具有一定的客观规律性,同时,这些规律又固有辩证性质。因此,张效敏立足于马克思关于国家本质的一般原理,运用辩证决定论的方法分析了国家消亡的必然性。国家是阶级机构,是一个阶级压迫另一个阶级的组织,社会主义会导致阶级消灭,从而也导致国家消亡,这是历史发展的必然趋势。此外,张效敏坚持历史唯物主义分析方法,试图通过深入剖析旧世界的社会形态来获得对未来社会的科学认识。他认为国家的消亡会在逻辑上导致无国家的共产主义社会这种观念,它意味着没有政府的自由的共产主义社会。② 同时,他设想了共产主义社会应具备的主要特征,即无政府状态、无阶级区别、无分工、物质财富极大丰富、人性的质变。

---

① 张效敏.马克思的国家理论[M].田毅松,译.上海:上海三联书店,2013:46.
② 张效敏.马克思的国家理论[M].田毅松,译.上海:上海三联书店,2013:53.

3. 著作意义

张效敏所著的《马克思的国家理论》作为现实与历史、理论与实践相结合的重要研究性著作,系统论述了马克思关于国家理论的主要观点,在国家治理研究层面,具有重要的理论价值与现实价值。

第一,在理论意义上,该书对马克思国家思想的梳理有助于正确理解马克思的国家治理理论。由于全球化的不断加速和政治形态的对立,西方社会开始对马克思主义国家观甚至是整个马克思主义发起了质疑、歪曲甚至是污蔑,对我国意识形态领域安全造成了巨大危害。面对意识形态领域的严峻形势,该书对马克思国家理论进行深入研究,不仅有助于回击西方世界对马克思国家理论的歪曲污蔑,还能帮助民众正确理解、认同马克思主义国家理论,维护马克思主义在我国意识形态的主导位置。

第二,在实践意义上,该书对马克思国家理论的研究有助于我们坚持党的领导和人民民主专政。马克思国家观中提出的无产阶级专政理论使我们清醒地认识到无产阶级政党执政的重要性。苏联、东欧地区社会主义国家失败的根本原因便在于放弃了无产阶级政党领导权,我党则继承了马克思国家观中的无产阶级专政相关理论,并充分汲取这些社会主义国家的失败教训,在全国范围内逐渐形成了人民民主专政的政治组织和政治制度。党的领导也成为当今新时代中国特色社会主义的本质特性和最大优势。

此外,该书还可为推进我国治理能力和治理体系现代化建设实践提供指导。当前我国的主要矛盾已经有了新的变化,我国国家职能需要适应这一新的变化进而作出相应转变,同时这也是我国快速发展的经济基础对建立在其之上政治制度的要求,要求我们不断挖掘、发展马克思国家理论,构建适应当前我国发展的马克思主义国家理论,实现服务型政府的转变以及社会治理共同体的构建来解决当前我国发展中产生的一系列问题,推进我国治理能力和治理体系现代化建设。

(五)《马克思与西方政治思想传统》

1. 著作信息

《马克思与西方政治思想传统》是一部由德国的汉娜·阿伦特所著、孙传钊所译的书籍,由江苏人民出版社于 2008 年出版发行。在该著作中,阿伦特分析了马克思的三个著名命题——支配他者的人不能获得自由、劳动创造了人本身、暴力是革命的助产婆,指出了马克思的上述三个命题是对西方政治思想传统的超越与颠覆。

2. 著作主要内容

在《马克思与西方政治思想传统》一书中,阿伦特分析了马克思的三个著名命题:支配他者的人不能获得自由;劳动创造了人;暴力是历史的助产婆。

对于第一个命题,阿伦特认为马克思的支配观与西方政治传统中支配理论是对立的,而且与古希腊城邦政治生活也是对立的。在传统哲学中,自由只是部分人的自由,而马克思认为自由是所有人的自由,这是对西方政治哲学传统自柏拉图以来"支配者是政治生活的实质"的彻底颠覆。

对于第二个命题,阿伦特认为马克思颠覆了传统的人是"政治动物"的观念,颠覆了古希腊的人的条件:以参与公共政治生活为标准,把劳动、制作作为人类必须受制的必然性,放在第一重要的位置上。阿伦特认为马克思这个观点是19世纪后半期工人阶级争取政治权利的结果,但却与他的最后终极目标——共产主义理想——相矛盾。

对于第三个命题,阿伦特认为马克思的暴力观是对传统哲学的反叛,马克思通过暴力的行动使我们从哲学和真理的传统中挣脱出来走向现实政治生活。同时阿伦特批评马克思的暴力观对传统政治的反抗并不彻底,暴力观依旧是一种制造政体的思维方式,它仍然是对柏拉图政治传统的延续,是一种政治制度的"制作"模式。阿伦特认为暴力只能带来权力的衰退,将最终导致自由的失落,因而应该寄希望于人的积极的言说与行动,以及权力的运用来实现政治目标。

3. 著作意义

阿伦特的《马克思与西方政治思想传统》一书聚焦于马克思与西方政治思想传统的关系,让我们能够清楚地看到马克思的政治哲学与西方政治思想传统的不同,为我们理解和思考马克思的政治哲学提供了一个新的视角。正确认识和剖析阿伦特在该书中对马克思政治哲学思想批评的根源和实质,还原马克思主义政治理论的真实面目,不仅是为真实马克思主义辩护的需要,也是建构中国特色社会主义国家理论的重要前提。

第一,阿伦特在该书中对马克思与西方政治思想传统的比较分析,在丰富马克思主义政治思想的同时,为我们理解马克思主义国家治理思想提供了全新的视角与丰富的思想资源。但是,阿伦特对马克思的政治哲学思想存在误读现象,阿伦特的政治思想与马克思的政治思想是存在着分歧的,而这部著作能够让我们深入地去思考阿伦特和马克思政治思想的联系与分歧。

第二,《马克思与西方政治思想传统》一书有利于丰富历史唯物主义研究史料。对该书中所阐释的马克思与西方政治思想进行对比分析,需要对他们所在的现实世界以及时代特点有充分的把握。具体而言,他们基于自身所处时代现实而展开的研究与思考,将会在较大程度上为历史唯物主义研究提供有力的参考和深刻、丰富的理解方向。

第三,《马克思与西方政治思想传统》一书中对马克思革命观的探析有利于启发我们思考新时代国家治理主题。中国共产党领导下的社会主义革命作为一个重要的历史关节点,不仅重塑了我们对革命和世界的认识,更深刻地影响了我国思想理论与社会现实的运动发展轨迹。因此不可否认的是,我国社会现实实际上与革命思想、革命精神存在着内在联系。理解我国的历史与现状,不能把革命狭义地理解为一场通过暴力夺取政权的运动,而需要对革命本身有全面、深刻的理解与认识。因此,该书有助于我们在思想史中回到革命概念本身,全面深入探究马克思革命理论与革命思想的起点,寻找在新时期理解现代革命、现代政治以及国家治理的新路径。

(六)《西方马克思主义的国家理论》

1. 著作信息

陈炳辉教授长期从事政治学理论的研究,深耕国家学说,曾任厦门大学公共事务学院副院长、中国政治学会理事、福建省科学社会主义学会副会长。他撰写的《西方马克思主义的国家理论》,率先在国内对西方马克思主义的国家理论进行系统研究,弥补了国内这一研究领域的不足。该书是陈炳辉教授长期致力于国家学说,尤其是西方马克思主义的国家理论研究的重头之作,中央编译出版社于2004年4月首次出版。

2. 著作主要内容

在篇章结构上,《西方马克思主义的国家理论》一书合理地体现了"寓评于介"的基本原则。在十二章的正文当中,陈炳辉极力刻画了12位西方马克思主义者(包括意大利的葛兰西、德拉-沃尔佩,法国的阿尔都塞、普朗查斯、福柯、列菲弗尔,德国的马尔库塞、哈贝马斯、奥菲以及英国的密利本德、墨菲、吉登斯等)的国家观念,而在"前言"和"结论"中,则对西方马克思主义的国家理论进行了系统梳理和全景描述,在突出思想家个案分析的基础上涵盖了理论的整体概括。

第一,从历史与逻辑结合的角度分析了西方马克思主义国家观的现实基础。20世纪以来,西方国家的资本主义发生了重大的变化。它不但体现在从自由资本主义到垄断资本主义的宏大主旨,还表达了由于信息通信技术、生命科学技术等高新技术带来的经济发展与政治关系的调整。应该说,正是资本主义世界的风云变幻为西方马克思主义的国家观提供了思想来源。陈炳辉在书中不仅仅对西方马克思主义的代表人物的基本国家观进行了描述,而且还从宏观的视野出发,指出了现代资本主义国家的演变,即国家经济职能的增强、福利国家的盛行、行政权力的扩张、政府机构的膨胀以及制度的变化等特征。在此基础上,陈炳辉重点介绍了自由主义、保守主义等几种国家观,并在对比分析的基础上指出了西方马克思主义国家理论的特点。

第二,从批判与重建的角度全面介绍西方马克思主义的基本理论脉络。与西方的自由主义、保守主义和民主社会主义的思潮一样,西方马克思主义包含了丰富的国家理论,并与它们一起构成了西方最具影响的国家理论。然而,与它们相比较,西方马克思主义的国家理论更具批判性。陈炳辉认为,尽管西方马克思主义的国家观各异其趣,存在着很大的差别,但是,对现代资本主义国家的强烈批判,是西方马克思主义的国家理论的最突出特征[①]。在批判理论方面,陈炳辉从政治、经济、文化等诸多方面,追本溯源地介绍了西方马克思主义对现代资本主义国家的阶级性质、经济职能、文化控制、自由和民主、矛盾和危机等诸多方面的理论。

陈炳辉认为,尽管西方马克思主义的批判性较强,但是,这并不是西方马克思主义国家理论的全部。"对社会主义及其战略的思考和探索,是西方马克思主义对现代资本主义国家的分析和批判的必然选择,是西方马克思主义国家理论的重要组成部分"[②]。正是从这一认识出发,陈炳辉对西方马克思主义关于新社会主义的构想进行了系统的介绍,并将其归类为自治社会主义、自由社会主义和生态社会主义三种主要的模式。另外,陈炳辉还对西方马克思主义关于社会主义变革的主体、战略等进行了描述。在充分肯定其合理性与积极性的基础上,亦剖析了其中的错误。

3. 著作意义

《西方马克思主义的国家理论》一书对西方马克思主义关于国家的理论进行了初步梳理,总结了其基本特征和所讨论的主要问题,具有重大意义。

第一,该书有利于我们全面把握西方马克思主义国家理论的批判性特征、认识和理解资本主义国家的发展规律和趋势。西方马克思主义对现代资本主义国家阶级性质、国家职能、权力结构、政治制度等进行全面的分析、批判。如,葛兰西最早从领导权的角度进行的批判,马尔库塞对以美国为代表的发达资本主义国家的分析,等等。这有利于我们更系统和深入地对现代资本主义国家的新变化新特征作出合理评判,从而使我们面向世界、开阔视野,准确地把握了解各国政治、经济和科技等诸方面的变化,进行对外交往和社会主义建设,具有积极的意义。

第二,该书有利于我们深刻认识"历史唯物主义"并在此基础上多维度理解马克思主义国家理论。研究西方马克思主义国家理论,为的是更好坚持和发展马克思主义。西方马克思主义者基于"历史唯物主义"对国家治理问题的分析,打破了马克思主义国家理论一度被教条化的局面,积极回应了人类社会发展所面临的问题,形成了若干新观点。他们对国家问题的研究说明,历史唯物主义与马克思主义国家理论具有旺盛的生命力。尽管20世纪以来的时代条件转换和一些重大历史事件给马克思主义国家理论带来冲击,但它依然能够在挑战中取得新发展。进入21世纪以来,面对全球化对民族国家的影响以及资本主义的新形态,我们应立足马克思主义国家理论进行深入思考,阐释其当代影响和现实解释力。

---

① 陈炳辉.西方马克思主义的国家理论[M].北京:中央编译出版社,2004:316.
② 陈炳辉.西方马克思主义的国家理论[M].北京:中央编译出版社,2004:329.

第三,该书有利于我们立足国情对国家治理问题进行反思。西方马克思主义者批判与回应了资本主义国家的现代性问题。他们对国家社会管理职能的重视、对国家与民主关系的反思、对资本主义国家危机的剖析,虽丰富了马克思主义国家理论,但并没有从根本上解决问题。新时代,我们应以此为切入点来审视我国的国家治理问题,推进国家治理能力和治理体系现代化。

(七)《国家构建:21世纪的国家治理与世界秩序》

1. 著作信息

弗朗西斯·福山是日裔美籍政治学者,曾因预言以"民主自由"和全球资本主义作为"历史的终结"而闻名于世。但现实中,许多后发的所谓"民主转型"国家却遭遇着一系列民主困境,西方发达国家的西式民主制正在走向衰退。福山正是在美国结束对伊拉克的战争并忙于战后重建之际,推出了《国家构建——21世纪的国家治理与世界秩序》一书。国家构建,即"在强化现有的国家制度的同时新建一批国家政府制度"①,这不仅是传统政治学的基本内容之一,也是当今国际社会、国家治理最重要的命题之一。研究福山的国家构建思想,对比历史唯物主义的观点,有着借鉴与反观的重要意义。2007年1月,中国社会科学出版社首次出版该书的中文版,译者是学者黄胜强和许铭原。

2. 著作主要内容

该书围绕国家构建这一命题,在国家治理和世界秩序两个层面上进行了讨论。该书的主要观点:国家构建是重要的命题之一,因为软弱无能国家或"失败国家"已经成为当今世界许多严重问题的根源;应当精简国家功能的范围,但是应同时加强国家功能范围内的能力;如何把"强有力的制度"移植到发展中国家;国际社会在对他国进行"干预"时应当重视事后国家构建的艺术。简而言之,建设小而强的国家不仅是民族国家自身的目标,也是国际社会援助或"干预"的目标。从国家概念的辨析,到组织理论的介绍,再到政治现实的反思,福山完成了关于国家构建的完整论述。具体而言,该书按照以下框架展开:

首先,该书的第一部分构建了一个分析框架,用于理解"国家概念"的多种维度,即政府职能、治理能力以及合法性基础。在此基础上解释为何在绝大多数发展中国家,国家不是太强而是太弱了,并揭示了制度和国家能力对于经济发展的重要性。接着,福山从制度的供给与需求两方面入手对制度或国家构建展开研究。从制度供给角度,福山认为组织的设计和管理、制度设计、合法性基础、社会与文化因素等要素是国家能力所依赖的制度因素。

---

① 弗朗西斯·福山.国家构建:21世纪的国家治理与世界秩序[M].黄胜强,许铭原,译.北京:中国社会科学出版社,2007:1.

并指出这四个层面上的知识的可传授性和可移植性呈由高到低的趋势,即在一个国家建立有能力的国家政权,在组织设计和管理方面取得成功的可能性较大,而社会和文化因素方面取得成功的可能性最小。从制度需求角度,福山指出贫困国家制度发展的最大障碍就是"制度或制度改革的国内需求不足"[①],因此对制度的需求必须从外部产生,然而,外部压力所产生的制度需求的技术和前景令人沮丧。

其次,该书的第二部分研究了国家弱化的原因,特别是为什么尽管近年来经济学一直在"努力",但仍然没有形成公共管理学,从而限制了其他国家帮助弱国家增强国家能力。福山认为大量"弱国家"的存在根源于"公共行政黑洞",进而指出公共部门的机构未形成最佳正式制度和最佳组织形式主要归咎于以下三个因素:确定组织目标时的有限理性;代理人行为监控方式的多样性;自由裁量权授权程度的不确定性。接着,福山探讨了在这种组织模糊条件下的能力建设问题。他认为"最佳做法"这种心态容易造成功能失常,而"来自熟谙地方条件的人员的设计和参与是至关重要的"[②],所以在研究制定行政和制度解决方案的过程中,应让负责本国制度实施的当地官员自己动手研究制定,从而增加社会可行性。或者说,外来力量作用的发挥必须着眼于对受援国家制度需求的激发,必须着眼于对受援国家制度自我供给能力的培养。

最后,该书的第三部分从国际的视角来讨论国家弱化问题,即国家弱化如何导致国际局势动荡,如何损害国际体系中的国家主权原则,以及国际层面上的民主合法性问题如何成为美国、欧洲和其他发达国家之间争论的焦点。"失败国家"的问题不仅仅是其国内"人道主义"或"人权"问题,也成为国际安全的主要威胁。从这种意义上说,美国政府在"维护安全"和国际发展机构在促进发展上面临同一问题:如何从外部促进治理不善的国家进行构建。最后,福山讨论了美国和欧洲对国际合法性不同认识的多重原因,并且论述了欧洲立场可能带来的"自由民主"价值被精英滥用问题和执法问题。

3. 著作意义

福山的国家构建理论中的某些内容虽然不必然符合发展中国家政治发展的实际需要,理论上也缺乏对国家自主性及国家与社会分野问题的探讨,与马克思主义国家观相比,其理论也缺乏系统性与严密性,但研究福山的国家构建理论仍具有重大意义。

第一,该书有利于我们吸收国外优秀的理论研究成果,强化我国国家治理能力及扩大治理体系研究的领域。同时,福山诉诸国家构建而谋求国家治理和世界秩序的这种极具挑战性的研究方法,为构建中的发展中国家提供了借鉴和新的视野。

---

① 弗朗西斯·福山.国家构建:21世纪的国家治理与世界秩序[M].黄胜强,许铭原,译.北京:中国社会科学出版社,2007:35.

② 弗朗西斯·福山.国家构建:21世纪的国家治理与世界秩序[M].黄胜强,许铭原,译.北京:中国社会科学出版社,2007:82.

第二,借助该书,对比历史唯物主义观点,有着借鉴与反观的意义。该书可以说是福山对于《历史的终结》的思考延续,给出了在福山心目中达到人类社会理想状态的基本途径。这有助于我们从历史唯物主义角度回应福山对马克思恩格斯历史规律性论断的挑战,进而正确认识马克思恩格斯历史唯物主义观点。

第三,该书有利于丰富和发展马克思主义国家观。福山的国家构建理论顺应了马克思主义国家观在当下需要完善和创新的时代要求,他针对发展中国家的国家弱化问题提出了一系列国家制度创建的观点,有助于我们更加深刻地把握和坚定地继承马克思主义的国家理论。

第四,该书有助于我们更清晰地认识不同国家政治制度和发展的经验教训,提升国家治理能力。福山对全球资本主义国家以及非西方和平崛起的新兴国家进行了深入的反思与探究。西方"民主自由"的意识形态在世界范围内无孔不入,其宣扬的所谓"民主国家"也有层出不穷的弊病。因此,如何在实践中揭露西方"民主自由"的虚伪性并克服其弊病、如何弘扬非西方国家的成功经验,是我们在国家治理过程中值得思考的问题。

(八)《国家治理现代化理论与实践研究》

1. 著作信息

该书作者系华中科技大学国家治理研究院院长、哲学博士、华中科技大学党委原副书记、华中科技大学哲学研究所所长、"华中学者领军岗"教授、博士生导师欧阳康教授。该书系作者主持的教育部哲学社会科学研究重大课题攻关项目"推进国家治理体系和治理能力现代化若干重大理论问题研究"、国家社科基金重大项目"十八大以来党中央治国理政新理念新思想新战略的哲学基础"的阶段性成果之一。该书从国家治理的价值范畴、演进逻辑、比较优势等理论层面,以及基层治理、政治治理、全球治理、绿色发展和生态治理等实践层面,阐述了我国国家治理的理论创新和实践创新,对于理解和把握历史唯物主义视域下我国国家治理的全貌图景和智慧贡献具有重要指导意义。

2. 著作主要内容

该书立足更好地发挥传统治理优势,创造新型治理优势,为中国国家治理注入新的内容和活力,提升新时期新形势下的治国理政能力,从国家治理的价值范畴、演进逻辑、比较优势等理论层面,以及基层治理、政治治理、全球治理、绿色发展和生态治理等实践难题入手,发力国家治理的理论创新和实践创新,为人类更加理想的社会制度探索的全球治理提供中国方案和中国智慧。

第一,国家治理的理论和价值。介绍国家治理概念的来源,提炼国家治理的思想资源,讨论国家治理的价值目标和国家治理的评价问题,阐释国家之体系和治理能力的基本要素,明晰国家治理的组织结构、范围、有效性、主要手段和中国特色。国家治理的思想来源包括马克思主义经典著作关于国家治理理论的论述、中国传统文化中有关治理的思想和世界各国尤其是西方发达国家的国家治理经验和教训。社会主义核心价值观是国家治理体系和国家治理能力现代化所追求的最根本目标。国家治理体系应当包括治理国家所需要的物质基础、制度保障和观念导向。国家治理的组织结构包括家庭、市民社会(市场、社会组织、公共领域)和国家(执政党、国家机关、团体和党派等)。国家治理的范围涉及国家与社会、政府与市场的关系。国家治理的有效性是合法性的前提。国家治理的手段除了行政和法律外,还包括民主协商制、公民自治组织、国家指标体系、数据管理和身份认证等。中国的国家治理的特色在于价值目标要体现社会主义核心价值观。

第二,国家治理的体系和政策。我国的国家治理,在新中国成立以后已经完成了由政府全能模式向政府主导模式的转变。现代国家治理体系建构的内在要求是处理好政府与市场的关系,在客观上经过科学论证而具有合理性,在主观上得到普遍认同具有合法性。国家治理体系的效能问题是国家治理主体在能力上是否具有完成国家治理目标的手段及其绩效问题,它不但要有能力承担所应承担的治理责任,而且要向市场、社会组织和其他自治组织开放更多权力空间。推进中国国家治理体系现代化和国家治理现代化的原则是以人为本、统筹协调、依法治国、程序正义、民主协商、效率效益、公平合理、客观科学、价值引导等。

第三,国家治理的评估指标体系。根据"善治"制定国家治理评估指标,善治既包含价值的善,也包含工具的善。世界上主要国家治理评估指标体系的优点在于量化具体、适应面广、发布机构权威,缺点在于以错误而且反动的西方"普世价值"为导向、评估重点各有不同、忽视了各国差异。设计具有中国特色的国家治理评估体系应遵循的原则是:体现中国价值观,搭建与国家评估评价体系对话交流的平台,体现不同时期、不同阶段、不同地区的治理差异,能够指导未来中国国家治理发展的方向,量化指标具有可操作性。

第四,国家治理体系的信息采集与数据处理。在国家治理评估指标体系的基础上,需要对每个度量指标和观测变量进行严格的内涵界定和范围设定,并通过建立统一的数据质量度量标准和定义数据质量目标,对采集的数据进行有效监督和及时清理。建立基于国家治理评估主题分析的数据仓库,让连续检测、分析、计划、决策成为可能,使数据的潜在价值得以最大限度发挥。运用联机分析处理技术对国家治理能力进行现状评估和排名,实时监控。

第五,国家治理的政府决策支持系统。通过数据挖掘技术调整已有政策、"设计"新的政策和措施,在此基础上提高决策效率与效益,探求国家治理能力提升的未来发展之道。通过社会经济系统的建模与仿真来建设高级的政策决策辅助支持系统,通过政策预演的模拟化来实现政策制定信息化、政策评价定量化、政策实施数据化,最终实现行政决策的科学性、合理性,达到支持与强化决策过程的目的。

3. 著作意义

研究国家治理,最大的难点或许在于如何做到三种视界的融合——治理者视界、被治理者视界、研究者视界的融合,打破三者之间的隔离,把治理变成自理,就是"善治"。从这一难点出发,《国家治理现代化理论与实践研究》为厘清国家治理结构中的复杂关系,正确评估当前中国国家治理水平,提升大数据时代国家治理能力提供了路径指引和操作性评估体系。

第一,强化使命意识,确立国家治理现代化的战略定位。全面总结中国共产党治国理政的历史经验,将中国国家治理体系和治理能力的现代化与中华民族伟大复兴的战略目标内在地结合起来,把全面建设社会主义现代化国家与人民更加幸福安康的生活结合起来。

第二,强化历史意识,深入总结中国国家治理的历史智慧。中华民族五千多年的发展历史,留下了历代先哲贤人"修身齐家治国平天下"的丰富历史经验和思想智慧。深入研究古往今来中国国家治理从理念、制度、政策到行为等的发展历程,可以更好地总结历史经验,反省重大失误,探究深层原因,明晰历史教训,掌握客观规律,确立决策参照,提升智慧。

第三,强化创新意识,更好地发挥中国政治制度治理优势。提升国家治理能力首要的必须研究如何更好地发挥中国政治制度和政治治理优势。新中国成立以来,我们形成了马克思主义指导、中国共产党领导、社会主义道路、人民民主专政四位一体的国家治理体系,这是我国政治制度的最大优势,必须在新时期得到自觉和有效的坚持。把传统优势和创新优势结合起来,提升治理效能,以利于实现自我超越和超越西方。

(九)《基层中国:国家治理的基石》

1. 著作信息

《基层中国:国家治理的基石》是学者吕德文的政治类著作,东方出版社于2021年1月首次出版。2022年4月22日,该书入选新华出版社主办的"新华荐书2021年度十大好书"。基层治理是国家治理的基石。近些年来,基层中国社会正在经历百年未有之大变局。这一变局,既是顶层设计推动的结果,更是基层社会内在动力的变迁结果。在这个意义上,该著作聚焦于基层治理,对一些基层治理的热点难点问题进行观察与解释,为国家治理研究提供了一个独特的视角。

2. 著作主要内容

该书共分为七个章节,分别为"三农"压舱石、美好生活、脱贫攻坚、基层秩序、基层减负、干部担当、治理现代化。既涉及乡村振兴、城乡融合发展、治理现代化等宏观问题,又关注乡村经济、社会、文化、政治生活变迁等微观现象。该书呈现了一个相对全面的基层中国社会的面貌,呈现了基层问题的复杂性,并尝试作出基于经验立场的解释。

第一,该书对实际乡村中的处境和复杂性进行了深刻透视。进入21世纪以来,中国农村经历了巨大转型。这主要表现在三个方面:一是村庄社会结构发生了极大改变,大量人口流入城市,一些村庄呈现出空心化状态;二是家庭生计模式发生了根本转变,"半工半耕"成为一般农户的基本生计模式,人们之间的生产合作和社会交往的需求逐渐降低;三是农村经历了价值之变,一些习以为常的伦理价值慢慢失去了约束性,社会原子化及个人权利意识的觉醒已是社会常态。

第二,该书探讨了推进基层治理的实践路径。在书中,作者多次强调"三农"问题的重要性,同时指出,"保持土地承包关系稳定并长久不变,是乡村振兴的制度保障"[1],各地需要准确把握"长久不变"的政策内涵,稳妥推进实施,才能更好强化农户土地承包权益保护。关于城乡融合发展问题,该书作者指出,乡村振兴道路的"中国特色",就是保护城乡关系中社会主义制度的优越性,即既保证农民的进城权,也保持农民的返乡权。关于城乡教育均等化,作者认为农村儿童的电子产品使用时间明显高于城市儿童,因此要帮助地方农村学校优化教育资源配置,要注重家长陪伴,营造良好氛围。此外,作者还分析了教师转岗的必要性。关于基层秩序,作者阐释了对当前人民矛盾问题的新认识,揭露了"村霸"等黑恶势力的社会土壤及其新动向,指出了预防未成年犯罪和打击邪教的必要性。关于基层减负问题,作者深刻剖析了基层"打乱仗"的现象,指出要警惕基层折腾式治理,切忌用官僚主义来反对形式主义,要通过治理现代化给基层减负。关于干部担当问题,作者对"累的累死,闲的闲死"这一现象进行了分析,揭露了县乡干部提拔的"隐形规则",并就如何重塑治理生态、建好干部队伍这一问题提出一系列见解。

第三,该书在梳理中华人民共和国成立70年来乡村治理的自治传统及其实践经验的基础上,探讨了乡村治理新体系的建设路径。具体而言,新中国70年的乡村治理实践,经历了人民公社、乡政村治和"三治"结合这三种模式。这三种模式都内在地包含了自治实践,在自治的主体、内容和方式上,既相互区别,又相互联系。[2] 接着,作者将乡村自治实践取得的突出表现归结为以下几个方面:选举规范化、村干部管理规范化、村级事务标准化以及村务监督规范化。

3. 著作意义

基层治理是国家治理体系的重要组成部分,也可以说是我国治理体系中最复杂、最困难的一环,在《基层中国:国家治理的基石》一书中,作者在对中国大量乡村进行深入调查研究的基础上,将丰富的乡村治理实践案例和理论知识相结合,对大国如何基层治理进行了

---

[1] 吕德文.基层中国:国家治理的基石[M].北京:东方出版社,2021:22.
[2] 吕德文.基层中国:国家治理的基石[M].北京:东方出版社,2021:276.

一系列探讨,具有重要的理论意义与现实意义。

第一,理论意义。首先,该书立足于乡村振兴战略的理论背景,在呈现基层问题复杂性的基础上,提出了优化基层治理的举措,丰富了基层治理理论的相关内容。其次,基层治理关系到民生大计,是国家治理目标顺利达成的基础。从这个意义上来看,该书在一定程度上拓展了国家治理理论的研究内容,完善了国家治理体系及其相关理论,为现代化治理目标的达成提供了重要的理论根基。

第二,现实意义。该书立足于基层发展的具体情况,对大量基层治理问题进行了研究,有助于从整体上把握基层治理问题,从而破解基层治理上的困难,提升基层整体治理水平,助推乡村振兴与共同富裕。

(十)《政府未来的治理模式》

1. 著作信息

《政府未来的治理模式》一书是美国著名政治学家、行政学家 B. 盖伊·彼得斯博士关于行政改革的一部理论力作,1996 年由堪萨斯大学出版社出版;中文版由学者吴爱民和夏宏图翻译,中国人民大学出版社于 2013 年出版。该书第一次系统评价了席卷全球的行政改革运动,被誉为对眼花缭乱的全球治理变革进行综合分析的杰出著作,对于政府治理的研究而言是一部不可多得的佳作。

2. 著作主要内容

《政府未来的治理模式》一书在对传统治理和全球行政改革进行研究的基础上,提出了政府治理的四种模式,并对每种模式进行了深刻的比较分析。作者总结发现,传统的政府治理有六个主要特征:政治中立的公务员制度,层级制和规则,永久性和稳定性,制度化的公务员制度,内部管制,平等。针对传统的政府治理模式,为了提高政府的效益、效率和效能,无论是发达国家,还是欠发达国家,都进行了不同形式和不同程度的改革,彼得斯博士对这些改革进行综合归纳后,将其分为市场式政府、参与式国家、弹性化政府和解制型政府四种改革模式,而且认为这四种模式是改善当代国家治理的主要方法。

这四种政府治理模式各有不同的理论基础,适用于不同的政府体制。对每一种政府治理模式,彼得斯从问题、结构、管理、政策制定和公共利益五个方面进行了深入分析。主要内容如下。

第一,市场式政府。市场式政府治理模式指的是政府和市场进行各自分权,市场和政府均参与管理的一种政府治理方式。对于结构变革,市场式政府治理模式的拥护者认为,以往公共部门的结构缺陷主要在于其背后依靠的是庞大且垄断的组织。该模式主张应该构建以市场为导向的机构体系。对于管理变革,市场式政府治理模式强调的管理更趋向于类似私人部门的方法。对于政策制定,市场式政府治理模式提出的措施有两个:其一,将官僚体系的职能分解给多个企业型机构,这些机构自主独立地制定相关政策。其二,期望这些半自主型的机构按照上级部门的规定行事,重视上级下达的任务和自身的责任感。对于公共利益,对于如何处理好政府和民众之间的关系,市场式政府治理模式认为,民众就像是消费者,政府可以适当增加民众的选择权,根据民众的反应来发现自身的问题,依据提供服务成本的高低来测评政府绩效。

第二,参与式国家。参与式国家治理模式主要是通过构建一个政治色彩强烈、更加民主、更加集中的体制来改进政府的综合管理。对于结构变革,参与式国家治理模式的组织结构是扁平型的,其主张减少高层和基层之间的级数,从而让更多的基层员工和顾客参与公共活动中。对于管理变革,参与式国家治理模式最主要的特征就是号召低层级的员工加入到管理决策的行列当中,强调民众所发挥的作用,而且希望通过投票之外的办法来鼓励民众参与。对于政策制定,参与式国家治理模式倾向于分权化的决定,认为处于低层级的员工反而比居于高层级的员工对政策决定有着更强的影响力。对于公共利益,参与式国家治理模式主张可以利用激励公众的方式引导其最大范围地加入制定政策和执行任务的行列,这样才能最大限度地实现公共利益。在该治理模式下,用基层公民参与公共服务决策及公共供给活动来补充或替代政府单一决策和服务的方法,正成为实现公共利益的一种体系。

第三,弹性化政府。弹性化政府治理模式提出,政府在治理过程中,应该根据国际形势和市场环境的变化,适时地调整或制定相应的政策。该模式有两种理念:一是在政府内部建立有选择性的结构体制,改革一些自认为其拥有长久权力的部门或者机构;二是聘请临时员工,应对政府的紧急任务和繁重的工作量。对于结构变革,认为应该不断剔除现有的组织,而应构建更多暂时性的或者虚拟性的组织来规避由于组织结构长期固定不变所引起的低效率等问题。对于管理变革,该治理模式并不需要员工做长期的承诺来确保其工作效率。开支的大小是衡量管理好坏的标准,而不是其所提供的服务。对于政策制定,该治理模式认为,应该以实验的方式创新政策,并且在政府预算的过程中保证预算弹性,从而扩大管理者的视野范围,降低中央组织机构和群众对活动的控制权。对于公共利益,弹性化政府治理模式认为,制定政策的外部影响因素众多且在不断变化,因此公共利益应该由具有弹性的、单独提供服务的组织来确保。该模式主张,通过聘用较多的临时员工和降低组织结构的固定性来节省费用支出,从而维护公共利益。

第四,解制型政府。解制型政府治理模式认为,公共组织的功能失调主要是由公共组织或者机构的内部管理所造成的。该模式认为,各种公共行政规定的限制使得政府机构在诸多领域采取行动时,效率较低、弹性较小,若能够解除部分约束和规定,则政府部门在处理具体业务时能够运营得更有效率,创新工作方式的概率也会大大提高。对于结构变革,解制型政府治理模式和其他三种模式所不同的是,它认为,阶梯式的制度有利于消除内部认识控制的诸多其他机制,并且行动、步调的统一可以在很大程度上发挥管理人员的创造性。对于管理变革,解制型政府治理模式支持传统控制式的管理方式,其主张的措施有两个:一是公共组织内部的管理人员应该肩负起实现目标的责任;二是处于组织中各个层级的员工都要积极参与组织决策和活动中,而不是仅有高级管理人员参与。对于政策制定,解制型政府治理模式注重的是决策的制定和执行法律的程序,主张应该给官僚组织更强大的决策权力,尤其是在组织的预算管理上;主张管理者应该独自作出决定,同时提出应该构建有助于管理者制定长期决策的多年预算以及资本预算。对于公共利益,解制型政府治理模式认为,一个活跃性较强、更加积极且具有干预性的公共组织部门会使公共利益得到更好的实现。

3. 著作意义

第一,在理论意义上,该书有助于我们全方位了解彼得斯的政府治理模式。彼得斯在书中第一次系统地评价了席卷全球的行政改革运动,有利于为历史唯物主义视域下的国家治理研究提供西方政府的改革实践的积极启示,对于我们展望政府未来的治理模式具有重要的指导意义。

第二,在实践意义上,彼得斯在该书中对政府治理思想四种主要模式的详细阐述不仅对于我国当前的政府体制改革具有重要指导价值和意义,有利于深化我们对政府治理模式相关理论的理解,有利于深化我们对中国政府治理模式转型的认识,有利于提高我们对政府治理转型的紧迫性和必要性的认识,而且有利于帮助我们清醒而准确地把握我国政府治理模式转型的方向和节奏,从而提高政府整体运作效率和治理水平。

四、问题解析与方法启示

本专题研究将国家治理作为研究对象,以马克思主义国家观为理论依托,结合西方资本主义国家治理理论、全球治理理论以及基层治理理论等内容,基于历史唯物主义的立场观点和方法论明晰国家治理的理论基础、价值目标、基本要素、组织结构及政策研究,立足于时代性与现实性需要,通过中西方治理理论的对比,反思国家治理的现实处境和发展路径,具有进一步丰富和发展马克思主义国家治理现代化的理论意义以及推进国家治理现代化治理实践的现实意义。把握马克思主义唯物史观的当代性,是使马克思主义理论永葆生机,使其更有效地指导社会实践的重要保证。本专题研究的特色在于突出历史唯物主义视域的当代性,结合社会发展的时代特点,对马克思主义国家观的经典理论进行创造性解读,并在此基础上进行国家治理理论的当代建构。概言之,历史唯物主义视域下的国家治理将国家作为一个有机体去考量,以人本主义为立场,强调国家治理的系统性、规范性和协调性,关注社会多元主体在国家治理中的作用。立足于特定国家所具有的文化特质与社会发展的基本实际,通过对"国家文本"的创造性、应然性解读,通过政治主体运用顶层设计实现对社会多元要素的系统性整合,以满足国家有机体良性发展的需求以及人对社会发展的适应性需求,通过推动国家治理体系与治理能力的现代化来实现社会发展有序性与人类福祉丰富性的有机统一。

本专题运用马克思主义基本立场、观点和方法深入分析了国家治理以及国家治理体系、国家治理现代化的概念内涵、实践变迁、结构特征与时代使命,基于多重视角,运用了多种方法审视了国家治理问题,为我们借鉴西方国家治理有效经验,把握新征程下国家治理现代化的时代使命、现实困境及路径建构提供了重大的方法启示。具体如下:

第一,历史唯物主义视域下的国家治理研究,需要运用时空对比的方法,从时间维度阐释国家治理治理的过去、现在和未来,从空间上对比中西方国家治理理论的异同。具体而言,本专题从时间维度上包含对早发西方资本主义国家治理理论的批判和对未来国家治理的畅想;从空间维度上展示中西方国家治理理念的对比,包括西方马克思主义和我国马克思主义国家治理理论的对比以及马克思主义国家治理理论与非马克思主义治理观的对比。如,《西方马克思主义的国家理论》一书通过梳理西方马克思主义对资本主义国家的分析和批判,总结了资本主义国家的发展规律和趋势,有助于我们全面把握西方马克思主义国家理论的批判性特征,汲取西方资本主义国家治理的有效经验;《政府未来的治理模式》一书从各国政府的革新主张和主要发达国家的政府改革实践中,梳理归纳出了四种未来政府的治理模式,为我们展现了全球国家治理的多样性方案;《马克思与西方政治思想传统》一书聚焦于马克思与西方政治思想传统的关系,既让我们清楚地看到了马克思的政治哲学与西方政治思想传统的不同,又为我们理解和思考马克思的国家理论提供了一个新的视角;《国家构建——21世纪的国家治理与世界秩序》一书由自由主义者弗朗西斯·福山所著,对其国家构建思想进行解读,有助于在借鉴与反观中明晰历史唯物主义国家治理理论的特征与优势,从历史唯物主义角度回应福山对马克思历史规律的挑战,进而深刻把握马克思主义的国家理论。可见,本专题通过多个层面的对比分析,廓清了历史唯物主义视域下国家治理的重要理论问题,有助于我们在借鉴吸收中强化我国国家治理能力及扩大治理体系研究的领域。

第二,需要运用整体性思维方法涵盖从国际视野到国内视野,从顶层设计到基层治理的多维理论内容和实践路径。本专题系列文本关注国家治理理论的系统性需求,既包含了上层建筑理论中的顶层设计,又囊括了基层社会治理的细枝末节。如,《治理与善治》一书立足于国际视野,探讨了国家治理的兴起及失败的风险,国家问题与现代福利国家、自由主义、国际调节机制以及发展中的世界非政府组织的关系,最后落脚于中国国家治理的兴起与治理的变迁,该书主张无论是发达国家还是发展中国家都应注意加强政府与民间的合作,从而改善国家,特别是地方、地区、公司、机关、学术机构等的治理结构,提高效率,增强民主的实践路径,其站在国际层面所提及的关于治理与善治的关键性问题为我国国家治理的理论发展与现实应对提供了有益借鉴;《基层中国:国家治理的基石》一书则以国家治理的顶层设计为视角,探讨了基层治理的现状和困境,尤其是对一些基层治理的热点难点问题进行观察与解释,其问题视域涉及基层治理的方方面面,既包括乡村振兴、城乡融合发展、治理现代化等宏观问题,又关注乡村经济、社会、文化、政治生活变迁等微观现象,其独特视角为我们了解当前国家治理的整体样貌提供了重要的文献资料。可见,本专题研究全面把握国家治理问题的客观现实,实现了顶层设计与基层治理的紧密结合,呈现出相对全面的国家治理理论面貌,体现了历史唯物主义视域下国家治理理论的系统性特征。

第三,需要运用理论与实践相统一的方法,并能运用其来推动当代中国国家治理理论的创新。本专题研究坚持在历史唯物主义的引导下,结合马克思国家治理理论与时代特征,探究马克思国家治理理论在现代社会的实际应用,探索推动国家治理体系与治理能力现代化的方式与方法。如,《何谓治理》一书基于理论和实践两个角度,运用实证主义、经验主义等多种方法,详细论述了"治理"的形成背景、概念内涵以及实践历史,为我国进一步完善国家治理提供了理论支撑和实践借鉴;《马克思的国家理论》一书立足于历史唯物主义的立场、观点和方法,从基于国家的阶级统治理论、通过革命推翻资产阶级国家建立无产阶级专政、无产阶级专政以及无产阶级国家的消亡这一逻辑主线阐释了国家起源和本质、国家属性及职能、国家消亡等内容,系统梳理了马克思的国家理论,对于我们深刻认识历史唯物主义和深入理解马克思主义基本原理具有重要意义;《从历史唯物主义到政治哲学》一书在理论层面上梳理了历史唯物主义与马克思主义政治哲学的基本问题,在实践层面上探讨了马克思恩格斯关于公平、平等、正义等问题的论述,对于我们在马克思主义的精神指引下探索现代化道路、推进国家治理能力与治理体系的现代化具有重要的指导意义;《国家治理现代化理论与实践研究》一书从国家治理的价值范畴、演进逻辑、比较优势等理论层面,以及基层治理、政治治理、全球治理、绿色发展和生态治理等实践层面,阐述了我国国家治理的理论创新和实践创新,有利于我们在历史唯物主义视域下全面把握我国国家治理的图景与智慧。可见,本专题研究将时代提出的新任务与马克思的国家治理理论相结合,深入分析了马克思主义国家治理理论的发展变革,在马克思主义中国化时代化的进程中,体现了国家治理的理论创新与实践创新。

专题六　历史唯物主义与城市治理

一、专题说明

历史唯物主义应该致力于在关注重大现实问题的总体性中,彰显自身的创造性价值,面对当代城市变化发展的情境拓展其理论视域;城市空间及城市治理与人之生存紧密相关,因而是历史唯物主义应该关注的对象。城市是国家发展的重要空间有机体,也是现代化和人类文明进步的重要空间。城市作为现代化国家的基础组成部分,是这一新征程开启的重要场域,是新征程开启的主力军。

城市治理是国家治理最重要的基础之一,是国家治理实践的具体单元,是全面建设社会主义现代化国家总体目标中需要观照的关键环节,城市治理现代化水平决定着国家经济社会文化的发展。城市治理也是社会治理创新的重要基础和突破口,正如习近平总书记强调的,"社会治理的重心必须落到城乡社区,社区服务和管理能力强了,社会治理的基础就实了"[①]。中国的城市发展越来越具有社会发展的意义,城市发展对于整个社会发展、对于中华民族伟大复兴影响深远。尤其是面向现代化新征程,实现社会主义现代化强国目标,作为城市转型发展实现现代化的重要手段的城市治理,面临着比以往任何时候都要复杂的新矛盾新挑战,担负着比以往任何时候都要更为艰巨的新任务新使命。本专题旨在明晰历史唯物主义视域下城市治理的理论渊源、方法论基础、内涵功能等基础性问题,尝试准确研判当前城市发展面临的新问题与新机遇,明确城市在新时期的作用,在美好生活、空间正义、城市权利、城市安全等方面,着力深化以人民为中心的价值理念,提升城市治理体系和治理能力现代化,走出具有中国特色的城市治理道路。

二、教学目标

从总体上理解和把握,城市治理是经济社会发展、国家治理体系现代化和治理能力现

---

① 习近平关于社会主义社会建设论述摘编[M].北京:中央文献出版社,2017:127.

代化的题中应有之义,也是历史唯物主义中的重要问题。了解城市治理的理论内涵、一般特征、实践建构与时代意义。增强运用马克思主义立场观点和方法,批判性借鉴国外马克思主义城市理论的观点和方法,创新城市治理理论体系、探索中国城市现代化治理实践路径的自觉性。

(1) 了解和掌握马克思恩格斯的城市思想。

(2) 了解和掌握新的马克思主义城市理论。

(3) 了解和掌握新时代城市治理的实践及成就。

(4) 理解城市治理的本质内涵、基本特征、功能属性、运行机制等。

(5) 掌握当代城市治理的现实问题及新时代城市治理的实践建构。

三、代表性文本

选取刘易斯·芒福德的《城市发展史——起源、演变和前景》、乔尔·科特金的《全球城市史》、乌尔里希·贝克的《风险社会》、爱德华·W.苏贾的《后现代地理学——重申批判社会理论中的空间》《寻求空间正义》、大卫·哈维的《资本的城市化:资本主义城市化的历史与理论研究》、亨利·列斐伏尔的《空间的生产》、高鉴国的《新马克思主义城市理论》、刘怀玉的《历史唯物主义的空间化问题》、曹海军的《国外城市治理理论研究》十本代表性文本,以期助力我们深入理解历史唯物主义视域下城市治理的理论与现实问题。

(一)《城市发展史——起源、演变和前景》

1. 著作信息

《城市发展史——起源、演变和前景》(中国建筑工业出版社 2005 年版)是美国著名城市理论家、社会哲学家刘易斯·芒福德的重要著作之一。该书着重从人文社会科学的角度系统阐述城市的起源和发展,并展望了城市的理想图景。作者从政治、经济、文化、宗教、社会、城市规划等多方面综合研究城市发展的历史,史料丰富,对今后城市发展提出了战略性意见。该书具有重要的影响力,1962 年获美国国家图书奖。

2. 著作主要内容

该书基于揭示城市发展与文明进步、历史发展互相联系相互交织的学术站位,阐明了城市从简单到复杂、从低级到高级的发展历史。作者从政治、经济、文化、宗教、地理、城市规划等多个学科领域,多角度综合研究了城市发展史。

第一,西方城市的演变历程。历史唯物主义认为社会的发展是一个合乎规律的自然历史过程。城市从无到有、从简单到复杂、从低级到高级的发展历史,反映着人类社会、人类自身相似的发展过程。城市的形成不是一蹴而就的,村庄转变为城市、最初的城市向完全成熟的城市过渡,可能经历了几百年甚至几千年的时间。在这期间,原始城市的各种要素不断发展、分化,形成更复杂完备的城市结构。①城市的起源。芒福德专门回溯了城市的起源,区别于其他人从城市的物质性遗迹出发,芒福德是从语言、礼俗等非物质性遗迹的创造性发明了解城市更远古的结构和更原始的功能,指明城市主要是新石器文化同更古老的旧石器文化相互结合的产物。②城市的发展。西方城市的变化过程大致可以分为七个阶段。第一个阶段是原始的城市,新石器时代村庄已经具有小型城市的许多特征,如美索不达米亚地区的拉格什;第二个阶段是城邦,作为村庄到城市的一种过渡阶段——城邦,有着城市形成之初最富有活力的基础核心部分——庙宇、宫殿、谷仓,但城邦并不完全独立于村庄,仍和村庄保持着季节性的和其他形式的人口流动和联系;第三个阶段是古希腊与古罗马的城市;第四个阶段是中世纪的城市;第五个阶段是工业文明下的焦炭城;第六个阶段是城市的郊区化;第七个阶段是特大城市的发展。③城市的前景。城市的历史性作用不再是作为国家或帝国的经济中心,而是具有更重要的潜在作用,也就是其作为世界的中心,促进人们自觉地参与宇宙和历史的进程,从而实现人的生存意义、生活意义和发展意义。

第二,城市发展史就是人类文明发展史。该书开篇叙述了一座城市,结尾则描述了一个世界。芒福德所论述的城市,是人类赖以生存和发展的重要介质,城市不仅仅是居住生息、工作、购物的地方,它更是文化容器,更是新文明的孕育所。从实质上来说,城市就是人类物质文明、精神文明的化身。"城市不只是建筑物的群集,它更是各种密切相关并经常相互影响的各种功能的复合体"①。芒福德指出,根据现有的文献记载,谷物的栽培、犁的发明使用、制陶、转轮、帆船、纺织机、炼铜术、抽象数学、天文观测、历法、文字记载等技术和文化大概都是在公元前3000年前后几个世纪产生的,充分显示城市的孕育、形成是在长期的技术和文化发展中不断推动、完善和成熟的。芒福德并没有只写城市政治经济或者城市建筑史,而是抓住了城市本身,将城市的宗教、政治、经济、社会等各种活动与城市的规模、结构、形式和设施的演变和发展结合起来,并揭示了这两方面的相互联系和影响。把对城市的研究与人类的文化结合起来,以更为本质的文化、社会、经济、政治因素认知城市。不仅详尽叙述了不同时期的城市以及构成城市形态的本质原因,还广泛介绍和评价了城市规划思想,并从动态过程中认知城市,把城市的演变与人类文化发展过程紧密相连,认识城市本质,在人类文明发展过程中深刻认识城市。

第三,城市让人类生活更美好。人民群众是历史的创造者,也是历史发展的决定力量,人民群众是社会及其发展的根本。城市本质是作为同其他人类居所形态不同的活动场所和生活方式。在芒福德看来,城市的形成乃是"快速交往和合作所产生的共同目的"的体

---

① [美]刘易斯·芒福德.城市发展史——起源、演变和前景[M].宋俊岭,倪文彦,译.北京:中国建筑工业出版社,2005:91.

现,以及之后"创造一套内部的秩序和是非标准……从而使居民中间有了稳定的道德和互助气氛"①的结晶,城市始于人们的合作,而终于让生于斯长于斯的人们得以成为更好的人。芒福德始终立足于人的需求、情感、理想与信仰,去阐发城市的基本功能与意义,在芒福德看来,城市是人性的外化,是人类物种属性的延伸和物化,同时,城市这个环境可以促使人类文明的生产物不断增多,不断丰富,城市这个环境也会促使人类经验不断化育出生命含义的符号和象征,化育出人类的各种行为模式。芒福德论述城市不是见物不见人,而是见物又见人,以物见人。芒福德在全书中,对一世一代市民生存状况的刻画,对城市规划的缘起发展和后果评说,始终闪现着人性的光辉。

3. 著作意义

随着中国式现代化的全面推进与拓展,我国城市化进程逐步加快,我们要不断拓展理论视域。就这个意义而言,《城市发展史——起源、演变和前景》一书对于我国推进中国式现代化城市治理具有很大的现实意义。人文观和自然观并重是芒福德城市思想的精华,他认为城市应该满足人们的需求,符合自然要求。这些价值理念与我国新型城镇化战略的指导理念不谋而合。

第一,以人为本是城市发展的价值追求。芒福德在该书中一直贯彻强调城市是人类的生存场所,满足人的需求应该作为城市未来发展的首要出发点这一思想。这一思想与我国推进城市化进程具有一致性,正如习近平总书记在党的二十大报告中指出的,"坚持人民城市人民建、人民城市为人民"②。只有符合广大百姓切身利益的城市规划才是推进中国式现代化的基础,也必将是城市未来的发展方向。

第二,尊重自然是城市发展的价值准则。在芒福德看来,自然环境是城市的基底,城市是在自然基底上堆砌起来的,一旦自然环境被损毁、被掠夺、被消灭,那么城市也将随之衰退。党的二十大报告提出:"广泛形成绿色生产生活方式,……美丽中国目标基本实现"③。城市作为人类非常重要的活动场所以及生产生活方式,建设生态城市、实现城市可持续发展至关重要。我国城市建设要加快转变城市发展方式,致力于打造宜居、韧性、智慧城市。

(二)《全球城市史》

1. 著作信息

《全球城市史》由美国城市地理学家乔尔·科特金撰写,其中文版由王旭等人翻译,社

---

① [美]刘易斯·芒福德.城市发展史——起源、演变和前景[M].宋俊岭,倪文彦,译.北京:中国建筑工业出版社,2005:579.
② 党的二十大报告辅导读本[M].北京:人民出版社,2022:29.
③ 党的二十大报告辅导读本[M].北京:人民出版社,2022:224.

会科学文献出版社于 2014 年出版。科特金是国际公认的研究社会、经济和人口变化的权威学者,《全球城市史》是科特金在城市研究方面的重要代表性著作。

2. 著作主要内容

《全球城市史》是一部宏观整体审视全球城市发展的著作,包含着科特金对城市本质和全球城市发展规律的独到见解。科特金首先从城市的起源说起,介绍不同城市兴衰起伏的历史周期。同时,他着眼于当前经济社会发展现实,分析全球城市尤其是发展中国家城市面临的挑战,并给出具有总体性的路径启示。

第一,《全球城市史》阐述了全球范围内城市形成和发展的历史进程。城市发展史是人类文明发展史中的重要一页。城市的演进展现了人类从草莽未辟的蒙昧状态到繁衍扩展于全世界的历程。① 人的聚集、生产交换活动的开展是城市形成的基础。从美索不达米亚平原的早期城市到帝国时期的罗马,再到伦敦、纽约和东京等现代化国际大都市,科特金审视了数千年来城市生活的演变,以确定造就一座伟大城市的因素。科特金对城市发展的描述兼具历史、地理和文明跨度。纵观整个人类历史,全球不同文明背景下的城市有着各自不同的历史渊源和发展路径,体现着城市及其发展模式的多样性。在梳理城市历史的基础上,科特金关注到后工业时代城市发展的新趋势和随之而来的困境和危机。随着信息技术的进步,城市的空心化问题更加突出,城区和郊区的对立背后实际上反映着当今世界社会关系的分化和对立,这也是人类必须面对和解决的问题。

第二,《全球城市史》阐明了全球城市发展的共同特征和共同规律。《全球城市史》是全球史与城市史两大学科的交融,科特金考察了全球范围内城市的进化路径并从中总结出主导城市兴衰的规律。在科特金看来,历史上城市的兴盛大致可以归为三种因素:占据神圣之地,成为信仰中心;建立扩张性的帝国,成为政治权力中心;追求经济财富,成为贸易中心。科特金认为,神圣、安全、繁忙是城市何以为城市的关键因素,是奠定城市繁荣的基石。神圣、安全、繁忙在不同城市发展中的作用占比不同,由此形成不同的城市发展路径和样态。城市是神圣、安全、繁忙之地,这不仅代表城市的特质,更彰显城市的功能,即城市承担着精神、政治和经济等重要社会作用。神圣、安全、繁忙是相辅相成的关系:神圣可以超越宗教意义上的信仰关系,城市的公共精神和价值是身处其中的个体形成地域身份认同的来源,有利于塑造一个坚实的社会价值基础;安全意味着稳定、规范,是城市发展的信心所在和坚实保障;繁忙代表着频繁的经济活动和发达的商业网络,是城市发展的物质基础。三者缺一不可,它们是城市成为富有诗意、安全有序、繁荣富足之家园的必要条件。

第三,《全球城市史》说明了城市的发展与人的发展的互动关系。从宏观视角来看,人是社会历史的创造者,人类活动创造了城市、激活了城市;人的追求推动着城市的发展,决

---

① [美]乔尔·科特金.全球城市史[M].王旭,等译.北京:社会科学文献出版社,2014:1.

定着城市演进的方向,城市的样貌彰显着人类价值。从微观视角来看,城市是个体生存的场所,城市为个体提供发展机会和消遣娱乐,城市有形的设施和无形的价值为个体提供了物质和精神上的双重庇护,个体利益与城市命运不可分割。因此,城市的发展是人类社会发展的一个侧面,二者都包含着一种互动的关系。一方面,二者都遵循着生产力发展的客观规律,不以个体的意志为转移;另一方面,城市内部又是不断流动和变化着的,在规定着个体发展的同时受到人的活动的制约,个体的工作生活足迹维系着城市这一庞大系统的日常运转,个体之间的广泛联系形成了代表着共同认同的市民精神,创造着共同的城市文化,增强着城市的凝聚力和发展的动力。

3. 著作意义

《全球城市史》呈现了不同城市的历史和全球城市发展的普遍规律,既为我们理解城市提供了不同视角,也为解决当前全球城市问题和推进新时代城市治理实践提供了有益借鉴。

第一,《全球城市史》具体而生动地呈现了全球城市的历史和现状,对于我们从历史唯物主义出发,更深刻地理解城市的本质具有启示意义。城市是人类活动的场所,是人类最伟大的创造,它代表着人类作为实践主体的能动性和创造性。同时,城市的兴衰是由人类生产生活的特征决定的,反映着人类活动的客观趋势,是人类在新的生产方式下的理性选择。经济基础决定上层建筑,人类生产活动塑造着城市,城市作为人类生活的一种重要样态,是生产方式的空间凝固和直观反映。城市发展作为一个客观的进程,只有顺应生产力的发展不断调整其形态、优化其功能,才能实现城市的可持续发展,并以和谐的城市空间为生产力的发展和人的自由全面发展提供新的机遇和滋养。

第二,《全球城市史》提供了全球城市发展的多样性方案,对于我们分析和解决城市问题,推进新时代中国城市治理具有启示意义。城市治理意味着建构美好的城市生活。科特金在谈到巨型城市的危机时指出,规模可能使城市不堪重负,因此不能把城市发展狭隘理解为规模的扩张。科特金强调道德凝聚力对城市的重要意义:商业活动对利润的追逐容易使人变得短视,投机盛行而不能为长远计,因而必须培育稳定的城市文化精神和价值追求,确保城市在取得繁荣成就之后不会因短视而不思进取、逐渐衰落。也就是说,城市治理不仅要重视硬件设施的建设,更要通过精神文明建设凝聚人心,让城市成为当代人的精神家园。

(三)《风险社会》

1. 著作信息

德国社会学家乌尔里希·贝克(Ulrich Beck)被认为是当代西方社会学界最具影响力

的思想家之一,从 20 世纪 80 年代以来先后提出了风险社会、第二次现代化、全球化社会学等理论,在世界范围内产生了广泛影响。作为贝克的经典名作,《风险社会》首次出版于 1986 年,是后现代社会学理论的杰出代表作,对风险社会理论进行了深度阐释。2004 年,该书在国内由译林出版社出版,译者为何博闻。

2. 著作主要内容

该书的核心概念是"风险社会",它揭示了现代社会的突出特点,是对现代社会性状的高度概括。在深入探究"风险社会"这一概念前,必须先了解与之相比更为抽象且密切相关的概念"自反性的现代化"。贝克指出,曾经的现代化消解了封建社会,产生了工业社会,而在 21 世纪来临之际,现代性内部发生了连续与断裂的矛盾,现代社会发生转型,现代性的新形式"风险社会"在消解和重构古典工业社会的过程中逐渐形成,现代性迎来真正的开端。在贝克看来,工业社会替代封建社会的过程是古典的现代化,风险社会超越工业社会的过程是自反性的现代化,自反性的现代化是现代性的自我对抗过程。

"风险社会"概念中的"风险"产生于人的实践,覆盖的范围由局部地区转向全球,影响的主体和造成的后果由单一转向多重。该书以工业社会的自反性现代化为主题展开,对风险社会进行全方位多角度的考察。第一,在风险社会中,风险分配的逻辑统治着财富分配的逻辑。风险分配与财富分配相矛盾:一方面,统治者想要将财富最大化,风险最小化;另一方面,风险的分配渐趋平均、平等,在风险面前没有阶级、贫富之分,所有的社会阶层都面临风险的威胁。在工业社会,人们追求物质财富,财富分配的逻辑占据主导地位。作为工业社会的后一阶段,风险社会拥有高度发达的生产力,物质短缺的问题得到普遍解决,全球性风险成为人们关注的重点。规避风险成为人们行为的主要目标,此时,风险分配的逻辑占据主导地位。

第二,风险社会的内在结构发生变化,个体化进程具有高风险的特征。其一,风险社会中,人们的生活呈现多样化个性化的特点,工业社会中的阶级等级模式受到削弱瓦解,风险的平均化正塑造一个无阶级社会。其二,风险社会颠覆了工业社会的内在结构。例如,在风险社会中,妇女脱离了传统的女性特征,深度解放与复归传统女性角色的矛盾;男性的传统角色得到了巩固。其三,风险社会塑造了新的就业模式。工业社会的就业体系具有高度标准化的特征,随着技术的进步,风险社会的就业体系具有弹性化的特征,个体化雇员社会逐渐形成,劳动在时间和空间上变得灵活。在个体化雇员社会中,"失业"成为一个暧昧的词语,企业能够将风险转嫁给个体雇员。打零工和兼职等不充分就业的普遍化将带来普遍的职业不安全感。

第三,风险社会将导致科学的衰微和政治特有的解放。首先,科学的发展发生了断裂,科学被拉下神坛。其一,科学在外部关系方面发生断裂,科学和科学所研究的对象间不再有明确的边界,风险社会的形成需要全社会对科学、专家、技术加以批判。其二,科学在理论层面、方法论层面和应用实践层面发生了内部关系的断裂,科学的知识诉求经历了去垄断化的过程。其三,科学理性的基础遭到了破坏。过度的专业化自行制造了副作用,科学尚未在其实践的风险方面实现自我克制,客观有条理地解释、科学地阐发风险和威胁。其次,在风险社会中,政治的概念、位置和媒介发生了变化,政治的边界不再明显。其一,国家的政治权威受到质疑而被削弱。其二,社会具有政治化的特征,各个亚政治领域绕过传统的政治中心参与民主决策和监督的可能性大大提高。其三,利益集团的影响力逐渐显现,政治决策的科学化程度不断加深。

3. 著作意义

作为历史唯物主义的重点研究对象,城市是现代化和人类文明发展的基础单元,是社会现象的发生地,也是社会问题的集中地。《风险社会》以联邦德国为分析对象,考察了现代社会的运行特点、现状、影响、后果以及未来可能的发展路径,具有极其重要的政治与社会意义,是历史唯物主义视域下城市治理研究的宝贵理论资源。

第一,《风险社会》聚焦当下西方社会的现代性,对于风险社会进行了深入解读,分析了工业现代性的弊端,为解读现代社会提供了新的认识向度,是了解当代城市整体样貌的重要资源,有利于拓展历史唯物主义视域下城市治理研究的理论视野。

第二,《风险社会》展现了现代西方社会的现实状况,揭示了现代西方社会面临的现实问题,分析了当下西方社会的现代性,是了解当代城市治理现实问题及其相应举措的重要资源,有利于为历史唯物主义视域下的城市治理研究提供城市风险及风险治理方面的积极启示。

第三,《风险社会》传达了西方学者关于现代社会的理论思想,而风险社会这一社会现象也是当今时代每个国家不可避免都要遭遇到的。历史唯物主义视域下的城市治理研究可以在反思该理论的基础上,批判性地借鉴该理论的观点和方法,形成对现代社会、城市以及城市治理更为准确的认识。

(四)《后现代地理学——重申批判社会理论中的空间》

1. 著作信息

《后现代地理学——重申批判社会理论中的空间》(以下称《后现代地理学》)一书,由洛杉矶学派领军人物爱德华·W.苏贾所著。该中文版本由王文斌翻译,商务印书馆 2004 年第一次出版印刷,并在 2017 年进行第三次印刷。苏贾是洛杉矶学派都市研究后现代取向的领军人物,《后现代地理学》作为苏贾空间理论研究三部曲的第一部,其对后现代地理学的研究,在批判社会理论以及城市空间批判理论中产生重要的影响。

2. 著作主要内容

在社会批判理论(也称"批判社会理论")中,人们对人类社会本质及其各种关系的研究,往往沉湎于历史之中,从而忽视了空间、地理在人类社会中的重要地位。时间与空间是探寻世界以及理解人类自己生活方式的重要维度,也正是基于这一思想,苏贾在《后现代地理学》中开启了对社会批判理论的空间的重申,同时也开启了历史唯物主义的空间化问题的相关研究。

第一,历史决定论及其对地理学的限制。历史决定论是苏贾在《后现代地理学》一书中批判的重点。苏贾在论述福柯、伯杰、吉登斯、詹姆逊,特别是亨利·勒菲弗的后现代地理学先驱者的研究成果基础上,系统批判了历史决定论,并主张一种地理的和历史的唯物主义。其一,社会理论中历史叙事和历史决定论之理论意识的直接后果即是空间的泯灭。长期以来,社会理论一直聚焦于历史长轴的社会变化和变革的进程,从而忽视了横向地理空间的维度。时间成为社会理论研究的主要尺度,其结果是"扼杀人们对社会生活空间性的一种旗鼓相当的批判敏感性"[①]。单独的或占据主导地位的历史维度之社会理论研究,掩盖了资本主义空间的生产方式以及社会关系在周而复始的危机与重建中所产生的"空间定势",导致资本主义内在矛盾在一定程度上被掩盖。其二,社会理论中的历史决定论受制于历史发展的认知局限,同时也是空间贬值的根源。历史决定论的理论意识不仅限制了地理学的研究视野,西方马克思主义亦受到了一些影响。"尽管地理学研究发生了这种演变,可西方马克思主义和批判社会科学的主流已与地理学想象失去了联系"[②]。虽然在马克思主义理论体系中,时间与空间是辩证的存在,但空间分析仍然在马克思主义理论体系中受到"冷落"。究其根源,苏贾认为主要存在三个方面:①《政治经济学批判》的迟迟出现;②西方马克思主义中的反空间传统;③资本主义剥削中的诸种变化条件。[③]

从对历史决定论的批判可以看出,苏贾重申社会批判理论中的空间,实现历史-地理的时空维度的平衡,并非否认历史叙事在社会生活和社会理论中的重要性,而是从时间与空间、历史与地理维度对社会生活再审视和空间性的社会理论建构,以此摒除传统的社会理论中时间性的万能叙事处于霸权地位、理论意识和阐释框架更热衷于历史与时间话语、地理的想象和空间的叙事湮没在社会理论的境况。

第二,社会-空间辩证法。苏贾从空间性入手,进行社会-空间辩证关系存在前提的梳

---

① [美]爱德华·W.苏贾.后现代地理学——重申批判社会理论中的空间[M].王文斌,译.北京:商务印书馆,2004:16.
② [美]爱德华·W.苏贾.后现代地理学——重申批判社会理论中的空间[M].王文斌,译.北京:商务印书馆,2004:59.
③ [美]爱德华·W.苏贾.后现代地理学——重申批判社会理论中的空间[M].王文斌,译.北京:商务印书馆,2004:130-134.

理。"空间性本身是社会的产物,它不是独立地被强加的,从来就不是惰性的,也不是不可改变的"①。社会生产、社会关系是历史与地理、时间与空间共同的结果。苏贾认为,突破这两重幻想的方式是进行社会-空间-时间三位一体的本体论建构。从社会与空间的辩证关系看,苏贾认为,"假若空间性是各种社会关系和社会结构的结果/具体化,又是手段/预先假定,即空间性是各种社会关系和社会结构的物质所指,那么社会生活必须被视为既能形成空间,又偶然于空间,既是空间性的生产者,又是空间性的产物。"②也就是说,社会与空间之间不只是客观物质的关联,它们之间还存在着辩证的关系。空间不是孤立的存在结构,空间性是社会存在的组织空间,在表征着社会关系、进行着社会关系的空间呈现的同时,又被社会关系所塑造。社会具有空间性:一方面,空间离不开社会的建构;另一方面,社会存在脱离不了空间,空间的表现形式和存在样态都是各种社会关系及其形成的社会结构在空间中的投射。脱离空间的社会是抽象的、非辩证的存在。

总之,空间性作为社会组织的存在空间以及社会的历史地理的建构,是社会-空间辩证关系存在的前提。时间与空间的统一性肯定了社会的空间性,社会的空间性确定了空间的社会性,历史性、空间性与社会性是社会存在的共有特性。我们不能因为西方马克思主义并没有进行历史地理唯物主义的空间性的肯定,而否认社会的空间性和空间的社会性,漠视社会-空间的辩证关系。社会与空间、空间与时间之间的辩证关系作为社会-空间辩证法的内容,改变了传统的社会理论阐释框架和叙事方式。

第三,空间化及其实践。空间化是苏贾《后现代地理学》中的另一个关键词,同时也是苏贾历史唯物主义空间化相关研究的重点。空间化与空间、空间性相比,更侧重于空间参与社会关系建构的动态过程。苏贾认为空间化有三条路径:后历史决定论、后福特主义和后现代主义。其一,后历史决定论的路径,"是一场本体论方面的斗争"③,其是对社会本质的一种重新阐释,由此重新平衡历史、地理和社会之间的关系。其二,后福特主义的路径,是对资本主义的第四次现代化的具体描述。其三,后现代主义路径,寓于文化和意识形态的重新变革、对现代性的经验性意义进行不断更新的界定之中,是存在于空间和时间变革之中的一种全新文化。三种空间化的路径实际上是政治、文化和理论建构的交织和社会-时间-空间关系的重新界定,开拓了地理创造、空间想象的社会理论阐释路径。

3. 著作意义

当今时代,我们迫切需要创新性的发展理论、方法以及实践策略,以应对多层次、多尺

---

① [美]爱德华·W.苏贾.后现代地理学——重申批判社会理论中的空间[M].王文斌,译.北京:商务印书馆,2004:193.

② [美]爱德华·W.苏贾.后现代地理学——重申批判社会理论中的空间[M].王文斌,译.北京:商务印书馆,2004:192.

③ [美]爱德华·W.苏贾.后现代地理学——重申批判社会理论中的空间[M].王文斌,译.北京:商务印书馆,2004:94.

度、强连接的城市空间发展。苏贾在《后现代地理学》中对社会批判理论的空间重申,不仅改变了以往历史决定论的叙事方式,重新定位了历史唯物主义中的空间意蕴,同时实现了空间关于权利、正义、公平等概念的创新,为我们进行社会变革提供了一种可能性的探讨,对历史唯物主义研究而言具有极高的价值。

第一,《后现代地理学》对资本主义不平衡的空间问题批判以及大都市空间的建构,有助于我们拿出创造性的智慧,进行中国式现代化城市空间的分析。苏贾认为城市化过程已成为一种具有启迪作用的社会象征,都市的研究应该集结多种力量进行后大都市的规划,从宏观的角度激发城市内生与外生的力量,通过中心与边缘不平衡发展的剖析,落足于全球与地方的城市发展,进行跨区域的城市空间结构的调整。虽然,苏贾并不是在解释或建构中国城镇化、工业化以及信息化进程必经环节,但该书能呼唤我们以中国特色社会主义城市空间的特殊性为前提、以空间批判为分析范式,分析中国式现代化城市空间。

第二,《后现代地理学》对社会批判理论的空间重申,有助于我们将理论上的探索与日常生活中的实践相结合,进行具有中国风格、中国特色、中国气派的城市空间规划和建设。一方面,城市的发展是在全球化背景下的区域性城市空间的探索与实践,要求我们在全球与地区、中心与边缘的关联中寻求中国城市发展的途径。城市需要乌托邦式规划,城市空间的发展既是现实问题之解决,也是未来城市可能性的探索。另一方面,城市的规划与设计需要关涉人类未来的命运,这既是都市马克思主义空间正义、城市权利给予我们的理论借鉴,也是我们建构人类命运共同体的要求。

(五)《寻求空间正义》

1. 著作信息

《寻求空间正义》一书,由美国学者苏贾(Edward W. Soja,又译为爱德华·索亚)所作,其中译本由我国学者高春花、强乃社所译,社会科学文献出版社于2016年出版。苏贾是西方"新马克思主义"城市空间思想的重要代表人物,在诸多"新马克思主义"城市理论的学者中,因其注重从地理和历史的交错和相互影响中探讨空间发展及空间问题,并倡导空间平等、空间正义,因而对当代批判理论与激进理论具有独特贡献。该书是苏贾阐明其城市空间批判理论和城市空间正义理论的重要成果,集中体现了苏贾对城市空间问题的思考和创见,是"新马克思主义"城市理论和城市治理的重要著作。

2. 著作主要内容

《寻求空间正义》一书,是苏贾继"空间三部曲"[《后现代地理学——重申批判社会理论中的空间》(1989)、《第三空间:去往洛杉矶和其他真实和想象地方的旅程》(1996)和《后大都市——城市和区域的批判性研究》(2000)]后,针对空间问题开展研究的"第四部曲"。在

《寻求空间正义》中,苏贾遵循从理论到现实、从历史到当代、从抽象到具体的逻辑进路,对空间正义是什么、空间非正义的挑战,以及如何走向空间正义等进行了研究。在该书中,苏贾对空间概念的界定、空间问题的剖析以及空间正义实现路径的探寻等,都蕴含着丰富的历史唯物主义意蕴,其既是"新马克思主义"城市理论与历史唯物主义研究相结合的典范,也是运用历史唯物主义对现实问题开展研究与论证的典范。

第一,苏贾采用历史唯物主义的研究方法,明确空间概念和空间问题本质。在《寻求空间正义》中,苏贾在开篇就探讨了空间及其本质,以及空间与正义的关系问题。其一,苏贾坚持抽象与具体相结合、逻辑与历史相统一的历史唯物主义分析方法,认为空间既是一种思维方式,也是一种历史地理产物。苏贾认为,"至少在过去的一个世纪里,关于我们生活的历史和社会方面相互联系的思维越来越重要,并在实践中受到重视"①。空间/地理作为一种更加现实、具象与可触的范畴,与时间/历史具有同等重要地位。对批判性空间思维的运用是分析当代资本主义社会和城市问题的重要视角。同时,"空间是由人类集体创造的……人类生活从根本上来说是空间的、暂时性的及社会化的"②。在此,苏贾提出,人类生活与空间紧密相关,人类生活在本质上也是空间生活,反之,空间是由人所创造,是人的社会关系的重要载体,也是人与社会、人与人产生交互的重要容器,具有社会性和历史性。其二,苏贾坚持历史唯物主义分析方法,实践地、具体地、历史地看待空间与正义的深刻关联。在大卫·哈维城市理论、列斐伏尔空间理论的基础上,苏贾进一步批判继承了罗尔斯的分配正义理论和爱丽丝·玛丽·扬的社会正义理论,从社会和历史的视角探讨了"社会正义形成的空间性,以及空间性与相关民主和人权的关联"③。他认为,尽管正义并非仅存空间之中或仅由空间这一种因素所决定,但正义与空间紧密相关,空间正义的实现也是社会正义实现的重要内容与途径。同时,他还提出:"寻求空间正义不是说要替代或者改变寻求社会、经济或者环境的正义。它意在开拓、扩展这些概念以进入新的理解和政治实践领域。"④

第二,苏贾运用历史唯物主义的基本原理,剖析空间非正义的现实挑战。在《寻求空间正义》中,苏贾以洛杉矶城市空间变化为例对空间相关现实问题的分析既是该书的亮点,也是全书展开的重要线索。在书中,苏贾运用历史唯物主义的基本原理,深刻剖析了空间与地理环境的不平衡发展状况。具体包括:其一,运用社会存在与社会意识的辩证关系,探讨了空间发展与空间意识的变化。苏贾认为,空间的发展状况与空间意识的形成密切相关,因此,形成空间意识并发展成走向正义的空间意识,是实现空间正义、解决空间非正义问

---

① [美]爱德华·W.苏贾.寻求空间正义[M].高春花,强乃社,等译.北京:社会科学文献出版社,2016:2.
② [美]爱德华·W.苏贾.寻求空间正义[M].高春花,强乃社,等译.北京:社会科学文献出版社,2016:16.
③ [美]爱德华·W.苏贾.寻求空间正义[M].高春花,强乃社,等译.北京:社会科学文献出版社,2016:6.
④ [美]爱德华·W.苏贾.寻求空间正义[M].高春花,强乃社,等译.北京:社会科学文献出版社,2016:5.

题、打造正义空间的重要路径。此外,他还提出,对非正义的空间与不平衡的地理环境的关注,也是空间意识发展的重要产物。"离开了这种空间意识,非正义的地理便会隐遁于无形。"①其二,运用社会基本矛盾运动的原理,探讨了空间政治组织、公共空间与私有空间、空间歧视、全球化等与空间非正义的内在关联。社会基本矛盾运动在空间问题的分析上,体现为空间生产与空间所体现的生产关系、空间经济基础与空间上层建筑的辩证关系。苏贾在书中所提到的存在安全隐患的城市主义,公共空间和私有财产等非正义的空间发展状况,便体现了苏贾对资本主义空间生产及其与资产阶级占主导地位的空间生产关系的分析;其对"占领巴勒斯坦"、空间歧视与法律、超国家地方主义与欧盟等的探讨,则体现了苏贾对空间生产与空间政治组织、意识形态等上层建筑的关系的分析。

第三,苏贾立足历史唯物主义的价值诉求,探寻空间正义的具体实现路径。在明确空间及空间正义概念,剖析空间问题,以及以洛杉矶为例探寻空间正义实现方案的基础上,苏贾立足历史唯物主义的价值诉求,以人的生存发展需要为目标,探寻空间正义的具体实现路径。具体而言:其一,苏贾从人的本质出发,构建新的空间本体论和空间正义理论。苏贾对人的理解与马克思对人的理解一脉相承。他提出:"人就其本质而言是社会的人。人类的存在并非孤立,但是总要融入社会中并具有一定的社会关系"②。基于此,苏贾建构起新本体论——空间本体论,即"新本体论起源的产生给予人们一个至关重要的意识:人类生来就是空间的存在,我们生来就占有空间"③。人的生存既是相互联系的、社会性的,也是空间化的;是存在于空间之中,也是不断创造和发展空间的。在此意义上,实现空间正义,也就是要消除"每个不平等的个人或集体所具有的优势和机遇"④,消除一切导致人的社会等级不平等的因素。其二,苏贾从人的公平权利出发,认为实现空间正义的关键在于实现平等的城市权,尤其是平等的居住权。苏贾认为,城市权的斗争是反抗当代资本主义压迫的重要体现,也是实现空间正义的重要路径。同时,苏贾尤其强调"城市居住权及居住权对塑造城镇生产和地区地理的影响"⑤,平等的居住权利是实现平等城市权、实现空间正义的重要体现。其三,苏贾提出的正义联盟,与马克思恩格斯运用历史唯物主义原理所提出的人类解放方案一脉相承。苏贾在书中多次提到工会、正义联盟对于空间正义实现的重要

---

① [美]爱德华·W.苏贾.寻求空间正义[M].高春花,强乃社,等译.北京:社会科学文献出版社,2016:39.
② [美]爱德华·W.苏贾.寻求空间正义[M].高春花,强乃社,等译.北京:社会科学文献出版社,2016:66.
③ [美]爱德华·W.苏贾.寻求空间正义[M].高春花,强乃社,等译.北京:社会科学文献出版社,2016:68.
④ [美]爱德华·W.苏贾.寻求空间正义[M].高春花,强乃社,等译.北京:社会科学文献出版社,2016:69.
⑤ [美]爱德华·W.苏贾.寻求空间正义[M].高春花,强乃社,等译.北京:社会科学文献出版社,2016:182.

性。面对不平衡地理发展,以及由经济危机、后工业化和再工业化等导致的诸如空间迁移之类现实挑战,苏贾在考察洛杉矶工人运动史的基础上,肯定了各种工会联盟以及社会发展联盟在城市空间建设和空间正义实现中的重要作用,即这些运动和联盟使"人们有了新的认识,明白了地理位置的重要性,以及公众和企业雇主关于空间逻辑联系的重要性"①。基于此,苏贾提出建立正义联盟以实现空间正义的主张,并认为要"以一种批判性空间视角的理论和实践去洞察和迎接未来"②。

3. 著作意义

苏贾所著的《寻求空间正义》,作为现实与历史、理论与实践相结合重要研究性著作,是其在考察洛杉矶等大都市运动史的基础上展开空间研究的重要成果。在历史唯物主义研究的意义上,《寻求空间正义》具有重要的理论价值和现实价值:

第一,在理论层面,《寻求空间正义》不仅蕴含着苏贾对城市空间建设与发展的重要思路,而且体现了苏贾对历史唯物主义研究方法和基本原理的运用,这对于我们了解和掌握新马克思主义城市理论具有重要意义。可以说,《寻求空间正义》中苏贾对洛杉矶和其他城市空间建设的分析与考察,不仅体现了苏贾广阔的历史视野和全球视野,也是对历史唯物主义实践的、历史的、科学的研究方法的运用,能够帮助我们掌握运用历史唯物主义开展现实问题研究的方法。

第二,在现实层面,《寻求空间正义》从具体的城市空间历史出发看待城市空间和城市治理问题,能够帮助我们更好地理解空间发展和城市治理的现实问题、功能属性、基本特征、发展方案等。《寻求空间正义》以洛杉矶城市空间发展为例,批判了空间生产和发展中的资本逻辑,并探讨了应对困境的空间正义实践路径,在现代化新征程中为我们推进新时代城市治理发展提供参考与镜鉴。同时,在《寻求空间正义》的结语中,苏贾也关注到了中国的城镇化对世界的重要影响。他指出:"中国在以自己的方式打破这种全球重构,占世界1/6的人口,带来了历史上从未有过的最迅猛的依托城市的工业化过程。"③其从全球化的视角言简意赅地描述了我国的工业化和城市化过程,明确了我国城市化的特征,因而在此意义上,苏贾不仅帮助我们了解了国外城市发展及治理的实践,也为我国城市化的推进和城市空间建设提供了思考和借鉴。

---

① [美]爱德华·W. 苏贾.寻求空间正义[M].高春花,强乃社,等译.北京:社会科学文献出版社,2016:140.

② [美]爱德华·W. 苏贾.寻求空间正义[M].高春花,强乃社,等译.北京:社会科学文献出版社,2016:193.

③ [美]爱德华·W. 苏贾.寻求空间正义[M].高春花,强乃社,等译.北京:社会科学文献出版社,2016:188.

（六）《资本的城市化：资本主义城市化的历史与理论研究》

1. 著作信息

《资本的城市化：资本主义城市化的历史与理论研究》，是当代英国著名社会理论家和西方马克思主义地理学家大卫·哈维的重要著作之一。该书英文版初版于1985年，苏州大学出版社于2017年出版其中译本。哈维立足对资本主义制度下的城市理论作出马克思主义解释的立场，回答了"资本如何变得城市化，以及这种城市化的后果是什么"[①]等问题。该书是马克思主义理论与城市问题结合研究的典范文本。

2. 著作主要内容

该书明确表明了作者在马克思主义的立场上，将历史唯物主义发展成"历史地理唯物主义"的努力。哈维站在马克思主义的立场上来解读资本主义城市化过程，他深入挖掘了马克思关于资本运动的理论，并延伸和拓展了资本理论的空间内涵及其与城市化问题之间的关系，最终形成了一个资本城市化的理论框架。他明确指出资本主义下的城市化本质是"资本的城市化"，这使城市的生产（城市进程/城市化）负载了资本主义的逻辑，即城市是为了完成资本的积累而创建。

第一，资本城市化是资本主义空间生产的产物。哈维从马克思主义角度，剖析资本城市化的过程和机理。他并不是将城市化单独列出来或者就城市化而论城市化，而是通过分析资本运动及其引起的阶级和意识形态的相应变化来阐释这一问题。其一，哈维将"城市"视为一种人造环境，一种"第二自然"。这些人造环境包括两方面：①生产性人造环境，一些固定资产项目，如工厂、高速公路、铁路、办公楼等；②消费性人造环境，即用来促进消费、非生产性的投资项目，如住房、人行道等。在这个"城市"界定之上，哈维加上了他的"资本"考察维度，指出作为人造环境的城市是资本积累、资本危机和资本循环的产物。资本无孔不入，它就好比一种化学溶剂，对城市空间的各个阶级、阶层、群体和个人都进行渗透和影响。其二，城市空间里的每一个角落都被充分利用起来并作为商品开发，土地得到高度利用。哪里可以用的土地越少，哪里的租金就越高。于是，城市空间成为谋求利润的场所。城市在资本主义神话的作用下，其规模和权力越来越大，财富也逐渐向少部分人聚集。其三，作者秉承并光大了马克思主义关于资本主义发展不平衡的理论以及列斐伏尔的"空间的生产"理论，论证了资本主义必须通过空间的生产才能存在和延续的核心观点，城市成为资本主义空间问题的核心。

[①] 大卫·哈维.资本的城市化：资本主义城市化的历史与理论研究[M].董慧，译.苏州：苏州大学出版社，2017：224.

第二,资本的三级循环与资本的城市化进程。哈维借助马克思关于资本三级循环命题,阐明了资本城市化将不断面临过度积累的周期性矛盾和阶级斗争的困境。哈维在该书开篇说:"在资本主义框架之下,我从(资本)集聚和阶级斗争两个主题对城市发展过程进行解释。这两个主题互相关联形成一个整体,是同一硬币的两面,是我们观察资本主义整体活动的两扇窗户"①。例如,马克思看到了资本向工业的过度投入中带来的商品过剩、资本闲置等积累性危机,哈维将这个资本循环过程称为"资本的初级循环",并认为,到了20世纪,出现了摆脱这个循环过程的出路。即资本投资于人造环境/基础设施的生产,也就是城市化进程,在资本循环的论域下,哈维将之称为"资本的次级循环"。因而城市这个人造环境,对资本主义制度的意义在于,为资本初级循环中过度积累的资本提供投资渠道和机会,而这就是哈维称资本主义下的城市化过程是"资本的城市化"的原因。然而,资本的次级循环也有相似的积累危机,当次级循环内出现投资饱和时,就产生了城市危机。此时的出路在于资本的第三级循环,即资本投向科技、教育、医疗、公共福利事业,以促进科技生产力、劳动力再生产,最终服务于资本主义本身。总体而言,正是在"资本的三级循环"命题框架之下,作者坚实论证了"资本的城市化"观点,指出如今的城市化并不只是城市景观营造,它更是资本循环的方式和表现。资本以城市化/城市进程的方式完成其自我使命,资本被城市化了。

第三,资本城市化形成的矛盾不可调和。城市空间和资本的这种双重关系最终导致城市空间的不平衡发展。资本每一级循环的矛盾都会引发相应的危机,这种矛盾和危机折射出,全球化的空间资本积累趋势在于单个资本家的利益诉求与整个资本主义要求均衡发展之间的矛盾不仅无法得到解决,而且存在不断空间化的态势。虽然资本主义永远不知疲倦地追求速度,在永无止境地减少空间壁垒,但是它仍然须要调适自己,以适应固定在某个空间或处于缓慢周转中的资本要求。如果这个调试过程出现问题,就会容易爆发危机。②资本主义所采取的"空间修复"和"以时间消灭空间"的做法,不但不能从根本上解决因过度积累而形成的经济危机,反而会使经济危机的规模更大,并发展成为一种从城市到整个世界的危机。这是因为,"资本主义寻求解决内部矛盾而进行'空间修复'的动力越强,它通过空间的生产而克服空间的矛盾就越深"③。由此哈维指出:"一个真正的城市化还没有产生。它需要革命的理论勾画一幅蓝图,来实现从以剥削为基础的城市化到适宜人类的城市化。而且它需要革命的实践完成这一转换。"④

---

① 大卫·哈维.资本的城市化:资本主义城市化的历史与理论研究[M].董慧,译.苏州:苏州大学出版社,2017:1.
② 大卫·哈维.资本之谜[M].陈静,译.北京:电子工业出版社,2011:50.
③ 大卫·哈维.资本的城市化:资本主义城市化的历史与理论研究[M].董慧,译.苏州:苏州大学出版社,2017:59.
④ 大卫·哈维.资本的城市化:资本主义城市化的历史与理论研究[M].董慧,译.苏州:苏州大学出版社,2017:226.

3. 著作意义

一定程度上来说,当前中国特色城市发展道路与哈维的城市思想具有一致性,这种一致性表现在:在"空间生产"正义的基础上实现空间正义,城市空间的发展要满足人的全面发展需要。

第一,在"空间生产"正义的基础上实现空间正义。哈维认为空间生产已经成为资本主义扩张的工具,城市是资本主义"空间生产"的主战场,资本逻辑主导下的城市空间生产造成了一系列严重非正义性问题。社会主义社会也必须生产自己的空间,现阶段在全面推进中国式现代化进程中,老城更新和新区建设形成的诸多新空间是我国空间生产及社会转型的重要形式,必须严格控制相关利益主体对空间资源的过度开发,体现中国特色社会主义城市化的空间正义,真正走出一条中国特色社会主义的公平正义的高质量城市化发展道路。

第二,"空间发展"要满足人的全面发展的需要。哈维提出的"空间修复",实际上揭示出:资本主义城市发展满足的是其城市资本积累的需要,而不是人的全面发展的需要。城市的空间发展应该保证每个人的公平与自由,而这种公平和自由不应该被城市资本化的空间所剥夺。我国城市建设坚持以人民为中心的发展思想,深入推动城市更新提升,进一步增强城市功能、提升城市品质,加快建设国际化、绿色化、智能化、人文化现代大都市,不断满足人民对美好生活的向往。例如我国提出"房子是用来住的,不是用来炒的"的理念,就是保证空间资源的合理分配,满足人的全面发展需要的"空间发展"之重要体现。

(七)《空间的生产》

1. 著作信息

《空间的生产》是法国杰出的西方马克思主义哲学家、社会学家、日常生活批判理论家亨利·列斐伏尔一生中影响力最大的著作,也是当代城市研究或空间研究领域绕不开的经典著作。该书首发于1974年,后被商务印书馆购得版权并将其翻译工作委托给知名学者刘怀玉,从而使其中译本2021年成功在中国出版发行。

2. 著作主要内容

列斐伏尔以其空间生产理论开启了西方理论界研究的空间转向,而最能体现其空间思想与城市理论的著作便是《空间的生产》一书。该书的主要内容如下。

第一,借助马克思、恩格斯的生产话语提出空间的新内涵。长期以来,人们对空间的理解大体可分为两种立场:关于空间的主观主义与客观主义。前者将空间的一切都看作纯粹的认知和心理设计,将现实空间等同于心理空间,容易滑向虚无缥缈的先验性唯心主义;后者则把空间视作纯粹的自然性,排除一切人为的因素,从而把现实空间等同于自然空间,掩盖各种社会力量、社会冲突以及政治、权力等关于空间的意识形态。如此,空间便被神秘化、抽象化。列斐伏尔创造性地借用了"生产"的概念,指出空间是社会历史的产物,是生产实践的过程及结果,从而破除了空间的主客二元对立,把空间带到政治经济学批判的话语中。列斐伏尔认为,马克思和恩格斯在两个层面上使用"生产"概念。广义上的生产涉及极为多样的产品内容和形式,即使是自然、政治与文化的上层建筑,在某种意义上也是被生产的,甚至那些没有生产者和生产过程的形式(如逻辑形式)也可以被纳入生产话语;狭义上的生产则被限制在经济学领域,几乎是劳动的近义词。列斐伏尔指出,要使得"生产"概念有价值,就必须将"生产"与"产品"严格联系起来。在这个意义上,生产可以看作一系列具有特定"目标"(或要生产的产品)的操作,它将时空顺序加诸生产的原材料之上,调动身体、智识和工具建立起一套以特定顺序为基础的关系。如此,空间便是一种人造的产品而非自然之物,是社会关系的构型而非地理方位的集合。

第二,将马克思的唯物辩证法引入空间领域,发展出"空间的三位一体辩证法"。列斐伏尔认为,社会空间是"空间的实践"(空间的生产与再生产实践)、"空间的表象"(符码化的、概念化的空间)、"表象的空间"(私人性的、想象的、体验性的空间)的三位一体,社会空间的生产需要在这三位一体的辩证关系中去把握。其一,他试图借此超越二元论,回归现实。二元论通常将关系简化为对立甚至对抗,这是一种思想理论的逻辑,"三位一体"则是要把那些思维从实践中剥离出来的东西返还回去,强调一种现实性、具体性。其二,列斐伏尔空间的三元辩证法要理解成多组动态的、有机的,而非静态的、机械的二元辩证关系,即三元并不意味着不处理"辩证"的张力,反而是要掌握彼此相关。其中至少有三组二元辩证关系值得注意:空间的表象与表象的空间之辩证关系;空间实践与空间结构之间的辩证关系;现实的空间(空间实践与空间表象)与可能的空间(表象的空间)之间的辩证关系。

第三,延续历史唯物主义的批判旨趣,对资本主义的当代幸存予以深刻剖析。新资本主义用一种"都市理性"取代原有的"工业理性",在一种整体性的规划中"破坏性地"重建空间并将其政治化,从而为资本主义剥削和权力控制提供遮蔽。其一,国家成为资本主义空间生产的关键性因素。资本主义国家或生产出铁路、公路、航线、货币系统等空间性生产资料与消费工具来促进生产力发展和空间消费,或通过全球扩张控制并利用国际性市场资源,或通过制造等级化、碎片化等矛盾确保对地方的控制、严格的层级、总体的一致性以及各方面的区隔。其二,城市规划作为一种空间政治,通过标榜理性客观,使得都市空间呈现出同质化(空间生产过程及产品的重复性)、碎片化(分割空间及其生产过程,从而使其丧失历史与生活的逻辑)、等级化(通过中心与边缘的划分形成集体区隔,从而固化等级秩序)和视觉化(将三维的现实空间简化还原为"形象的世界")的特征,从而形塑了现代城市的空间结构,服务于资产阶级的统治需求。

3. 著作意义

《空间的生产》与其中的空间生产理论具有重大意义。

第一,继承并发展了马克思主义,开启了历史唯物主义的空间转向。在马克思的思想滋养下,列斐伏尔不仅将空间引入生产理论,从而丰富了马克思主义政治经济学研究,还发展出空间的"三位一体辩证法",从而拓展了马克思主义的空间理论维度。由此,"空间"在历史唯物主义的研究中不再缺位。

第二,促成人文社会科学领域的空间转向。列斐伏尔的空间生产理论促使空间在人文和社会科学中成为一种新范式或新视野,如空间批判理论的兴起与发展;空间研究与社会学、地理学、政治经济学等学科的结合也为这些学科的发展注入了新的生机与活力。

第三,对理解和解决当下城市发展问题有着重要意义。列斐伏尔对资本主义城市的描述与批判对当今世界各国的城市化进程都有所启发,迫使其反思快速推进的城市化过程中社会分化、环境污染等人文与自然层面上的恶果,并思考如何把城市还给人民,从而打造宜业宜居的幸福城市。

(八)《新马克思主义城市理论》

1. 著作信息

《新马克思主义城市理论》于2006年在商务印书馆出版,作者高鉴国系山东大学哲学与社会发展学院社会学系教授。作者在文献研究的基础上,通过城市观、空间观、国家职能、城市规划等重要且基础的范畴,论述了"新马克思主义"学者的学术贡献。该书是国外马克思主义研究、马克思主义空间理论、城市研究的重要书目。

2. 著作主要内容

第一,一些"新马克思主义"城市学者坚持了"历史唯物主义"。他们基于"历史唯物主义"的理论原则,坚持物质生产实践的立足点,借助城市这一场域来解释社会变迁的规律。城市在这些"新马克思主义"学者中占据重要的地位,因此他们普遍重视城市与生产方式的关系,从不同的角度来探讨资本主义城市与生产方式的关系。在《新马克思主义城市理论》中,我们可以看到:其一,哈维将城市作为资本主义的建成形式和资本扩张的物质形态。资本的集中要求生产过程和管理组织的空间集中,这又决定了劳动力的集中,且资本主义的生产利用城市的空间形式来减少生产和流通过程的费用,实现资本积累的最大化,因此资本主义城市的重要作用之一是提供经济基础存在的必要条件。其二,卡斯特在坚持历史唯物主义理论原则的基础上,从集体消费的视角将城市定义为劳动力再生产的空间单位,并且利用城市社会运动来认识城市的作用。除此之外,他还提出了一些新的概念(生产、交换、消费、行政和符号等)试图"扩展历史唯物主义有关空间领域的基本理论"的结果。其三,列斐伏尔从中心边缘、日常生活等视角来理解城市空间的意义,他阐释了城市不仅是劳动力再生产的物质建筑环境,也是资本主义自身发展的载体。综上,"新马克思主义"学者借助历史唯物主义的基本观点来研究城市化和城市特征,揭示现代城市与资本主义生产方式的具体联系,从而有利于更直接地把握城市发展变迁的规律。

第二,"新马克思主义"学者发展了"历史唯物主义"。他们对资本主义空间问题进行分析,尝试从空间维度对"历史唯物主义"进行重构,并在此基础上对资本主义进行批判。其一,列斐伏尔尝试通过重新激活马克思的社会生产理论来重构历史唯物主义。书中强调"列斐伏尔看到了资本主义作为一种生产方式,为了自身生存已经从马克思所处的时代以来有了很大的变化"①,其手段即"占据空间、产生空间"②。因此,历史唯物主义的时间维度已经转化为全球范围内的空间维度,历史性矛盾也转化为更深层次的空间性矛盾,这就意味着生产方式的更新与发展。其二,哈维从空间生产的运作逻辑出发,阐释了资本积累的无限性和空间有限性之间的矛盾,建构了历史-地理唯物主义。例如,哈维借鉴马克思的有关理论提出了资本的三级循环理论。在其理论中,"时间修复"并不能长远解决资本膨胀的危机。因此,资本唯有通过"空间修复"才能进行继续生产,维持自身的剥削性统治。除此之外,哈维将阶级斗争引入地理学中,强调了地理学应当是"人民的地理学",这种地理学有自己的群众基础,并且深深扎根于人民的意识当中。资本主义的空间生产使得工人阶级在地理范围内更加分散,消解了工人阶级的力量,但是哈维依然坚持马克思主义的阶级分析理论,并将阶级斗争贯穿于社会过程的全部环节。综上,一些"新马克思主义"学者从空间理论的不同视角重构了"历史唯物主义"。他们坚持在"历史唯物主义"基本理论的基础上实现"历史唯物主义"的新时代发展。

第三,"新马克思主义"学者的理论虽然突破了"历史唯物主义"的经典框架,但不免具有历史局限性。历史唯物主义强调了人民群众和阶级斗争的重要作用,而"新马克思主义"学者并没有意识到这些。其一,从斗争主体来看,"新马克思主义"学者虽然意识到了民众的力量,符合历史唯物主义的理论原则,但是他们将变革力量寄托于政府组织和边缘人士而忽视了工人阶级主体,这与历史唯物主义中的人民群众理论相悖离,因此他们必将把革命引入歧途;其二,从斗争方式上来看,"新马克思主义"学者呼吁受压迫的群体受到空间意识启蒙后联合起来反抗空间秩序,虽然针对资本主义制度提出了变革的目标,但斗争方式却采取非暴力的方式,这显然与历史唯物主义阶级斗争理论相悖离。恩格斯提到过,"如果旧的东西足够理智,不加抵抗即行死亡,那就和平地代替;如果旧的东西抗拒这种必然性,

---

① 高鉴国.新马克思主义城市理论[M].北京:商务印书馆,2006:101.
② 高鉴国.新马克思主义城市理论[M].北京:商务印书馆,2006:101.

那就通过暴力来代替"①。然而,资产阶级不会主动退出历史的舞台,因此,非暴力的方式是无法彻底实现变革的。

3. 著作意义

该书不仅总结了马克思恩格斯经典作家对生产方式和城市问题的理论认识,而且对"新马克思主义"城市理论作出了系统的归纳和整理。该书对"新马克思主义"方法特点的挖掘,对"新马克思主义"与经典马克思主义内在联系的方法论挖掘,在理论和实践上都有着非常重要的意义。

在理论方面:其一,该书对"新马克思主义"学者理论观点的归纳总结可以作为进一步认识资本主义社会变化的重要文献资料;其二,该书阐释了"新马克思主义"城市学者基于"历史唯物主义"对城市现象的分析,这也说明了马克思主义在当今社会研究中充当着重要的理论工具;其三,该书阐明了"新马克思主义"城市学者对生产方式和阶级关系的分析,虽然有其局限性,但对我们深刻认识历史唯物主义并在此基础上理解马克思主义基本原理,推进马克思主义的中国化、时代化具有重要的意义。

在实践方面:其一,随着中国特色社会主义进入新时代,人民对美好生活空间和优质社会环境的需求日益增长,追求城市空间正义变成了迫切的需要。该书对城市空间正义的探讨启发中国在推进新型城镇化过程中要注重城市空间布局的合理性和公平性;其二,该书通过归纳"新马克思主义"城市理论,分析其理论价值和局限性,以西方社会为经验参照,启迪中国在现代化进程中要避免盲从西方城市化道路,减少和免除了西方社会的种种危机,要坚定中国特色社会主义的制度自信。这也充分说明了马克思主义基本原理的真理性和实践性。

(九)《历史唯物主义的空间化问题》

1. 著作信息

《历史唯物主义的空间化问题》是由南京大学哲学系刘怀玉教授撰写、江苏人民出版社于 2022 年出版的学术专著,系国家社会科学基金资助项目"历史唯物主义的空间化问题研究"的最终成果,是国内关于空间研究的前沿性学术著作。

2. 著作主要内容

该书立足于历史唯物主义的立场、观点和方法,聚焦 20 世纪下半叶以来西方社会及学界"空间化转向"和空间研究的相关社会思潮,将历史唯物主义与空间研究相结合,将空间

---

① 马克思恩格斯文集(第 4 卷)[M].北京:人民出版社,2009:269.

问题置于历史唯物主义之中进行考察,把历史具体化理解为一种社会空间关系存在,全面阐释和介绍了西方马克思主义代表人物的空间化研究成果及思想,并观照中国现实,思考和研究城市哲学发展、中国道路等相关问题,为深刻理解中国道路和城市空间发展提供理论指引和方法论借鉴。

第一,该书明确指出了历史唯物主义的空间化问题之产生的重要理论背景。在很长的一段时间内,历史唯物主义与空间是毫不相干的两个范畴。一方面,人们在讨论空间问题时,往往忽略了历史的维度;另一方面,当人们关注历史问题时,空间的维度也往往是被排斥在外的。在这种相对缺失的研究视角下,人们对于社会问题的研究和考察往往是不全面的。因此,我们需要将空间观与历史观统一起来。其一,"把空间问题提升为'空间化'问题"①,将空间理解为历史发生的前提与结果,把历史具体化地理解为社会空间关系,实现空间观与历史观的结合。其二,把空间化问题从一个哲学范畴和理论问题提升为历史唯物主义的当代特征和核心现实问题,充分把握和认识空间化问题的重要性和时代性。这是研究历史唯物主义的空间化问题的重要理论前提。

第二,该书探讨了历史唯物主义的空间化问题是如何形成的这一重大问题。在空间化研究已成为时代突出课题的社会背景下,在现有的空间化理论基础之上,历史唯物主义的空间化研究成为可能。当前国内外学界已有关于历史唯物主义的"空间化转向"的相关研究,如福柯、尼采、齐美尔、海德格尔、本雅明、哈维等,他们从历史唯物主义角度出发研究空间化问题,聚焦资本主义社会现状,提出各种空间化发展理论。由此,国内学界也对此给予了关注和研究,并"结合本土实际讨论空间生产时代中国城市化发展所面临的严峻挑战与新的可能未来"②。

第三,该书指出了历史唯物主义的空间化之基本概念及其研究价值。历史唯物主义的空间化可以被理解为以物质生产与社会关系的生产和再生产为核心的历史辩证法之基本视野,也可以被理解为广义历史唯物主义之存在论与认识论的一种现象学特征与规定。因此,对该问题的研究是对当今西方哲学普遍"空间化转向"的深度呼应,是对时间-空间问题的深化与推进,其本身具有悠久的历史渊源,也是当代最有生命力的理论问题生长领域。

第四,该书着重探讨了历史唯物主义的空间化之代表性理论。虽然在马克思主义哲学中缺少对空间化理论的直接表述,但通过一些学者的挖掘和阐释,人们发现经典历史唯物主义理论的基本范畴中蕴含着大量的空间思想,如再生产理论、社会有机体理论、人化自然和历史自然理论等。在此基础上,该书对马克思主义哲学基本理论体系进行了空间化的理解和重建,如对历史唯物主义的历史概念、社会理论的空间化理解,以及与历史唯物主义相关的马克思主义认识论和辩证法的空间化解释。此外,马克思、卢森堡的生产方式理论

---

① 刘怀玉.历史唯物主义的空间化问题[M].南京:江苏人民出版社,2022:2.
② 刘怀玉.历史唯物主义的空间化问题[M].南京:江苏人民出版社,2022:19.

和资本积累理论,列宁与布哈林的资本主义理论、帝国主义理论和资本主义空间化发展问题的理论阐述等,都为历史唯物主义空间化研究的开展奠定了扎实基础。西方马克思主义理论在继承经典马克思主义理论的基础上,从政治经济学批判的哲学方法中形成了当代空间化社会批判哲学,从马克思的"不平衡发展"观点中发展出"历史空间辩证法"思想,出现了"政治文化哲学转向",其中也蕴含了空间化思想。这些思潮彰显了历史唯物主义的空间维度,是历史唯物主义空间化研究的重要内容。其中,列斐伏尔作为最重要的核心代表人物,是历史唯物主义空间化转向的典型个案,其代表作《空间的生产》蕴含着丰富的空间化历史唯物观和空间辩证法思想。

第五,该书立足历史唯物主义的空间化理论观照现实,探讨城市哲学问题和中国道路的历史与逻辑等。在分析和阐释了历史唯物主义的空间化相关理论之后,该书充分透视现实社会问题,"先是集中研究历史唯物主义空间化视野中的全球化、区域化与城市化三大现实问题之一——城市化哲学问题"①,而后研究中国道路自信的历史辩证法和空间辩证法,为理解中国道路、坚定道路自信提供了历史唯物主义的空间化这一全新视域。

3. 著作意义

第一,从理论内容上看,该书系统全面地阐释了历史唯物主义的空间化问题,探讨了理论来源、基础问题、现实反思等,全面表现了马克思主义经典文本中的历史唯物主义空间化观点、西方马克思主义关于历史唯物主义空间化转化的相关思想,建构了历史唯物主义空间化问题的研究体系,形成了历史唯物主义空间化问题的理论架构,彰显了历史观与空间观的统一。

第二,从理论贡献来看,该书是国内学界较早地系统阐释历史唯物主义空间化问题的著作,是该书作者多年躬耕空间哲学的思想成果,开创了国内研究和关注历史唯物主义空间化问题的先河,引领了国内空间研究的发展方向。该书基于历史唯物主义的立场观点方法,将学界长期忽视的空间维度纳入历史唯物主义的理论体系之中,实现了对历史唯物主义的拓展,丰富了历史唯物主义研究的视角、内容和方法。

第三,从现实意义来看,该书作者在探讨历史唯物主义空间化相关理论问题基础上,积极用理论观照现实,实现了从理论研究到现实研究的跃升,强烈观照了空间研究这一重大的时代课题,凸显了其重要意义和时代价值。一方面,聚焦城市哲学和城市发展的现实问题,为解决城市化过程中的具体问题提供思路和可借鉴的理论资源。另一方面,立足中国现实语境,探讨和建立了研究中国道路的历史空间辩证法,提供了深刻理解和阐释中国道路的新视野,形成了独树一帜的、理解中国道路的话语体系,为更加坚定道路自信提供助力。

---

① 刘怀玉.历史唯物主义的空间化问题[M].南京:江苏人民出版社,2022:335.

(十)《国外城市治理理论研究》

1. 著作信息

《国外城市治理理论研究》是国内知名学者、教授曹海军的重要专著。该书收录在政治文化与政治文明书系、行政文化与政府治理系列中,系统梳理了国外城市治理理论,以求为中国城市治理的理论发展与现实应对提供借鉴。该书由天津人民出版社出版,于2017年5月正式发行。

2. 著作主要内容

《国外城市治理理论研究》以当今世界尤其是发展中国家快速推进现代化进程中的城市治理问题为研究核心,系统梳理了城市治理的理论争论及其演化脉络,并在此基础上主要探讨了四种国外城市治理理论——城市善治理论、大都市区治理理论、城市群治理理论、多层次城市治理理论,以期为当下中国城市治理的发展给出学理分析和建议。

第一,城市善治理论基于治理理论,追求公共利益的最大化,其本质特征是政府与公民对城市的合作与共同治理。治理是各种主体努力调和各种冲突及其不同利益从而采取联合行动的持续过程,有强制的一面——有权迫使人们服从正式制度和规则,也有妥协的一面——人们同意可能使其利益受损的正式或非正式的制度安排。善治即良好的治理,是治理的高级模式,实际上是国家权力向社会的回归。善治的六个基本要素包括:合法性、透明性、责任性、回应、法治和有效。城市善治理论追求公共利益和民生福祉的最大化,既强调多元主体参与的治理过程,又强调人民满意、幸福的治理成效。

第二,大都市区与城市群治理理论。城市是人类居住、生产、管理等活动的集聚中心;在人口集聚、扩散、再集聚的循环反复过程中,城市也随之形成、演化乃至消亡。大都市区的空间组织形式正是在这个过程中出现的;作为一个大的城市人口核心,以及与其有着密切社会经济联系的、具有一体化倾向的邻接地域的组合,大都市区往往是城市治理的核心,也是城市统计和研究的基本地域单元。大都市区治理强调一种内部的中心-边缘性,常常会形成城与乡、工与农的二元对立结构。大都市区依赖非农产业在其外围地区的充分发展而发展,并且以大都市区为中心产生人员、物资、资金、信息等各种"流"的要素联系,通过交通、通信等基础设施传递、扩散。尽管当前强调城乡共同发展,但长期的制度惯性会使得这种中心-边缘关系在较长的时间内难以改变。城市群治理则在一个较为宏观的层面上同样表现出一种中心-边缘性。在一定地理或行政区域内,由于资源禀赋、发展历史等各方面因素,城市的发展水平各异。为追求规模经济与更好的发展,往往有一两个大城市或特大城市以自身为核心,辐射并带动周边一定范围内的一批中小城市,从而形成有一定影响力和竞争力的区域城市群或城市带。这种城市群内部自然也分出等级,形成核心层城市—紧密层城市—边缘层城市的结构。沿着这个结构,核心城市向周边城市辐射,边缘城市也向核心城市集聚。相比于等级性,城市群治理更注重协同性,即城市群的协同发展:在城市群的共同发展目标下,各城市调整并优化自身发展路径,良性竞争,在各自得到发展的前提下相互协作、共同发展进步。

第三,多层次城市治理理论认为城市治理日益成为一个跨空间、跨领域的动态过程,主张国家、区域与城市不同层面的政治、社会力量围绕着城市治理的目标,不断进行博弈、协商与谈判,从而提升城市治理效能。其一,将城市治理放在国家治理的宏观体系下,从宏观层面进行战略调整与政策调控。其二,在中观的区域层面上吸纳城市群治理理论,强调建立城市治理的合作网络。其三,在微观、具体的城市层面,强调城市共同体的价值理念,尊重公民自治,鼓励政府与市场的伙伴关系以及社会组织和公众的参与式治理,力求构建城市治理的共同体。

3. 著作意义

《国外城市治理理论研究》一书具有强烈的现实意识,即以中国城市发展和城市治理作为现实关怀,对国内外主流城市治理理论进行了系统的回顾与阐释,并揭示了中国城市治理研究的未来,从而对于推进国内城市治理研究、城市可持续发展研究有着重要的理论与现实意义。

第一,该书对国外城市治理研究的系统概括与重要理论归纳可作为国内学者研究城市与空间的重要资料,从而有助于相关研究的创新与深入推进。通过该书,相关学者可对学界当前的研究有个较为全面且细致的把握,并感受既往研究的不足,比如当前关于城市治理的研究主要围绕多元主体、治理对象、治理过程等方面展开,但对于治理发生的空间以及空间在治理中的作用和约束性并未给予足够重视等。由此,寻找新的、更有效的研究视域,推动相关研究的不断扩展。

第二,为当下中国推进新型城镇化与社会治理现代化提供理论参考。该书对国外城市治理理论的系统梳理与深刻剖析有利于总结当今中国式现代化进程中社会与城市治理方面的得失,从而优化中国式现代化的战略与路径,为解决城市问题、形成城市与社会的有效且优质治理的经验获得裨益。

四、问题解析与方法启示

本专题研究立足城市发展现实,关切时代发展需要,基于全球化、城市化、现代化等多维视角,以马克思恩格斯的城市思想为依托,基于历史唯物主义的立场、观点和方法分析城市现象、阐释城市本质,用理论观照现实,帮助我们理解城市治理的本质内涵、基本特征、功能属性、运行机制等,实现了从理论研究到现实研究的跃升,推进了马克思恩格斯的城市思想的丰富与发展,为厘清新时代城市治理问题、推动新时代城市治理实践创新提供理论支撑与经验借鉴。从历史唯物主义的视角来看,城市发展历经了从无到有、从简单到复杂、从低级到高级的过程,反映了社会历史发展规律。资本主义城市发展满足的是其城市资本积累的需要而非人的全面发展的需要,进而使其城市化进程中出现了社会分化、环境污染等人文与自然层面上的现实问题,引发了如何把城市还给人民,建设以人民为中心的宜业宜居、国际化、绿色化、智能化、人文化的现代大都市的思考。为此,我们必须在理解和把握全球城市发展的多样化方案的基础上,建构现代城市的空间结构,破解城市空间生产中的非正义性问题,推动城市的可持续发展并构建真正的现代化人民城市。

本专题研究深刻分析了历史唯物主义的空间转向,明确了空间概念和空间问题本质,解读了资本主义城市化过程与发展规律,从多个视角延伸和拓展了城市治理问题,充分说明了马克思主义的真理性、历史性与实践性,彰显了马克思主义的理论光辉,为我们在新时代新征程解决城市环境问题、城市空心化问题、城市风险问题等当代城市治理问题,以及建构新时代城市治理的理论体系与实践路径提供了深刻的方法启示。具体如下:

第一,历史唯物主义视域下的城市治理研究,需要从历史和现实两个基本维度进行,即"新马克思主义"城市理论的沿革和马克思恩格斯的城市思想之时代新解。本专题研究对马克思恩格斯的城市思想与时代特征紧密结合,赋予马克思主义理论以鲜活的生命力,同时对"新马克思主义"城市理论做了系统的归纳和整理。如《新马克思主义城市理论》一书注重对"新马克思主义"与经典马克思主义内在联系的深度挖掘,阐释了一些"新马克思主义"城市学者从历史唯物主义出发对城市现象的分析、对生产方式和阶级关系的分析,这对于我们深刻认识历史唯物主义和深入理解马克思主义基本原理,以及推进马克思主义中国化时代化具有重要意义。《空间的生产》一书深入研究了马克思主义政治经济学和马克思主义的空间理论,将空间引入生产理论,极大地丰富了马克思主义政治经济学研究,提出空间的"三位一体辩证法",拓展了马克思主义的空间理论维度。《资本的城市化》一书将马克思主义与城市问题结合,将人的全面发展作为价值旨归,指出空间生产已经成为资本主义扩张的工具,造成了一系列严重非正义性问题的产生,必须在"空间生产"正义的基础上实现空间正义,这对于我国真正走出一条中国特色社会主义的公平正义的高质量城市化发展道路有着重要的启示意义。可见,本专题研究将时代提出的新任务与马克思恩格斯的城市思想相结合,深入分析"新马克思主义"城市理论的发展变革,丰富了历史唯物主义视域下的城市治理的相关研究。

第二,需要有强烈的现实意识和研究视角,并能够运用其来剖析当代城市整体样貌。具体而言,本专题研究从现代性的视角出发,以突出的前瞻性深刻分析城市的起源、发展历程和理想图景。如《风险社会》一书聚焦当下西方社会的现代性,以原联邦德国为分析对象,展现了现代西方社会的现实状况,揭示了现代西方社会面临的现实问题,考察了现代社会的运行特点、现状、影响、后果以及未来可能的发展路径,分析了当下西方社会的现代性,为我们了解当代城市整体样貌提供了重要资源。《城市发展史——起源、演变和前景》一书以深刻的现实问题为切入点,将处理好城市与人、城市与自然的关系视为城市发展的重要内容,强调城市是人类的生存场所,以人为本是城市发展的价值追求;自然环境是城市的基底,城市是在自然基底上堆砌起来的,尊重自然是城市发展的价值准则。《后现代地理学——重申批判社会理论中的空间》一书从城市的研究出发,抛弃了以往历史决定论的叙事方式,重新定位了历史唯物主义中的空间意蕴,同时实现了空间关于权利、正义、公平等概念的创新,为我们进行社会变革提供了一种可能的探讨思路。《国外城市治理理论研究》一书具有强烈的现实意识,将中国城市发展和城市治理作为现实关怀,系统回顾了国内外主流城市的治理理论,揭示了中国城市治理研究的未来。可见,本专题研究深刻剖析现实社会中城市的发展以及发展中呈现的相关问题,为我们解决当前全球城市问题和推进新时代城市治理实践提供了有益借鉴。

第三,需要运用逻辑与历史相统一的研究方法,探寻城市发展规律,为解决当前全球城市问题提供有益借鉴。本专题研究从历史维度考察全球范围内城市的形成与发展的历史进程,并在此基础上,从逻辑思维的高度挖掘、总结、提炼和概括城市的本质和城市发展规律,提出更好解决城市问题的有效方案。如,《全球城市史》一书从历史、地理和文明等多维视角介绍了数千年来城市生活的演变,总结了不同城市兴衰起伏的历史周期,提出了全球城市(尤其是发展中国家城市)解决城市治理的困境和危机的实践路径,为我们展现了全球城市发展与治理的多样性方案;《寻求空间正义》一书在分析洛杉矶城市空间演变的基础上,深入探究了空间问题本质,指出空间既是一种思维方式,也是一种历史地理产物,并提出了空间正义实现路径,为我国的城市空间建设提供了思考和借鉴;《历史唯物主义的空间化问题》一书从历史维度考察空间问题,揭示了历史唯物主义的空间化问题的形成逻辑,并观照中国现实,探讨和建立了研究中国道路的历史空间辩证法,为我们深入理解城市治理问题提供了新视野。可见,本专题研究全面把握全球城市发展的客观历史事实,探寻城市发展的客观历史规律,蕴含着丰富的历史唯物主义意蕴,为我们在新时代新征程上更好把握城市发展规律、提升城市治理效能奠定重要基础。

专题七　历史唯物主义与中国式现代化

一、专题说明

党的二十大报告,对中国式现代化的科学内涵、中国特色、本质要求、目标任务、战略部署等进行了全面系统深入的阐释。中国式现代化是中国共产党团结带领中国人民在社会制度、经济发展、生活方式、价值观念等方面进行的全方位实践探索、实践变革。中国式现代化,既是中国共产党现代化理论成果的时代创新与表达,也是世界历史进程中的独特环节,体现了现代化的社会主义本质要求和中国特色,彰显着历史唯物主义的智慧光芒。新时代以来,中国毫无疑问开启了现代化发展的新篇章,现代化的成就体现在国家发展、社会进步与人的全面发展等方方面面。

"以中国式现代化全面推进中华民族伟大复兴",表明中国式现代化与中华民族伟大复兴,具有理论上的同构性、历史上的一致性、实践上的契合性与价值上的同源性,意味着中国真正崛起,也说明我们需要有资格和底气在现代化发展、现代化建设、现代化模式、现代化道路上讲中国话,即构筑并深入阐释"中国式现代化",使之成为具有世界影响力、学术阐释力与实践拓展力的理论范式。本专题旨在明晰中国式现代化的形成历史、实践积累、创新发展,植根于中国现代化发展道路的深厚历史与生动实践来挖掘现代化实践的历史经验,展现中国式现代化的独特内涵与生命活力,深刻把握现代化新征程上将面临的新矛盾与新挑战,凝聚奋进社会主义现代化强国建设的共识,将中国式现代化的经验持续转化为推动人类文明新发展的强大力量。

二、教学目标

从整体上理解和把握中国式现代化的来龙去脉、科学内涵、本质要求、理论特征、未来要求等重要问题。深刻理解经过党的十八大以来在理论和实践上的创新突破,中国共产党成功推进和拓展了中国式现代化。深刻把握中国式现代化是中国共产党领导的社会主义现代化,既有各国现代化的共同特征更有基于自己国情的中国特色。坚持科学的世界观方法论,提高运用历史唯物主义正确认识中国式现代化、化解社会主要矛盾、实现人的自由全面发展的能力。具体而言,教学目标包括以下内容。

(1) 了解和掌握马克思恩格斯的现代化理论。
(2) 了解和掌握西方现代化理论与实践。
(3) 中国共产党与中国式现代化。
(4) 新时代中国式现代化的拓展与创新。
(5) 中国式现代化的世界意义。

三、代表性文本

选取了塞缪尔·亨廷顿等的《现代化:理论与历史经验的再探讨》(罗荣渠主编)、马蒂内利的《全球现代化:重思现代性事业》、雷迅马的《作为意识形态的现代化:社会科学与美国对第三世界政策》、阿历克斯·英格尔斯的《人的现代化》、霍布斯鲍姆的《工业与帝国:英国的现代化历程》、布莱克等的《日本和俄国的现代化:一份进行比较的研究报告》、吉尔伯特·罗兹曼的《中国的现代化》、基辛格的《论中国》、罗荣渠的《现代化新论:世界与中国的现代化进程》、杨耕的《东方的崛起:关于中国式现代化的哲学反思》、陈先达的《历史唯物主义与中国道路》、丰子义的《现代化的理论基础:马克思现代社会发展理论研究》、王立胜的《中国式现代化道路与人类文明新形态》等十三个代表性文本,以期助力我们深入理解历史唯物主义视域下中国式现代化的理论与现实问题。

(一)《现代化:理论与历史经验的再探讨》

1. 著作信息

《现代化:理论与历史经验的再探讨》一书由当代著名历史学家、北京大学教授罗荣渠主编,是一本深入探讨现代化的理论内涵与实践经验的重要著作。该书属于"世界现代化进程译丛"和"当代学术思潮译丛"之一,选编了享誉世界的美国政治学家塞缪尔·亨廷顿等国际知名学者有关现代化研究的杰出代表作,是有关现代化问题研究与思考的宝贵学术资源。1993年,该书由上海译文出版社出版。

2. 著作主要内容

现代化是近300年来所发生的社会变化的实质过程,是发生于经济、政治、文化、社会、生态等各个领域的复杂过程。《现代化:理论与历史经验的再探讨》一书选编了23篇亨廷顿等学者有关现代化研究的代表性论文以及专著的部分章节,介绍了国外学术界对于现代化理论的学术探索,以及对现代化实践中所积累的历史经验的反思与再认识。该书共分为四编:"现代化与发展理论再认识""工业化道路与模式的再探讨""政治现代化进程与发展目标""东亚发展模式与工业化战略"。第一编以理论文章为主,第二、三、四编以实证性研究为主。

第一编从多维视角探讨了现代化与发展理论的理论内涵,重点分析了马克思对现代化的深刻认识。马克思认为,现代化的先决条件是"存在着土地所有制"、"出现土地商品化"、存在"个人本位的城市'市民'文化"①,指出社会制度、习俗和社会行为的变化是技术变化与革新的根本原因所在,深刻地揭示了现代化的内在本质。在"发展理论"中,"发展"的含义是一个国家或地区在经济增长的基础上,促进不平等、失业和贫困问题的减少。现代化与发展的实现并非只有一条路径,发达国家的发展经验不一定适用于欠发达国家,若一国能不严重依赖对外贸易与外国援助,则更有利于实现更加均衡、更少失调的发展。

第二编分析了现代化发展的具体前提条件。格尔申客隆揭示了现代工业化"前提条件"的内涵,指出这一概念具有两层含义。一是工业发展具有非连续性,即多数工业发展都是在一个准备阶段的基础上,通过获取巨大飞跃的方式来实现;二是工业化发展具有一致性,任何一种工业化发展过程都不可避免地"重复早先一些国家或地区工业化过程的全部基本特征"②,都需要资本积累、劳动者和市场等先决条件。围绕格尔申客隆的理论命题,其他学者进一步分析了英国等不同国家工业化的前提条件,研究发现落后国家与先进国家相比,所具有的独特的前提条件是拥有先进国家的技术辅助、熟练工人和资本货物的来源。同时,工业化过程具有极大的弹性和多样性,如果落后国家缺乏被视为工业化前提条件的某些因素,仍然有机会取得经济发展、实现工业化的可能性,这些观点拓展了工业化的研究视野。

第三编回顾了政治发展理论的主要议题和观点,厘清政治现代化不同发展目标之间的关系。西方现代化具有多样性,科层化、工业化、民主化是西方现代化进程中的三大因素,三大因素的不同组合造成了各国现代化进程的差异。如英国模式中工业化居于统治地位,影响和调节其他两大因素,政治发挥的作用较小。而非西方国家处于工业化与依附关系之间的两难地位,非西方国家逐渐融入工业化的世界是大势所趋,但是这并不意味着非西方社会必须遵循西方的发展模式。亨廷顿进一步分析了富裕、公平、稳定、民主与自主等各项发展目标之间的关系,指出各项发展目标能否调和的关键在于文化,并从文化角度揭示了现代化进程差异化的原因。

第四编分析了日本等东亚国家和地区的现代化发展特征。如日本明治维新时期所探索的现代化模式的特点在于,既有制约力具有压倒性优势,即原有的家族、阶级阶层结构在

---

① [美]塞缪尔·亨廷顿,等.现代化:理论与历史经验的再探讨[M].罗荣渠,主编.上海:上海译文出版社,1993:11.
② [美]塞缪尔·亨廷顿,等.现代化:理论与历史经验的再探讨[M].罗荣渠,主编.上海:上海译文出版社,1993:180.

现代化调整过程中仍然发挥了强大的制约作用。在此基础上,第四编总结了东亚发展模式的探索经验,指出东亚发展模式取得成功源于一些独特因素,包括在复杂的外部力量和内部力量的相互作用下,东亚国家政府具有一定的相对自主权,劳动伦理、节俭、对统治集团和权威的忠诚等东亚文化特定品质有助于促进宏观经济的发展,等等。但是,永远不存在一个通用的现代化发展模型,各国要结合具体实际,合理运用这些现代化发展智慧为各国现代化建设服务。

3. 著作意义

《现代化:理论与历史经验的再探讨》一书介绍了现代化和发展理论的基本内涵,分析了发达国家与发展中国家现代化发展的前提条件与具体特征,总结了现代化发展的实践经验,为当前发展中国家的现代化建设提供了宝贵经验。

第一,该书选编的部分论著在分析各国独特的现代化历史过程时,运用了历史唯物主义的分析方法,探究了不同国家现代化发展的实际历史条件,阐明了现代化进程中阶级、革命等范畴,为现代化相关研究奠定了重要的方法论基础。

第二,该书分析了不同国家实现工业化的先决条件,考察了发达国家之间、发达国家与发展中国家之间的现代化发展差异化的内在原因,超越了"现代化只有资本主义现代化一条道路"等错误理解,为社会主义现代化研究提供了重要的理论参考。

第三,该书总结了不同国家现代化发展的普遍性与独特性经验,为发展中国家的现代化建设开拓视野、启迪思路。该书阐明发展中国家具有历史特性,不存在现成的、可以照搬的现代化理论来指导具体实践,同样不能把个别国家的工业化发展经验视为普遍规律,指出发展中国家需要基于其社会条件和时代背景,制定具有各国特色的现代化发展道路,独立自主地走向现代化。

(二)《全球现代化:重思现代性事业》

1. 著作信息

《全球现代化:重思现代性事业》一书作者是意大利学者艾伯特·马蒂内利,中文版本由李国武翻译,商务印书馆 2010 年出版发行。马蒂内利是意大利米兰大学政治学与社会学荣誉退休教授、国际社会科学理事会原主席、国际社会学协会第十四届主席。主要研究领域为政治学和社会学理论、现代化和发展研究、国际关系和全球政治、可持续发展和全球治理,主要代表作有《全球现代化和多元现代性》《全球现代化:重思现代性事业》等。《全球现代化:重思现代性事业》英文版出版于 2005 年,前四章是 1998 年出版的《论现代化》一书的英译稿,第五章是专门为 2005 年出版的该书英文版撰写的。

2. 著作主要内容

该书总结分析了关于现代性和现代化问题的各种理论,与时俱进地厘清了现代化与全球化的关系,提出了全球民主治理的设想,极大地丰富了当代学界对现代化问题的研究视角和研究成果。

该书包含五个章节,前三章主要围绕"现代化"展开,基于历史角度和社会学视角梳理和界定了现代化、现代性的概念,批判性地讨论和比较了各种不同的现代化理论;后两章在考察西方发达国家发展趋势的基础上,分析了现代化和全球化之间的关系,并展望了二者的未来作用。

第一,该书将现代化界定为"一系列大规模变迁过程的总和"①,而现代性是"现代化过程中所具有的社会生活和文化的特定形态"②,指出现代化包含现代性的概念。该书从历史唯物主义的视角出发,考察了文艺复兴、宗教改革、启蒙运动等不同时期的历史,认为现代化的概念建立在西方国家历史经验基础上,但也可以被应用于世界其他国家,因此作者提出现代化具有全球化特征,现代化进程具有单一性,通往现代性的不同道路具有独特性,并评述了经济、社会、政治、文化等不同领域的现代化情况,最终得出现代化是"有多重结果的趋于全球的过程"③这一论断。

第二,该书系统考察了受去殖民化和美苏争霸影响的古典现代化理论。这一理论在20世纪50—60年代的美国发展起来,研究的是第三世界落后国家的有关问题,试图为其发展提供策略帮助。作者结合不同学者的观点,对现代化的文献从几个方面进行了综述和分析:其一,作为对立模式的传统社会和现代社会的特征;其二,现代化的因素、机制和过程,包括进化论和结构-功能论的假定,企业家精神的态度及地理的、社会的和精神的流动以及社会动员和政治参与这三类;其三,现代化阶段的数量和顺序,以及现代化进程的方向;其四,现代化面临的危机、挑战和临界门槛,以及现代化不同方面之间的矛盾;其五,现代化的各种不同行动者的类型和特征;其六,向现代性过渡的结果和后果。接着作者又从不同方面对古典现代化理论进行了综合性的批评,运用历史社会学、政治发展理论、依附理论、世界体系理论的视角,分析和研究了西方发达国家现代化的起源和道路,运用政治经济学和文化的比较视角重新认识非欧洲国家现代化的当前进程,肯定了多重现代性的存在,指出"现代化过程是一个全球性过程,现代性是一个全球性状态"④。

第三,该书参考社会学关于现代性的争论来考察发达国家现代化的当前趋势。作者

---

① [意]艾伯特·马蒂内利.全球现代化:重思现代性事业[M].李国武,译.北京:商务印书馆,2010:5.
② [意]艾伯特·马蒂内利.全球现代化:重思现代性事业[M].李国武,译.北京:商务印书馆,2010:13.
③ [意]艾伯特·马蒂内利.全球现代化:重思现代性事业[M].李国武,译.北京:商务印书馆,2010:38.
④ [意]艾伯特·马蒂内利.全球现代化:重思现代性事业[M].李国武,译.北京:商务印书馆,2010:123.

结合詹克斯、德兰提等不同学者的观点阐发了后现代性,并对后现代社会学提出批评,接着作者简要论述了伯曼、哈贝马斯、图海纳以及瓦格纳的主要理论贡献,指出他们都认为现代性仍是未竟之业,"拒绝现代性终结的思想"①。作者论述了吉登斯对于激进现代性的观点,认为在其观点下当代社会呈现反思性特征。作者还论述了贝克对风险社会的观点,认为在其观点下全球化具有双重性和矛盾性,全球化既刺激了企业和国家之间的竞争,又推进了全球共同性的滋长。在此基础上,作者进一步论述了全球化和现代性的关系,认为"全球化是现代性最显著的后果之一,并重塑了现代性事业"②;再次强调现代化是全球性进程,指出全球化把现代化的参考框架放置于世界体系的视角下,使现代状态变成了全球性状态,意味着世界秩序的全球性巨变;继而作者引出了全球治理的问题。作者指出,全球化对正在现代化的国家既有促进也有威胁,国家主权遭到侵蚀是"不可避免的全球相互联系的结果"③,因此需要多头、多层、多极和民主的全球治理,以及发展全世界的现代化,其中中国能够发挥控制世界矛盾和冲突、建设和平世界的重要作用。

3. 著作意义

从世界历史角度来看,现代化是一场影响深远的具有持久性、革命性的深度社会变革。《全球现代化:重思现代性事业》一书考察了现代性、现代化、全球化等基本概念,充分肯定了中国现代化发展的重要性,具有极强的时代意义。

第一,为中国式现代化的持续推进和拓展提供了借鉴。该书深刻指出存在通往现代化的不同路线,因而现代化不等于西方化,强调多重现代性,对中国现代化的重要性及其发展进行了客观分析,为中国式现代化的深入实践提供了理论借鉴与国际环境。

第二,为我们基于历史唯物主义科学地建构中国式现代化理论奠定了基础。该书提出现代性是全人类的"共同的全球状态",但现代性在不同维度、不同区域的共存并不意味着全球现代性是内在一致的体系,因此该书主张从国际和跨文化的比较的世界视角来看待现代化,为我们理解现代化提供了科学的世界观和方法论。

第三,为中国向世界输送中国智慧提供了底气。该书提出多主体、多边的、多层级的全球治理多元模式,主张以碎片化的政治权威来确保全球治理,充分肯定了中国对推进这一模式的重要作用。

中国式现代化作为世界历史发展进程中的重要一环,是科学社会主义运用于当代中国实践的生动体现,彰显了中国共产党立足历史唯物主义科学回答社会主义国家如何实现现代化这一时代课题的强大伟力。

---

① [意]艾伯特·马蒂内利.全球现代化:重思现代性事业[M].李国武,译.北京:商务印书馆,2010:150.
② [意]艾伯特·马蒂内利.全球现代化:重思现代性事业[M].李国武,译.北京:商务印书馆,2010:158.
③ [意]艾伯特·马蒂内利.全球现代化:重思现代性事业[M].李国武,译.北京:商务印书馆,2010:199.

（三）《作为意识形态的现代化：社会科学与美国对第三世界政策》

1. 著作信息

《作为意识形态的现代化：社会科学与美国对第三世界政策》是美国北卡罗来纳大学出版社于 2000 年出版的"一新冷战史"丛书中一本，该书由美国新锐历史学者、纽约福海姆大学历史系副教授米歇尔·E. 雷迅马（Michael E. Latham）著，随后在 2003 年由牛可翻译成中文在中央编译出版社出版。

2. 著作主要内容

雷迅马讲述了现代化理论作为一种意识形态的产生和运作过程，分析了美国政府与学界的联系、社会科学与美国对第三世界政策之间的关系。20 世纪后半叶兴起的西方现代化理论，是美国冷战动员与学术界相结合的产物，为美国遏制"共产主义扩张"、干涉第三世界国家提供了理论根据和理论模型，所谓"现代化理论"是美国国家战略需求的产物。

该著作中三分之一的内容集中阐释了现代化理论在社会学、政治学和经济学中的体现，审视了理论的主要特征和时代背景；其余三分之二的内容运用历史唯物主义方法将"现代化理论"与美国具体的现代化实践相结合，具体阐述了这种政策的运作状况。该著作分析了 20 世纪 60 年代美国实行现代化的三个案例：为解决拉丁美洲问题而成立的"争取进步联盟"，派遣"和平队"，越南南方的"战略村计划"。这三个案例的相同之处是，美国以帮助欠发达国家（第三世界国家）实现现代化、推动社会变革为旗帜，从而实现隐藏的遏制共产主义的目的。

第一，美国成立以现代化理念为中心的"争取进步联盟"，"提供了一个生动的事例，可用以说明现代化理论是如何在特定的机构中、针对特定的政策问题起作用的"①。在"争取进步联盟"这个案例中，美国的真实目的是将促进拉美各国发展与遏制共产主义结合起来。"争取进步联盟"也促使美国在国际社会中树立了这样一个"正义""高尚""无私"的大国形象，即"真诚"帮助欠发达国家走上国家富强、人民幸福的光明之路的发达国家，从而使美国对拉美各国的直接干涉正当化。

第二，"和平队"是冷战期间美国政府应对苏联挑战的重要举措之一。肯尼迪政府建立"和平队"的初衷就是要利用美国在经济、技术和文化上的整体优势，同苏联争夺广大的中间地带，并通过"和平队"强行将美国文化、价值观输送给新兴的发展中国家（第三世界国家），从而使这些国家充分认可并采纳美国等西方国家的发展方式。"和平队""把美国界定

---

① ［美］雷迅马.作为意识形态的现代化：社会科学与美国对第三世界政策[M].牛可，译.北京：中央编译出版社，2003：113.

为一个特殊的国家,一个愿意帮助'新兴世界'迎战美国人很久以前曾经面对过的挑战的国家。和平队赋予其志愿者以一种特性:他们体现了美国促进别国的'发展'的国家能力……和平队帮助美国确立其在非殖民化的时代潮流中重新伸张自己的权力的必要性和手段"。① 在冷战的意识形态竞争中,"和平队"的努力被认为具有重大的战略意义,它帮助美国将本国的意识形态输送给其他新兴的发展中国家,争夺更具有战略意义的中间地带,向全世界展示美国的优越性和可信性,推动广大想要谋求发展的国家跟随美国等西方国家的步伐走上他们设定好的轨道。

第三,肯尼迪执政时期,随着冷战战场向第三世界国家(欠发达国家)的转移,美国政府越来越致力于通过"国家建设"(nation building)方针应对欠发达国家不断出现的"叛乱"问题,意图通过引导欠发达国家或者地区以发展现代化来消除"共产主义滋生的根源"。越南战争时期,在"越南共和国"的"战略村计划"是肯尼迪政府在第三世界展开的第一次"国家建设"行动。"战略村计划"是一种帝国主义战略的直接延续,其主要内容是对有可能揭竿而起的人民实施"集中"和"发展"政策。实际上,是"战略村计划对帝国主义和天定命运等陈旧的意识形态进行修整加工,使之适应于冷战的需要"。② 由此可见,"争取进步联盟"、"和平队"、越南南方的"战略村计划""都是通过物质援助和展现理性的组织和社会结构来变革'传统'社会和文化"③。

3. 著作意义

《作为意识形态的现代化:社会科学与美国对第三世界政策》是一部运用历史唯物主义分析"现代化理论"如何作为一种意识形态而产生的经典著作。

第一,为我们进一步研究现代化理论提供实践支撑。该著作跳出了传统的共产主义和自由主义的二分框架,透过自由主义意识形态表面,进入到其实践层面,深入研究这些理论的产生背景、过程及其对当时美国对第三世界政策的影响,为进一步的实证研究铺平了道路。该著作有助于从历史史实和实践的视角深刻理解现代化如何在意识形态领域发挥作用,更有助于理解基于中国式现代化就是基于自己国情的中国特色。

第二,为我们理解"现代化"一词提供一个崭新的视角。"现代化"一词起源于西方发达国家,雷迅马等人作为美国知名历史学者,从意识形态社会学的角度对"现代化"进行不同层面的解读。雷迅马根据20世纪中期的大量材料,认为美国在当时推行的所谓现代化战

---

① [美]雷迅马.作为意识形态的现代化:社会科学与美国对第三世界政策[M].牛可,译.北京:中央编译出版社,2003:176.
② [美]雷迅马.作为意识形态的现代化:社会科学与美国对第三世界政策[M].牛可,译.北京:中央编译出版社,2003:238.
③ [美]雷迅马.作为意识形态的现代化:社会科学与美国对第三世界政策[M].牛可,译.北京:中央编译出版社,2003:334.

略,实质上是为美国利益服务的意识形态,而不是为发展中国家人民造福。雷迅马指出,"在欧洲殖民帝国崩溃、冷战的战场向非洲、亚洲和拉丁美洲扩散的过程中,美国政策制定者越来越把现代化理论看作是一种与革命的马克思主义相抗衡的思想"①。可见,雷迅马眼中的"现代化"一词,并非简单指传统意义上从传统农业社会向现代工业社会转变的进程,而是带有浓厚意识形态色彩,或者说,"现代化"是为"遏制共产主义"而产生的,是意识形态的工具。

(四)《人的现代化》

1. 著作信息

《人的现代化》是美国社会学家阿历克斯·英格尔斯(Alex Inkeles)的重要著作。英格尔斯主张从比较社会学角度研究发展中国家和发达国家的现代化过程,强调人的现代化是国家现代化必不可少的因素。该书编译者为殷陆君,1985 年由四川人民出版社出版。

2. 著作主要内容

该书是其作者基于 1962—1964 年在六个发展中国家展开的社会调查写就的,目的在于揭示人的现代化的表现、原因、影响因素、过程,回应关于人的现代化的挑战,并展望人的现代化的未来后果。

在导论部分,作者点明了人的现代化的重要性:"人的现代化是国家现代化必不可少的因素……是现代化制度与经济赖以长期发展并取得成功的先决条件。"②虽然社会制度能够决定个人的本质,但是这样的社会制度也是由人民创造的,只有人民在心理、行为上与现代形式的经济发展相同步,国家的现代化才能真正实现。

在核心概念界定方面,该书作者认为,"现代人"无法仅被一项单独的特征限定,人的现代性应该体现为多种形式和内容。进一步,作者列举了现代人的十二个特征。例如,第一,准备和乐于接受他未经历过的新的生活经验、新的思想观念和新的行为方式;第二,准备接受社会的改革和变化;等等。接着,通过对比具体调查对象,作者明晰了现代人和传统人的区别,再次丰满了对现代人的认识,得到了现代人愿意同外界的事物和见闻进行广泛接触、愿意接受新的经验等结论。

关于现代化、个人现代性与社会的各种主要关系,作者提出:第一,现代化并不意味着

---

① [美]雷迅马.作为意识形态的现代化:社会科学与美国对第三世界政策[M].牛可,译.北京:中央编译出版社,2003:176.
② [美]阿历克斯·英格尔斯.人的现代化:心理·思想·态度·行为[M].殷陆君,编译.成都:四川人民出版社,1985:8.

传统文化的毁灭,相反,"现代人比传统人更能理解历史遗产的价值,更主动地赋予传统以新的生命力和存在形式"①。第二,个人在获得现代性后,必定会密切关注国家事务。第三,"人们越是得到较大的现代化,他们对老年人的态度也就越健康。"②第四,现代人的消费心理强于传统人。

在家庭生活中,现代人的表现有典型且独特的内容。第一,现代人要求独立决定自己的婚姻和职业,拒绝传统权威的干涉。第二,现代人倾向于培养后代的独立意识。第三,现代人重视人口质量,更能接受计划生育。第四,现代人愿意让妇女享受平等的权利。

社会环境对人的现代化有着或强或弱的影响。第一,教育不是决定和解释现代性的唯一因素,改革教育内容是国家实现现代化的重要一环。第二,工厂是培养和促成人的现代化的重要环境。其一,工厂有助于培养个人和社会的效能感,使人乐于接受革新和发明创造,加强人的计划性和时间感,教会人尊重下级属员。其二,工厂能够促进现代化,但现代化的工厂不一定能更快和更彻底地促进人的现代化,人在工厂中工作的时间长短对人的现代化程度起决定作用。第三,关于大众传播媒介,现代人更信任现代的大众传播工具,而不太现代的则更信赖传统信息来源。第四,从纵向角度看,影响个人现代化的因素还有出生地、居住地、职业、家庭和学校等。

个人现代化的过程是漫长的。第一,在早期生活经验中,教育有着显著的直接影响,是个人现代性形成的最重要因素,宗族和宗教、父辈的教育和家庭环境对个人现代性的影响是间接的。第二,一般来说,在离开学校之际,个人的现代性程度已确定了一半。通过后期生活经验,个人可以进一步发展自己的现代性,其中最重要的因素是职业和大众传播媒介。第三,"个人现代性的发展曲线只要有了适当的现代化环境,仍能够不断地向前发展"③,个人现代化程度的差距是实质性的。

该书作者回应了一些关于个人现代化的挑战。第一,个人现代性不是西方进口货,在任意的社会历史文化传统下,都可能存在现代人。第二,现代人是超越国家的。第三,不发达国家,现代人也能具备促成人的现代化的条件。第四,发展中国家(欠发达国家)的个人现代化过程也会发生在发达国家。此外,作者高度肯定个人现代化的社会意义。"一个发展中国家有越来越多的现代人,它的社会改革步伐就会越来越快。"④

---

① [美]阿历克斯·英格尔斯.人的现代化:心理·思想·态度·行为[M].殷陆君,编译.成都:四川人民出版社,1985:60.
② [美]阿历克斯·英格尔斯.人的现代化:心理·思想·态度·行为[M].殷陆君,编译.成都:四川人民出版社,1985:67.
③ [美]阿历克斯·英格尔斯.人的现代化:心理·思想·态度·行为[M].殷陆君,编译.成都:四川人民出版社,1985:232.
④ [美]阿历克斯·英格尔斯.人的现代化:心理·思想·态度·行为[M].殷陆君,编译.成都:四川人民出版社,1985:281.

3. 著作意义

坚定历史唯物主义的立场观点方法，以中国式现代化全面推进中华民族伟大复兴是我们当前面临的重要任务。中国式现代化以人的全面发展为价值旨趣，是以人的现代化为中心的全面现代化，因此人的现代化是历史唯物主义与中国式现代化研究的重要内容。《人的现代化》是其作者基于在六个国家进行的关于人的现代化的社会问卷调查，通过利用控制变量和各种数学分析等方法对人本身的现代化研究，它对研究历史唯物主义与中国式现代化具有重要意义。

第一，《人的现代化》记录了六个发展中国家关于个人现代化的真实情况，阐发了美国学者基于研究材料得出的关于个人现代化的研究结论，有利于增进对其他发展中国家的个人现代化水平和国外现代化理论与实践的了解，拓宽历史唯物主义与中国式现代化的研究视域，丰富了历史唯物主义与中国式现代化的研究材料。

第二，《人的现代化》研究视角独特，它以个人为出发点，对个人现代化进行了深入探究，强调个人现代化对国家现代化的重要作用，有利于丰富历史唯物主义与中国式现代化的研究视角，凸显历史唯物主义与中国式现代化研究中人的现代化的重要性与特殊性，为思考中国的个人现代化的内涵及举措提供相关启示，促进新时代中国式现代化理论与实践的拓展与创新。

（五）《工业与帝国：英国的现代化历程》

1. 著作信息

《工业与帝国：英国的现代化历程》为英国马克思主义史学大家埃里克·霍布斯鲍姆所著，是一本全面介绍英国工业革命和现代化历程的重要著作。霍布斯鲍姆长期从事劳工运动、农民运动和世界史研究，在国际上享有崇高声誉，该书作为霍布斯鲍姆的代表性著作，是一部阐释英国乃至西方经济与社会发展史的经典著作。该书是"新世界新思想译丛"之一，由梅俊杰翻译，于2017年由中央编译出版社出版。

2. 著作主要内容

第一次工业革命是人类历史上空前绝后的一场历史性变革。正是这次工业革命，将英国推向全球霸主地位，也正是由于没有追赶上第二次工业革命的步伐，英国丧失了全球领先地位，摔下了神坛。《工业与帝国：英国的现代化历程》一书运用丰富翔实的史料，介绍了英国从1750年开始崛起、称霸世界到逐渐失去世界领先地位的现代化发展历程，为读者展现了大英帝国兴衰荣辱的真实图景。

第一，从1750年开始，英国以工业革命为强大动力而率先崛起。霍布斯鲍姆在分析英国工业革命的起源时指出,除气候、地理、人口等因素外,英国具有率先以工业革命推进不列颠帝国兴起的独特性。一是在英国资产阶级革命和工业革命对当权者规训的影响下,旧有制度展现了一定的灵活性;二是英国建立了全国统一市场,开辟了至关重要的海外市场,发达的商业系统对工业发展具有强烈的驱动力;三是孕育新制度的大革命的风险得到管控,工业利益能够影响政府决策,从而形成有助于工业发展的贸易保护主义政策等。为此,英国展开了低技术含量且影响巨大的工业革命,这一革命改变了人类总体生活方式,促进了精细的分工与合作生产机制的产生,也催生了大量的"过剩人口",最终直接促使不列颠帝国的崛起。

第二,英国在崛起后建立了一个不同于旧帝国的新帝国。英国所建立的新帝国的"新"主要体现在三个方面:一是新帝国不再以强大军事力量为支撑不断扩大势力范围,而是对殖民地人民展现了更加"友善"的态度,超越了旧帝国对被征服者的强制统治;二是新帝国的现代化发展目标不局限于自身的快速发展,英国基于强大的工业实力与国际影响力,通过工业革命,为全人类带来新的生产方式、生活方式与国际交往方式,英国成为世界经济发展的强大引擎,促进了被征服者和全世界经济社会的发展;三是新帝国建立了被殖民地所接受的现代国家体系,在理念上坚持自由、平等、博爱等基本价值,在实践中夯实了现代国家发展的物质基础,使新帝国的工业化进程不可逆转。正因如此,随着工业化的发展,英国成为世界经济的中心,是"世界唯一的工厂、唯一的大规模出口国、唯一的货运国"[①],在世界范围内建立了霸主地位。

第三,第二次工业革命使英国的帝国霸主地位逐渐丧失,造就了诸强并立的发展局面。英国的第一次工业革命与国际贸易紧密相连,既需要从殖民地获取工业原料,还需要能够消费所生产产品的国际市场,英国在和原料市场与产品销售市场的互动过程中,推进了各国的工业化进程。各个国家纷纷模仿英国新帝国的工业化发展模式,紧抓第二次工业革命的发展机遇,致力于创新工业技术,建立利于大工业发展的托拉斯等组织模式,最终多个工业化国家迅速崛起。此时,一是由于英国社会趋于守成、不求进取的社会心理,二是由于英国依赖资本投资获取利润,技术创新的动力不足,英国没有赶上第二次工业革命的发展浪潮,使得英国与其他国家的工业发展差距拉大,形成了各个工业强国恶性竞争的局面。后来,随着第二次世界大战的爆发,英国的世界霸主地位终于宣告终结,帝国主义逻辑逐渐让位于多元世界逻辑。

3. 著作意义

霍布斯鲍姆在《工业与帝国:英国的现代化历程》一书中系统介绍了工业革命对于英国

---

① [英]埃里克·霍布斯鲍姆.工业与帝国:英国的现代化历程[M].梅俊杰,译.北京:中央编译出版社,2017:3.

现代化的推动作用,分析了英国率先崛起以及在第二次工业革命后逐渐丧失世界霸主地位的深层原因,是历史唯物主义视域下分析工业与帝国兴衰的重要理论成果,对于广大发展中国家的现代化转型具有较强的启示意义。

第一,霍布斯鲍姆介绍了英国兴起、兴盛与衰落过程的相关史实,使用了大量的英国现代化发展过程中经济、政治、社会、文化等领域的事实和数据,从众多资料中准确梳理不列颠帝国兴衰的发展脉络,有助于我们更加全面深入地了解英国现代化的历史进程。

第二,霍布斯鲍姆从经济社会的现实出发,系统考察了英国现代化的发展过程,展现了唯物史观视域下现代化研究的科学性,拓展了英国现代化的研究视域,为现代化相关研究奠定了重要的方法论基础。

第三,霍布斯鲍姆分析了英国在两次工业革命中的图景及其影响,揭示了只有坚持创新,才能不被时代所抛弃、真正走向现代化这一重要的历史规律,为发展中国家的现代化转型提供经验借鉴,启示发展中国家要摒弃因循守旧,坚持守正创新的理论逻辑与实践路径,与时俱进地推进现代化的理论与实践向前发展。

(六)《日本和俄国的现代化:一份进行比较的研究报告》

1. 著作信息

《日本和俄国的现代化:一份进行比较的研究报告》的作者是普林斯顿大学、哈佛大学和宾夕法尼亚大学的八位教授和副教授[①],包括西里尔·E. 布莱克、马里厄斯·B. 詹森、赫伯特·S. 莱文、小马里恩·J. 利维、亨利·罗索夫斯基、吉尔伯特·罗兹曼、亨利·D. 史密斯、S. 弗德里克·斯塔尔,他们都是研究日本问题和俄国(包括20世纪的苏联,下同)问题的专家。他们通过集体讨论与合作,对日本和俄国的现代化问题进行了研究。周师铭、胡国成、沈伯根、沈丙杰根据纽约自由出版社1975年版本译成中文,商务印书馆于1984年、1992年共进行了3次印刷。

2. 著作主要内容

《日本和俄国的现代化:一份进行比较的研究报告》引用大量材料,从国际环境、政治结构、经济的增长、社会的相互依赖以及知识和教育等几个方面对日俄两国现代化过程进行了分析,比较了它们的异同之处,并据以探讨对现代化过程本身具有重要意义的若干因素。该书的核心问题是研究参加现代化行列较晚国家的问题,即对日本和俄国的现代化过程进行比较研究。日俄两国的背景和传统迥异,但是在迅速实现现代化成就方面却又相似。因

---

① [美]西里尔·E. 布莱克,等.日本和俄国的现代化:一份进行比较的研究报告[M].周师铭,胡国成,沈伯根,等译.北京:商务印书馆,1992:7-9.

此，该书旨在找出日本和俄国在实现现代化过程中的特点，从而了解和分析别国所出现的问题和可能性的新情况。

第一，总括，说明研究问题并对现代化进行解释，同时对研究对象和内容的选择进行说明。该书作者指出，现代化是一个持续的过程，即在科学和技术革命的影响下，社会已经发生了变化或者正在发生着变化。该书对日本和俄国的现代化过程中诸多因素进行研究，为了方便叙述和分析，作者将现代化的过程历时性地划分为现代化准备阶段、进行阶段以及高度现代化阶段；共时性地从政治结构、经济结构、国际环境、社会组织方式以及知识教育五个方面对两个国家进行了对比。

第二，现代化的准备阶段，对日本和俄国现代化以前的社会进行对比研究。作者提出两个问题：①两个社会之间的主要异同之处？②两个社会是否具有其他大多数社会所没有的，并且使它们在其后的现代化过程中得到了重大有利条件之明显的共同点？日本和俄国尽管有一些差异之处，但是它们的现代化都取得了"成功"，与其他国家现代化相比较，日本和俄国的现代化有一些突出的特征。其一，在国际环境上，两国都广泛地借鉴有影响的外国模式而又不失掉自身的民族特性；其二，在政治结构上，日本和俄国都具有巩固统一的行政机构及政策；其三，在经济增长上，日俄两国的生产和积累也具有共同的一些特点；其四，在社会的相互依赖上，日本和俄国的城市化发展都极其迅速，另外，日俄两国都非常重视知识和教育。

第三，现代化的进行阶段，对日本和俄国进行现代化变革时期的社会进行对比研究。在这个变革时期里，日俄两国政府领导都有能力动员人员和资源来进行十分重大的变革。通过对国际环境、政治结构、经济的增长、社会的相互依赖以及知识和教育几个方面变革的分析，概括出日本和俄国进行变革的必要条件。这些必要条件包括：其一，广泛地借鉴外国而又不丧失民族特性的意识和改革外国的制度使其适合国内目标的能力；其二，使现代以前的协调和控制的格局从原来为维护农村和农民利益的目的，转变为促进政治、经济和社会迅速变化的目的；其三，实行旨在加速传统经济的增长作为现代经济增长的基础政策；其四，促进从乡村到城市的迁移，其速度要与政治和经济能力的发展相适应；其五，迅速普及初等教育，提供与变化的速度直接相关联的技术和高等教育。日本和俄国的变革经验有两个重要的特点：其一，它们都能协调和控制人力资源和自然资源；其二，它们都能借鉴较发达国家的制度，从这些国家引进技术和资本，而又不给国家主权造成重大损害。

第四，高度现代化阶段，对当代日本和俄国的现代化发展状况进行对比分析。

当代日本和俄国的现代化进程已向着高度现代化的西方社会所达到的发展水平大大地前进了，但是日本向这一方向前进得比俄国更远一些。日本社会之所以变化得比较快，是由于它从实行变革政策过渡到实行维持高度现代化社会所要求的政策较为容易，以及它在现代以前的时期搞密集型发展，经验比较丰富，从而造成两国在当代发展中各个方面的表现有所不同。

第五，总结，对日本和俄国现代化过程的经验和共同特征进行总结并指出该书对了解现代化所起的作用。日本和俄国这类进入现代化行列比较晚的国家如果要达到与较早实现现代化的国家同样的发展水平，它们必须具备一定的社会条件，包括生产力和生产关系、经济基础和上层建筑等诸多方面。这对我们认识现代化具有重要意义。

3. 著作意义

日本和俄国的背景和传统各异，在创建现代化国家时所走的道路也截然不同，但是它们在迅速实现现代化中所取得的成果却极其相似。从比较中去研究现代化"成功"的特点，对于我们应对现代化过程中面临的问题和未来的发展方向都具有启示意义。从该书讨论的问题缘起，到作者呕心沥血地对该书的再三完善，足见这本书对于我们研究现代化问题的重要意义。该书利用历史探索"现代化"的含义，[①]以日本和俄国的现代化进程做比较研究，讨论它们为什么在不同的制度下取得了相似的现代化结果，由此丰富了现代化研究的讨论视野，这对于我们了解和分析现代化历史，以及当下和未来都具有参考价值。

第一，有助于理解马克思恩格斯的现代化理论。马克思恩格斯根据生产方式来划分现代化，他们认为现代化和解放生产力、工业化、社会条件等概念相关。日本和俄国的现代化过程中，具有一些共同条件，包括集中进行政治控制和协调的能力、管理资源支持经济增长的能力、鼓励社会互相依赖的能力等。这些特征基本上和马克思恩格斯现代化理论一致，从而为我们在历史唯物主义视域下理解日本和俄国的现代化提供研究的实践样本，有助于加深对马克思恩格斯现代化理论的认识。

第二，有助于了解日俄两国现代化理论和实践。通过对日本和俄国进行历时性和共时性分析，为研究加入现代化行列比较晚的国家从实行推动迅速变革的政策，过渡到实行适应高度现代化社会需要的政策时所面临的问题，提供了基础。

第三，有助于揭示中国特色社会主义现代化道路的内在逻辑。对比日本和俄国的现代化发展道路，日本和俄国的现代化具有共同的特征，它们在现代化的进程中借鉴别国的经验，同时保持自身的民族特性，这将有助于我们更加准确地理解近代以来实现中华民族伟大复兴的历史任务，把握中国革命、建设和改革的发展逻辑，阐明中国特色社会主义道路形成的历史必然性。

（七）《中国的现代化》

1. 著作信息

《中国的现代化》一书由美国普林斯顿大学社会学教授罗兹曼及其研究小组撰写（罗兹

---

① Black E. The Modernization of Japan and Russia: A Comparative Study[J]. Slavic Review, 1977, 36(1): 128-130.

曼任主编),是一部研究中国现代化问题的经典著作。作者罗兹曼是美国普林斯顿大学社会学教授。他深入研究中国、日本和苏联社会的现代化问题,对中国现代化相关问题的探讨比较深入,持论比较客观。该书由国家社会科学基金资助项目"比较现代化"课题组翻译,于1988年在江苏人民出版社出版,后多次再版(本专题研究以2018年版为准)。

2. 著作主要内容

《中国的现代化》作为一部综合研究中国现代化问题的著作,深刻论述了中国现代化事业在清朝晚期、民国初年、北洋军阀、国民党政府和新中国成立后各个时期的起步、彷徨、动摇、发展、挫折、再发展的艰难历程,从国际环境、政治结构、经济发展、社会一体化和知识教育等五个维度探讨了促进和阻碍中国现代化的因素,展现了一个逐渐强大的中国形象。

罗兹曼及其研究小组以其社会学的视觉对中国现代化的路途及其在每个岔路中的失败作出分析,主要分为三个部分:

第一,中国现代化——屈辱开端。19世纪40年代,英国发动鸦片战争,用"坚船利炮"打开中国国门,使中国沦为了半殖民地半封建社会,变成了西方列强满足其贪婪和掠夺之性的刀俎之肉,进入由西方霸权绘制的世界版图。随着不平等条约的接连签订,通商口岸逐批次被迫向外开放,工厂、铁路、船舶等种种现代化标志在中国内陆出现,现代化贸易及生产方式开始流行,加速了中国现代化的进程,也使中国被迫卷入了西方的现代化浪潮之中。但是,现代化并没有得到推进。罗兹曼等认为可以从两方面分析现代化尝试失败的原因。其一,在于清朝晚期和民国时期中国政治的腐败;其二,中华民族骄傲自大的心理、以我为尊的世界观阻碍了中国的开放之路。在近代中国民众优越感的世界观影响下,一开始排斥现代化,但随着昔日万邦至尊的天朝上国被西方列强长时间地侵略与剥削,部分中国民众的态度和意识开始发生转变,从"天朝上国"转向了"以西方为师",可见,昔日的旧中国在西方列强坚船利炮的现代化优势面前尊严尽失。

第二,中国的现代化——曲折探索。当中国意识到西方的强大,世界观发生转变时,我们对现代化的态度也随之而变,从排斥走向主动迎接。中国的现代化进程走入第二个阶段——这个阶段的关键词是"曲折"。中国的知识分子为了寻求救国救民的道路,尝试了君主立宪制、复辟帝制等多种方式,但都行不通,没有能够实现国家富强、人民幸福,现代化受阻。1921年中国共产党成立,党将实现民族独立作为需要解决的首要问题,设想在此基础上逐步实现国家工业化。实际上,直到新中国成立,中国才开始了对现代化道路真正意义上的探索。但是,罗兹曼等认为这并不能定性为中国的现代化进程从此走了正轨。在罗兹曼得等人看来,因为受到20世纪60—70年代所发生大规模的群众性运动及自力更生的"封闭式意识形态"的影响,中国的现代化发展虽取得了较大进展,但未形成明确的发展路径。

第三,中国的现代化——走向正轨。在屈辱的现代化开端和曲折的现代化探索之后,中国的现代化开始走向正轨。中国的现代化之所以可以走向正轨有三个关键因素:其一,积极实行对外开放。"共产党人因其改善了的国际地位和拥有进行长期国际交往的强大力量"①,积极推动与国外的交往,借鉴其现代化的经验。同时,对外交往中始终坚持独立自主原则,既不闭关自守,又不崇洋媚外、过度依赖外国,促使中国摆脱了西方的掣肘。其二,始终坚持群众观点,积极贯彻群众路线。中国积极推动农业发展,比如,通过为农民提供新技术、肥料和新种子的方式,大幅提高土地产量;通过为农民提供非农业岗位,提高农民收入、解决城乡和区域贫富差距问题;通过开展扫盲运动,提高农民的知识水平;等等。这体现了党对群众路线的积极践行。中国还开展农村税费改革、西部大开发、脱贫攻坚,也是对群众路线的积极贯彻。中国充分利用农村解放出来的大量劳动力、土地资本以及迸发的内需市场,快速推动经济发展,用不到十年的时间从GDP(国内生产总值)世界第六跃升为世界第二。其三,顺应时代趋势,把握时代规律。中国深刻把握历史发展的客观规律,紧紧抓住时代赋予的机遇,从互联网时代到物联网时代,不遗余力地推动基础设施的更新迭代,孵化着市场的新动能,这是优化营商环境、减税降费、"一带一路"建设、新基建的内在逻辑,是移动支付、网购、高铁等"新四大发明"成果结出的起点。

总之,中国走向现代化是艰辛而且漫长沧桑的历程,是在不同历史时期,基于不同生产力发展水平、社会基本矛盾、时代任务而进行的理论建构与策略谋划②,充分展现了一个逐渐走向强大的中国面貌。

3. 著作意义

《中国的现代化》总体上是一部运用历史唯物主义观点客观分析影响中国现代化历史进程的"有利"和"有碍"因素的经典著作,对我们研究中国式现代化的相关问题具有重要的借鉴意义。

第一,在内容上,为我们理解中国式现代化提供丰富的历史资料。该书以翔实的史料、生动的实例为读者深入浅出地展现了中国现代化发展的历史脉络,深刻论述了中国现代化事业在各个时期的起步、彷徨、动摇、发展、挫折、再发展的艰难历程,有助于我们更加全面深入地了解中国现代化的历史进程。

第二,在方法上,为我们研究中国式现代化提供新视角和新方法。该书总体上立足历史唯物主义的视野,从国际环境、政治结构、经济发展、社会一体化和知识教育等五个维度展开了对中国现代化的研究,为学术界进行现代化的相关研究提供了新思路和新方法。

第三,在价值上,号召全体中华儿女为全面建设社会主义现代化国家、全面推进中华民

---

① [美]吉尔伯特·罗兹曼.中国的现代化[M].国家社会科学基金"比较现代化"课题组,译.南京:江苏人民出版社,2018:600.
② 董慧.中国式现代化的唯物史观意蕴[J].哲学研究,2022(6):5-12,126.

族伟大复兴而团结奋斗。今天,我们要认识到中国的现代化建设取得的举世瞩目成就,更加要深刻认识到推进中国式现代化道路上的艰难与曲折,在党的领导下为中华民族更加光明的未来不懈奋斗。

(八)《论中国》

1. 著作信息

《论中国》一书由美国著名外交家、国际问题专家亨利·基辛格所著,译者为胡利平、林华、杨韵琴、朱敬文,于2015年7月由中信出版社出版。基辛格曾任美国国家安全顾问、美国国务卿等重要职务,是1973年诺贝尔和平奖获得者。1969—1977年,基辛格在美国外交政策中发挥了中心作用,并在中美建交中扮演了重要的角色,《论中国》是他唯一的一部关于中国问题的专著。在书中,基辛格以外交家、思想家、历史参与者的独特视角,用世界视角国际眼光,解读中国的过去和未来,使《论中国》成为让世界认识中国、让中国重新认识自己的一部重量级作品。

2. 著作主要内容

在《论中国》一书中,基辛格立足大历史观从中国的历史文化、价值取向、外交政策、现实实践、未来趋势等多个角度出发,分析和解读中国尤其是中国外交。该书主要由十八个章节以及一篇后记组成。第一章从总体上论述了中国的独特性。基辛格从中国的历史、文化、地理等方面概括了中国的特点,指出这些特点对中国外交决策具有重要影响。第二章至第十八章,按时间顺序,论述从鸦片战争开始到千禧年结束期间的中国外交的发展进程,分析了鸦片战争、社会主义革命、抗美援朝、中印边境自卫反击战、对越自卫还击战、冷战、中美建交、改革开放等重大历史事件下的中国外交的博弈与变革,阐述了他对毛泽东、邓小平、江泽民、胡锦涛等中国领导人的印象和评价。在后记中,基辛格对中国外交乃至世界局势的未来发展做了推测。该书的主要内容有以下三个方面:

第一,梳理了中国历史、文化、地理等因素对中国外交的影响。《论中国》简要概述了中华文明的长远的、未曾断绝的发展历史,指出这种绵延数千年的中华文明对中国的思想和行动产生的重要影响。"当代中国,无论书籍还是会话中,依然饱含从古代文化典籍中汲取的养分,例如关于战争策略和宫廷权谋的警句格言。"①在漫长的历史中,中国经历了多次分裂与统一,分裂"被视为不正常的暂时现象"②,"天下一统"的观念则被不断加深。在这一过程中,中国在与其他国家或者文明交流时,受自身的强盛、地理因素等影响,形成了一

---

① [美]亨利·基辛格.论中国[M].胡利平,林华,杨韵琴,等译.北京:中信出版社,2015:2.
② [美]亨利·基辛格.论中国[M].胡利平,林华,杨韵琴,等译.北京:中信出版社,2015:3.

种独特的自我意识,认为中国举世无双,是世界中心,以"朝贡体制"作为处理对外关系的方法。同时,基辛格也认为,儒家学说、《孙子兵法》、围棋等中国传统文化,以及中国所处的辽阔的陆地板块等地理因素,对中国的价值观念与实力政策产生了重要影响。

第二,回顾并分析不同历史时期中国外交的重大历史事件,特别是新中国成立以来外交战略决策的制定,探讨历史事件、外交战略决策背后的原因、现实环境及其影响。基辛格深入分析鸦片战争、抗美援朝、台海危机、中印边境自卫反击战、对越自卫还击战等重大历史事件,以及中国与苏联、美国之间的外交关系变化的重要节点,阐述了现代中国对外战略的形成过程及其特点。基辛格在分析鸦片战争等历史事件的过程中指出,清朝晚期,中国与各个欧洲国家之所以发生战争,是因为中国拒绝融入当时的国际社会、拒绝遵守当时的国际秩序。这实质上是两种不同国际秩序的碰撞与冲突的结果。与此同时,他还指出鸦片战争这一时期,商人不肯放弃丰厚的利润是中英爆发冲突的重要原因。入侵的欧洲国家"追求的目标是掠夺中国,攫取经济利益"[①],清朝晚期"以夷制夷"等外交策略并不能起到很好的效用,使中国不得不在谋安全的需求下进行转型。基辛格通过对历史事件的梳理分析,揭示了现代中国外交的发展转变。

第三,结合历史事件的分析及基辛格个人与中国领导人的接触,对毛泽东、周恩来、邓小平、江泽民等领导人进行评价,阐述了各位领导人的战略思想尤其是外交思想,以及这些思想对现代中国的影响。其一,基辛格立足不同历史时期的现实环境、中国历史文化,以及不同领导人作出的战略决策等,对各位领导人不同的战略思想及其对当今中国命运的影响作出评价。其二,基辛格肯定历史人物对事物发展趋势具有重要影响。基辛格在评价毛泽东时指出,"革命者一般都个性突出、坚韧不拔,鲜有例外。他们都是起初在政治环境中处于劣势,而最后取得成功的,那是因为他们具有独特的领袖气质和个人魅力,能够激起群众的昂奋情绪,并能利用对手因开始走下坡路而产生的惶恐心理"[②]。

第四,阐述了中国外交的世界影响。基辛格在《论中国》中对中国的崛起及其世界影响,以及中美关系应走向何方等作出论断,并提出"太平洋共同体"的设想。新千年后,中美面对的共同挑战需要双方之间的关系有一个转变。克劳学派认为,国际事务是战略优势的争夺,中美未来的冲突不可避免。但基辛格认为,中美关系不必也不应成为零和博弈。中美之间应当是"共同进化"而不是对抗,可以借鉴二战后建立的"大西洋共同体"模式,建立"太平洋共同体"。基辛格以"共同进化""走向太平洋共同体"的理念为中美未来关系的发展作出设想,指出中美合力建设世界,将是伟大的成就。

3. 著作意义

《论中国》展现了基辛格的大历史视域。基辛格指出了中国的历史文化传统、地理等因

---

① [美]亨利·基辛格.论中国[M].胡利平,林华,杨韵琴,等译.北京:中信出版社,2015:49.
② [美]亨利·基辛格.论中国[M].胡利平,林华,杨韵琴,等译.北京:中信出版社,2015:86.

素对中国外交战略的重要影响,通过回顾重大历史事件、重要历史节点,立足现实分析中国现代外交战略决策的转变与发展,并结合自身与各位领导人的沟通交流,立足现实对这些人物进行评价。同时,通过对以往历史的内在逻辑和现在实际做比较,对历史与未来做比较,分析中美关系未来走向及其对未来社会的影响。学习理解《论中国》,对深入把握历史唯物主义立场观点方法具有理论和现实意义。

第一,《论中国》有助于我们以更开阔的视野学习理解中国外交历史。基辛格是美国外交家、思想家,也是中美外交重要历史事件的重要参与者。在《论中国》中,他用世界视角、国际眼光,解读中国的过去和未来,为我们理解中国外交历史提供了中国学术视野之外的角度,有助于我们以更宽广的视野分析历史事件、历史人物。

第二,《论中国》有助于我们掌握运用历史唯物主义的观点方法分析历史事件、历史人物。基辛格解读中国外交的过程中,充分分析了中国历史、文化、地理等因素对中国外交理念的影响,探讨了不同时期重大历史事件尤其是外交事件中,现代中国外交战略发展的转折,有助于我们运用唯物史观看待历史问题。同时,《论中国》中,基辛格对毛泽东、周恩来、邓小平、江泽民等中国领导人的评价,既立足现实对人物思想理念、行为选择进行悉心分析,又肯定个人对历史进程的影响,有助于我们学习运用唯物史观,全面辩证科学地评判历史人物。

第三,《论中国》有助于我们理解中国式现代化在外交方面的理念与实践。《论中国》回顾并分析了自清朝晚期以来中国外交决策和战略的发展变化,展现了现代中国外交对和平发展的追求,有助于我们深入理解中国式现代化是走和平和发展道路的现代化重要命题,学习和把握中国共产党推进和拓展中国式现代化过程在外交方面所做的探索。

(九)《现代化新论:世界与中国的现代化进程》

1. 著作信息

《现代化新论:世界与中国的现代化进程》由著名历史学家、北京大学教授、博导、当代中国现代化理论与比较现代化进程研究的主要开创者罗荣渠撰写,并由中国出版集团商务印书馆出版。2009年9月出版的《现代化新论:世界与中国的现代化进程(增订本)》使用的是商务印书馆2004年版本,并收录于中国文库。《现代化新论:世界与中国的现代化进程》是对当今重大课题——现代化大潮进行探索性研究的新成果。

2. 著作主要内容

《现代化新论:世界与中国的现代化进程》从宏观历史学角度切入现代化,将现代化作为一个世界历史范畴对传统农业社会向现代化工业社会转变的全球性大过程进行了整体性研究。全书分为以下部分:第一编,转变时代的新历史观。第二编,现代世界发展趋势通论。第三编,转型期中国发展趋势通论(1949年以前)。"这是一个三层式的结构:最基层是现代化理论;第二层是现代化的世界进程;第三层是现代化的中国进程。"① 既有理论研究,又有现实关切;既有宏观思考,又有微观审视。在"补编"中又加入了:第四编,世界现代化过程与东亚的崛起;第五编,中国的现代化道路。作为对前三编的补充,"补编"着重考察了非经济因素对现代化进程的影响,并以较大篇幅分析传统文化与现代化的关系。

新时代以来,中国开启了现代化发展的新篇章,要求我们从整体上理解和把握中国式现代化的来龙去脉、科学内涵、本质要求、理论特征、未来要求等重要问题。该书是在厘清世界现代化理论的研究历程、各个时代各个流派的具体特点以及对中国现代化讨论之源起和迟滞原因做了深入考证、细致研究后,在广泛吸纳海内外有关跨学科的学术成果基础上而得以完成的,是现代化理论和实践发展研究的重要参考,也是运用历史唯物主义进行现代化研究的重要书目。

第一,基于历史唯物主义对现代化进行解释。其一,现代化不等同于工业化,它包括政治、经济、文化以及人的现代化等丰富内容;其二,提出现代化无论时间、地点,其核心皆为工业化,并提出"中轴理论"②;其三,现代化不是一个超时空的宽泛概念,而是一个特定的历史发展阶段。

第二,从历史学角度探讨现代化的内涵,提出一元多线的历史发展观。以生产力标准替代生产关系标准作为衡量社会发展的客观标志,否定了单线理论,界定了现代化的含义:广义的现代化主要指自工业革命以来现代生产力导致社会生产方式的大变革,引起世界经济加速发展和社会适应性变化的大趋势。具体来说,"就是以现代工业、科学和技术革命为推动力,实现传统的农业社会向现代工业社会的大转变,使工业主义渗透到经济、政治、文化、思想各个领域并引起社会组织与社会行为深刻变革的过程"③。

第三,从宏观历史角度,把现代化作为一个全球性大转变过程,对传统农业社会向现代工业社会的转变过程进行整体性研究。其一,把全球视作一个有机整体,在各民族国家的矛盾冲突、相互作用之中,把握整体发展、变化趋势以及在这一整体结构转型的运作、影响下的不同民族国家内在结构之嬗变,强调工业革命以史无前例的震撼力打破了世界原有的均衡状态后,各民族国家被纳入全球性现代化过程的必然性。其二,在全世界历史发展的总趋势下,研究具有不同环境、条件,尤其是不同历史传统的民族国家在现代化道路选择上的差异性及其对世界历史总体走势的影响。④ 其三,采用了多面比较的方法,在全球经济一体化与政治分裂化的总趋势中,在现代化大潮的相激相荡中,在发达国家与欠发达国家、西方文明与东方文明、内因与外因、经济因素与非经济因素相互作用的动态过程中,比较、

---

① 罗荣渠.现代化新论:世界与中国的现代化进程(增订本)[M].北京:商务印书馆,2009:9.
② 尹保云.社会科学研究的新突破——罗荣渠《现代化新论》研讨会综述[J].史学理论研究,1994(3).
③ 罗荣渠.现代化新论:世界与中国的现代化进程(增订本)[M].北京:商务印书馆,2009:5.
④ 李文.罗荣渠《现代化新论》评介[J].社会学研究,1995(1).

确定各民族国家现代化进程中的"独特的历史规定性"。

第四,系统探讨了世界现代化进程的推进阶段和规律,系统分析了后发国家现代化的环境、条件及困难、特点,否定"绝对精神"的历史观念,重视文化因素对现代化进程的影响。从世界发展新趋势着眼,对外来新思潮进行比较深入而系统的研究和批判性选择,同时清理我们原有的文化传统中有价值的要素,使之与现代化需要的外来要素整合,以重建精神文明。现代化的核心是工业化,但又不应只是用经济发展水平来衡量现代化,现代化还应包括政治、文化、思想等各个方面。其中,文化因素对现代化的影响应给予足够的重视。

第五,现代化的研究突破了以往从"反帝反封建"两个过程作为基本线索的理论框架,提出以衰败化、半边缘化、革命化、现代化四大过程作为近代中国变革的基本线索的观点。[①]

3. 著作意义

《现代化新论:世界与中国的现代化进程》作为现代化理论的奠基之作,是对现代化思潮进行探索性研究的成果。它从宏观历史的视角,把现代化作为一个大转变过程进行整体性研究的同时,还对中国的现代化道路进行了专题考察。全书融理论和历史研究于一体,在许多方面突破了传统与西方的窠臼,阐发了许多精辟和发人深省的见解。

第一,该书研究角度有创新。从宏观历史学的角度,将现代化置于广阔时空背景中进行研究,注重宏观整体性。不同于西方多数学者从发展经济学或发展政治学角度研究现代化问题,该书开辟了现代化研究的新方法和新领域,为促进我国现代化建设的精神支柱发展、借鉴他国现代化发展中的有利因素,推动我国实现新的发展具有重要意义。

第二,该书具有前沿性、前瞻性的特点。在对中国现代化进程进行个案分析中,作者对东亚跨世纪的变革和重新崛起做了重笔墨的描述,既分析了影响东亚崛起的文化、制度和经济因素,还对东亚发展的前景做了展望,认为东亚的发展前景取决于多种因素,既有国际大环境因素也有东亚各国内部因素,东亚发展的道路绝不是平坦的,还要取决于许多难以预测的变数。这为我们从多个角度、多个层次、多个方面去把握中国的现代化问题,明确中国走向现代化道路是多种因素综合作用的结果等具有现实意义。

第三,该书提出并详尽论证了一元多线的世界历史发展观。既指出了人类历史的统一性,又承认其丰富多彩性,从方法论角度告诉我们世界历史的发展具有复杂性、多变性、偶然性,应全方位、多角度地考察与研究其各个侧面,具体问题具体分析,为探索新的世界史及中国史体系打下了基础,也为清晰社会主义初级阶段的客观进程及其主要任务提供了参考。

[①] 尹保云.社会科学研究的新突破——罗荣渠《现代化新论》研讨会综述[J].史学理论研究,1994(3).

(十)《东方的崛起:关于中国式现代化的哲学反思》

1. 著作信息

《东方的崛起:关于中国式现代化的哲学反思》一书,作者为北京师范大学哲学系教授、博士生导师杨耕。该书力图把哲学反思与政治意识结合起来,探讨"中国式现代化"的规律,系统地呈现了对于中国式现代化相关问题的集中思考。该书由北京师范大学出版社2009年出版。

2. 著作主要内容

全书分为上、中、下三篇,力图把真实的描述和深刻的反思结合起来,把哲学思维力量的穿透力和哲学批判精神的震撼力结合起来,把自觉的哲学意识和敏锐的政治眼光结合起来,从理论上再现中国特色社会主义的必然性,再现"中国式现代化道路"探索的艰难性,从而将波澜壮阔的改革开放和现代化建设的历程,将一个古老的民族如何在世界东方崛起的"壮丽日出"展示出来,探讨"中国式现代化"的规律,以反映时代精神,体现当代中国的民族精神。

第一,社会主义社会的基本规定、社会主义代替资本主义的必然性及其客观根据,以及经济较为落后国家社会主义革命必然性的形成及其特征。第一章到第三章为上篇,主要从理论上阐述社会主义社会的基本规定、社会主义代替资本主义的必然性及其客观根据,以及经济较为落后国家社会主义革命必然性的形成及其特征。其一,依据资本主义生产方式矛盾运动的规律及其发展趋势,科学社会主义确立了社会主义社会的基本规定,从而也就构成了科学社会主义的基本原则,包括生产力高度发展、生产资料公有制、按劳分配、无产阶级专政、实现人的自由而全面的发展等。其二,在历史中产生的资本主义社会必然历史地走向灭亡,为新的历史形态所代替。社会主义代替资本主义必然性首先是在西方发达国家形成的,然而是在东方落后国家首先实现的。其三,历史发展是曲折的、多样的,但发展的进程是定向的;一个国家或民族的历史发展可以超越某一历史阶段,但它的历史运行的线路不可能是同历史规律以及世界历史总进程相反的逆向运动。

第二,中国社会主义的产生及其必然性,中国社会主义现代化道路的探索及其历程,改革开放的内在矛盾、根本动力、历史作用和伟大意义。第四章到第十二章为中篇,主要从理论、历史和实践相结合的视角阐述中国社会主义的产生及其必然性,中国社会主义现代化道路的探索及其历程,改革开放的内在矛盾、根本动力、历史作用和伟大意义。其一,中国走向社会主义改变了世界历史的传统走向,但其本身是资本主义开创的世界历史对中国社会影响、冲突和渗透的必然结果。中国在世界历史中走向社会主义的同时,也在走向社会主义现代化。其二,新民主主义革命开辟了通向现代化的现实道路,中国特色社会主义的实践走出一条中国式的现代化道路。其三,传统与现代性的矛盾体现在当代中国社会发展的各种社会矛盾之中,贯穿在改革开放和现代化建设的全过程,构成了当代中国社会发展的深层矛盾。先进生产力的决定作用和人民群众的决定作用,构成了当代社会发展的双重动力。

第三,中国特色社会主义的理论基础。第十三章到第十七章为下篇,主要从理论和实践的结合上阐述中国特色社会主义的理论基础。邓小平理论回答了中国这样经济文化较为落后的国家如何建设社会主义、如何巩固和发展社会主义等问题。邓小平理论蕴含着一种融化于当代中国实践活动中的唯物辩证法,即邓小平哲学思想。"三个代表"重要思想在邓小平理论的基础上,进一步回答了什么是社会主义、怎样建设社会主义的问题,创造性地回答了建设什么样的党、怎样建设党的问题,并将二者有机结合起来、融为一体,深化了对中国特色社会主义的认识。

3. 著作意义

《东方的崛起:关于中国式现代化的哲学反思》体现了作者杨耕"以实际问题为中心研究马克思主义"的研究思路,对于研究历史唯物主义和总结当代中国的发展道路具有重要的参考价值。

第一,将自觉的哲学意识和敏锐的政治眼光结合起来,理解、把握和超越现实。该书研究的方法论特色就是,力图把自觉的哲学意识与敏锐的政治眼光结合起来,把事实描述的真实性与哲学反思的深刻性结合起来,把理论思维力量的穿透力与哲学批判精神的震撼力结合起来,从理论与历史的双重视角出发,再现中国社会主义的必然性,再现中国式现代化道路的艰巨性,从而将当代中国改革开放和现代化建设的宏大历史场面展示出来。此研究方法为我们研究中国式现代化及其中国道路相关问题提供了重要的方法论启示。

第二,以实际问题为中心来研究马克思主义。该书坚持马克思主义历史的观点、发展的观点,强调必须认真对待、深入研究世界与中国的重大变化与崭新课题,用新的思想发展马克思主义,并用发展着的马克思主义指导新的实践。中国特色社会主义是一种"真正的理论",以实际问题为中心来研究马克思主义,具有鲜明的时代特征和中国特色。

(十一)《历史唯物主义与中国道路》

1. 著作信息

《历史唯物主义与中国道路》一书,系我国著名马克思主义哲学家和教育家,中国人民大学一级教授、学术委员会主任陈先达所著。该书聚焦马克思主义与当代中国道路之间的内在关系,系统地呈现了陈先达教授对历史唯物主义和中国道路的深入思考。该书由北京师范大学出版社2019年出版。

2. 著作主要内容

《历史唯物主义与中国道路》一书坚持理论与实践相结合,聚焦历史唯物主义与当代中国道路之间的内在关系,以十一个章节较为系统地呈现了作者对历史唯物主义和中国道路的深入思考。中国共产党人在理论和实践上对唯物史观的发展,创造性地将唯物史观运用于社会主义建设实践,本身就是遵循历史唯物主义的结果。历史是螺旋上升的、非线性的、进步的,中国道路的选择正是对西方线性发展史观的否定,中国的发展也经历了复杂的过程,中国自身的文化结构和文化属性,决定了中国道路的独特性。在当代中国,坚持马克思主义就要坚持当代中国马克思主义;坚持当代中国马克思主义,也就是坚持马克思主义。该书围绕这一观点,从多个层面对历史唯物主义和中国道路中的重大问题进行了深入阐释。

第一,历史唯物主义的本质是马克思主义的哲学,而非实证科学。在马克思主义哲学中,历史唯物主义是一个基本概念,但关于历史唯物主义本身却存在许多模糊甚至是错误的认识。在作者看来,历史唯物主义不是经验的实证科学,不是思辨的历史哲学,也不能简单地归结为一般意义的历史科学。历史唯物主义是马克思主义的哲学,是与思辨的历史哲学和经验的实证科学相对的"真正唯物主义的历史观"。历史唯物主义以总体性社会中的各种因素及其相互关系为对象,是研究社会总体结构及其运动发展规律的理论。即是说,历史唯物主义是一种社会历史观,既关系到社会总体性结构,又关系到这种结构解体的演变过程。

第二,马克思主义是发展的、开放的理论体系。在该书中,作者坚持马克思主义的立场、观点和方法,以辩证的眼光看待马克思主义本身的继承和发展,反对将马克思主义看成抽象的绝对真理和教条,主张以创造性的马克思主义指导实践,以开放性的姿态面对学术研究。马克思主义是与时俱进的学说,发展了的马克思主义仍然是马克思主义,它们只是马克思主义在特定时间和特定国家中的、具体的马克思主义形态。同时,作者也极力强调,丰富和发展马克思主义并不等于篡改和歪曲,因此坚持和发展的过程中,还需要反对各种错误主张,坚持马克思主义在意识形态领域的指导地位。

第三,坚持当代中国道路就是坚持马克思主义。如何正确理解中国道路的社会主义性质和马克思主义性质是一个重大问题,不仅是中国社会主义建设实践能够顺利展开的现实需要,也是坚持和发展马克思主义的理论需要。中国道路与马克思主义之间的继承与发展关系是本书的核心议题,该书从不同视角对这个问题进行了阐释。作者结合历史唯物主义的基本原理和社会主义建设实践中的经验教训指出,只有坚持马克思主义,以马克思主义为指导,沿着马克思主义开辟的道路前进,才有可能创造性地发展马克思主义;同样,只有创造性地发展马克思主义,并不断结合新的实际,总结新的经验,解决新问题,才能彻底地坚持马克思主义。作者旗帜鲜明地强调,在当代中国,坚持当代中国马克思主义就是坚持马克思主义,绝不能将坚持马克思主义与坚持当代中国马克思主义割裂开来。如果从当代中国马克思主义中剔除马克思和恩格斯创造的马克思主义基本原理,当代中国马克思主义就不能成为马克思主义。反之,在当代中国,如果马克思主义不与当代中国实际相结合,不发展为当代中国马克思主义,这种所谓的马克思主义就是教条主义,教条主义会断送中国革命,断送中国社会主义。作者明确地指出,马克思主义中国化是"我们党在任何时期一切事业兴衰成败的生命线"。马克思主义化中国和中国化马克思主义是辩证统一的过程。习近平新时代中国特色社会主义思想,就是马克思主义与当代中国社会主义建设实践相结合的产物,当代中国马克思主义,就是马克思主义中国化和当代化的最新成果。

3. 著作意义

《历史唯物主义与中国道路》一书是推进马克思主义当代化、中国化和大众化的典范,是阐释习近平新时代中国特色社会主义思想的重要理论著作。该书对于历史唯物主义的阐释和对于中国道路的追寻提供了有力的理论支持,有力地回答了"从哪里来,到哪里去"的问题。

第一,对于正确把握历史唯物主义的理论本质、理论特征等具有重要启示。作者对于历史唯物主义作出了科学定位,抓住了历史唯物主义的本质特征,对相关问题的理解具有正本清源的作用。以对历史唯物主义的理论定位为基础,书中对社会形态演变的历史规律性、经济因素的决定作用、历史现象的复杂性、历史事实的客观性、历史主体的能动性等重要问题进行了深入分析,批评了对历史唯物主义做机械的经济决定论、抽象的历史目的论等错误的解读,对我们正确把握历史唯物主义的基本性质、理论特征、现实意义具有重要的启示作用。

第二,对于以辩证的眼光看待马克思主义本身的继承和发展提供方法指导。作者指出,坚持马克思主义的指导地位,要贯彻党的"双百"方针,避免"左"的错误和干扰,不能排斥其他的研究方法和学术流派,也绝不提倡用抽象的马克思主义原则代替具体的学术研究。"我们不能放弃理论的批判功能,不能放弃意识形态领域中的马克思主义阵地。但这种批判必须是说理的,有说服力的。越是有理,越能巩固马克思主义意识形态的指导地位。"作者这种对待马克思主义的辩证态度,今天尤其值得我们提倡和强调。

第三,该书深刻阐释了当代中国道路与马克思主义之间的这种继承与发展关系,旗帜鲜明地坚持与时俱进的创造性的马克思主义立场,对于当代中国马克思主义的宣传、教育和研究都具有十分重要的意义。全书以历史唯物主义与中国道路之间的关系为着眼点,以坚持当代中国马克思主义就是坚持马克思主义为基本立论,强调坚持与发展马克思主义的辩证统一,强调马克思主义中国化这一根本原则,结合马克思主义的发展史和社会主义的建设实践,对历史唯物主义和中国建设道路中面临的重大理论问题和现实问题进行了深入阐释,对于当代中国马克思主义的宣传、教育和研究都具有十分重要的意义。

(十二)《现代化的理论基础:马克思现代社会发展理论研究》

1. 著作信息

《现代化的理论基础:马克思现代社会发展理论研究》为北京大学哲学系博雅讲席教授、博士生导师丰子义所著。2017年1月在北京大学出版社1995年版本基础上修订并由北京师范大学出版社出版,是"当代中国马克思主义哲学研究"丛书之一。该书对于推动现代化理论研究,建立新型马克思主义现代化理论以及推动社会主义现代化建设具有较强的理论意义和现实意义。

2. 著作主要内容

《现代化的理论基础:马克思现代社会发展理论研究》是基于复杂变化的社会发展状况、为回应现实实践需要和理论发展内在需求而站在时代新的发展起点上、重新认识和把握马克思社会发展理论的一部重要著作。作者遵循历史唯物主义来分析现代社会发展,为我们当前推进中国式现代化建设提供了理论参考和实践指导。其主要内容如下。

第一,对社会发展理论进行总体性把握。马克思现代社会发展理论,是以现代社会为研究中心、以世界历史为研究视角、以现代生产为研究出发点、以社会进步为研究要旨的理论。社会批判理论是马克思社会发展理论的基本方法和特点,离开了马克思的社会批判理论和方法,就无法掌握和发展社会发展理论。马克思社会发展理论的研究方法是在对实证主义传统和人文主义传统的变革中确立起来的。现代化与现代社会发展紧密联系在一起,现代化的发生、发展过程实际上就是现代社会的形成和发展过程。

第二,社会发展的动因并非某一种或几种因素,社会发展是各种因素交互作用的产物,现代社会就是经济因素与非经济因素、国内条件与国际条件、自然条件与社会条件交互作用的结果。现代社会的形成和发展是各种因素综合作用的结果,不同国家各种因素的地位和作用也有所不同,但从手工业转向大工业、从自然经济转向商品经济、从固守经验转向利用科技革命是任何一个国家从传统社会转向现代社会的必由之路。要在充分了解工业化的奠基作用、商品经济的双重效应、科技革命的驱动力量的基础上,科学分析国家的现实情况,找寻促进国家发展的有效对策。

第三,完整的唯物史观是由社会结构理论和社会发展理论构成的,现代社会发展既是特定社会结构的功能体现,又是特定社会运行方式的必然结果。社会结构理论是关于社会历史的横向说明,社会发展理论是关于社会历史的纵向说明。马克思的社会发展理论始终是和社会结构理论联系在一起的,而社会运行方式与社会结构是内在结合在一起的,社会运行是社会结构的过程性展开或结构要素的相互作用状态,且现代社会和传统社会在运行上存在着本质区别,现代社会客观上突出了社会的调节、控制和管理等作用。

第四,任何国家、民族的发展都是在自己的文化环境中进行的,也必然需要处理社会发展与文化传统的关系。在现代化过程中,民族传统、宗教、民族情绪、风俗习惯等在现代社会发展中起着不容忽视的作用。然而,承认文化传统的作用,并不意味着文化传统是绝对有利于现代化的,其中既有促进现代化建设的积极因素,也有阻碍现代化步伐的消极因素。因而,必须对传统文化进行系统改造,剔除糟粕、挖掘精华,使之适应现代化建设。作为非独立存在的要素,文化的改造有赖于整个社会的改造。基于当前社会发展需要,应坚定价值取向,注重"内生的发展",增强消化吸收能力并不断加强文化建设。

第五,现代社会发展是一个能动创造的过程,是人的活动之结果,而人的发展既是社会发展的目的,也是社会发展的前提,这也就必然要求以人为本。唯物史观视野中的社会发展是人所特有的存在方式和活动结果。社会发展是具有价值内涵的前进、上升运动,是人类在创造、实现自身价值的实践中所引起的社会生活各方面的进步过程。为此,要以实现人的全面发展为目标,从人民群众的根本利益出发谋发展、促发展,不断满足人民群众日益增长的物质文化需要,切实保障人民群众的经济、政治和文化权益,让发展的成果惠及全体人民,最终实现人的自由全面发展。

3. 著作意义

《现代化的理论基础:马克思现代社会发展理论研究》是丰子义教授重新解读马克思主义哲学、对马克思主义现代社会发展理论进行系统性总体把握的成果,既具有明显的哲学色彩,又具有明显的跨学科性质。

第一,该书开辟了马克思社会发展理论研究新的领域。不同于以往主要关注历史观基本理论分析的马克思社会发展理论相关研究,该书重点研究马克思关于传统社会向现代社会转变的重要思想,为马克思社会发展理论研究提供了崭新的视角。

第二,该书充分吸收了发展经济学、发展政治学、发展社会学等当代发展理论的有益成果,在唯物史观视野下厘清了马克思社会发展理论的基本方法和特点等,并将现代化与社会发展理论相统一,对社会发展理论、现代化与社会结构转换、社会运行方式变革、文化传统调适、人的发展等进行深入剖析,对于推动现代化理论研究、建立新型马克思主义现代化理论具有重要的理论价值。

第三,该书具有强烈的问题意识,着力将理论与实践相结合,提出系统性可实施方案,为当代改革开放和现代化建设中的中国提供实践指向,对我们深入理解中国式现代化的理论前提、科学内涵、本质要求、目标任务具有深远意义,也对系统性的战略部署具有指导意义。

(十三)《中国式现代化道路与人类文明新形态》

1. 著作信息

《中国式现代化道路与人类文明新形态》系中国社会科学院哲学研究所党委书记、副所长、研究员,中国辩证唯物主义研究会副会长,《哲学研究》杂志社社长,中国社会科学院习近平新时代中国特色社会主义思想研究中心特约研究员王立胜所著。该书于 2022 年 6 月由江西高校出版社出版。《中国式现代化道路与人类文明新形态》运用大历史观,对中国式现代化道路、人类文明新形态、"两个相结合"等标志性、创造性的重大新论断进行了理论研究与阐释,回应时代关切,是高水平的原创性著作,对建立具有中国特色、中国风格、中国气派的话语体系作出了贡献,获得顾海良、韩庆祥、丰子义、肖贵清等国内知名学者的认可和好评。

2. 著作主要内容

在《中国式现代化道路与人类文明新形态》一书中,王立胜立足唯物史观视域,在历史和现实的基础上围绕中国式现代化道路、人类文明新形态、"两个相结合"等重大新论断展开深入研究探讨,为中国式现代化的接续推进与人类文明新形态的创新实践提供理论支撑。该书分上下两编,上编十三个章节,下编九个章节。上编探讨了中国式现代化道路的现代性建构历程,西方中心主义的历史逻辑、现实表达及其内在问题,中国式现代化道路与人类文明新形态的关系等重要内容。下编阐述了作者对马克思主义与中华优秀传统文化的融合、"两个相结合"与马克思主义中国化、构建中华新文化、马克思主义中国化新的飞跃等哲学思考。主要内容如下。

第一,中国式现代化道路是中国共产党立足中国国情独立探索出的现代化路径,是对中国现代性追求的结果。中国式现代化道路是中国共产党带领中国人民,坚持马克思主义的立场观点与方法,同时结合中国的具体实际,不断进行实践探索的结果。"中国式现代化道路不是从马克思主义的本本中抄来的,也不是从西方既有文明模式借来的,而是立足自身实际探索出来的"①。现代化发源于西方,现代性发展与其本土文化有内在的必然联系,西方现代性具有其自身特有的文化基因,因而中国的现代化不沿袭西方现代化道路,而是追求根源于中华文明的中国现代性。也正因为如此,中国式现代化道路避免了西方现代性弊端,形成了一种新的文明形态。

第二,人类文明新形态是对西方文明形态的扬弃与超越,破解西方中心主义弊端。西方文明形态是由资本逻辑支配的,以资本主义社会生产为核心的社会文明形态。其本身存

---

① 王立胜.中国式现代化道路与人类文明新形态[M].南昌:江西高校出版社,2022:4.

在着贫富分化、社会撕裂、霸权主义等问题。中国式现代化道路开辟的人类文明新形态高扬人的主体性、坚持和平共赢,在对西方文明形态的反思与超越中实现了人类社会形态的新进步,这也有效打破了西方中心主义的"迷障"。"西方中心主义"代表并维护了西方资本集团的整体利益。在西方中心主义影响之下,"西方文明主导下的现代化道路似乎已经走入一个必然引发全面矛盾的死胡同"①。中国式现代化道路开辟的人类文明新形态,用事实证明人类可以存在其他类型的文明形态,给其他国家尤其是后发型国家独立探索适合本国的文明形态提供了借鉴和启示。

第三,中国式现代化道路与人类文明新形态是辩证统一的关系。其一,中国式现代化道路开辟了人类文明新形态。人类文明新形态生成于现代化建设的中国实践。中国共产党自成立以来,带领中国人民,不断将马克思主义基本原理同中国革命、建设、改革和新时代的具体实际相结合,运用马克思主义指导中国现代化建设实践,开辟了推动物质文明、政治文明、精神文明、社会文明、生态文明协调发展的人类文明新形态。其二,人类文明新形态规范着中国式现代化道路。人类文明新形态规范着中国绝不能走改旗易帜的资本主义发展道路。中国式现代化道路的探索历程用事实表明,西方资本主义道路不适合我国国情、不符合人民意愿。人类文明新形态规定着中国式现代化建设必须走和平发展道路。中国共产党是为中国人民谋幸福、为人类进步事业奋斗的政党。人类文明新形态顺应当今世界人民对和平发展的共同期盼,坚持和平发展、合作共赢,努力构建人类命运共同体,由此规定中国式现代化道路必须坚持和平发展。

第四,"两个相结合"是马克思主义中国化百年历史的经验总结,具有重要的理论与现实意义。百年党史就是一部马克思主义同中国具体实际相结合、同中华优秀传统文化相结合的历史。中国共产党根据时代需要,充分吸收中华传统文化中的精华,将马克思主义与中华优秀传统文化双向融合,推进了马克思主义中国化的发展。"积极推进和实施马克思主义与中华优秀传统文化的融合……事关中华优秀传统文化创造性转化和创新性发展的前途命运,事关新时代中华新文化的成功构建"②。"两个相结合"彰显了马克思主义中国化的理论自觉,为中国式现代化道路的发展提供了重要智慧支撑。

第五,马克思主义中国化新的飞跃之中的重大理论创新。其一,采取中华民族伟大复兴的历史叙事方法。其二,第一次提出"伟大建党精神"概念,概括了"伟大建党精神"的内涵。其三,重申发展全过程人民民主的重要性,为创立中国自己的政治学理论指明了根本方向和前进道路。其四,明确继续推进马克思主义中国化时代化,提出了"洞察时代大势,把握历史主动"的历史唯物主义命题,提出了"马克思主义同中华优秀传统文化相结合"的新命题。其五,作出"全人类共同价值"判断。其六,提出中国式现代化道路和人类文明新

---

① 王立胜.中国式现代化道路与人类文明新形态[M].南昌:江西高校出版社,2022:34.
② 王立胜.中国式现代化道路与人类文明新形态[M].南昌:江西高校出版社,2022:209.

形态命题。

3. 著作意义

《中国式现代化道路与人类文明新形态》从大历史观、大时代观、大发展观出发,基于中国角度,运用中西现代化比较的全球视野来看待中国的现代化道路和现代化理论,对中国式现代化道路、人类文明新形态、"两个相结合"三大主题进行了深入的探讨,揭示了三者之间的内在逻辑关系,推进了中国式现代化道路和人类文明新形态的哲学解释,加强了中国式现代化、现代化相关研究的中国话语和中国表达,对推进历史唯物主义研究、把握中国式现代化具有重要意义。

第一,《中国式现代化道路与人类文明新形态》通篇运用大历史观进行理论阐释,在把历史与现实相结合的基础上辩证思考中国式现代化,有助于我们学会运用历史唯物主义的观点、立场和方法。该书强调"要把中国特色社会主义道路置于不同的历史脉络中来深化认识"①,凸显了该书的历史唯物主义视野。该书对中国式现代化道路与人类文明新形态进行了全面系统深入的阐释,具有历史纵深感,实现理论逻辑、历史逻辑、实践逻辑的有效统一,以高度的科学性理论阐释,为我们学会运用历史唯物主义理解中国式现代化提供指引。

第二,《中国式现代化道路与人类文明新形态》对中国式现代化道路、人类文明新形态等重大创新性议题的深入研究与阐释,帮助我们深化理解中国式现代化、中国现代性、人类文明新形态、"两个相结合"等重大论断,推动相关学理研究。该书在讨论中国式现代化与中国现代性、人类文明新形态与西方文明等内容的过程中,澄明了马克思主义现代化理论、西方现代化理论及其本质、中国共产党与中国式现代化的深刻联系、中国式现代化的拓展与创新以及中国式现代化的世界意义,帮助我们深刻理解中国共产党领导下的中国式现代化道路的内在机理与重大意义,强化我们对中国式现代化的认知,为推进中国特色哲学社会科学话语体系建设作出重要贡献。

四、问题解析与方法启示

本专题研究立足世界视野、国际眼光,以强大的理论逻辑把哲学意识和政治意识相结合,或展现、或分析马克思恩格斯的现代化理论及其重要价值以及西方现代化的理论与实践,解读现代化的过去、现在与未来,凸显现代化的复杂性、多变性、偶然性与多样性,为我们理解中国共产党领导中国人民创造的中国式现代化奠定了坚实基础,推进了马克思主义现代化理论的丰富与发展,为从多个角度、多个层次、多个方面,把握和破解、拓展、推进中

---

① 王立胜.中国式现代化道路与人类文明新形态[M].南昌:江西高校出版社,2022:7.

国式现代化面临的现实难题提供了理论基础与智慧支撑。从历史唯物主义的视角来看,现代化是社会发展从农业化向工业化转型的动态过程,是一场影响深远的、具有持久性革命性的深度社会变革。中国式现代化是中国共产党立足中国国情独立探索出的具有中国特色和社会主义性质的现代化,是中国人民齐心协力、和衷共济追求中国现代性的伟大成果。西方现代化是立足资本逻辑、以资本主义生产为核心、维护资产阶级利益的现代化模式,其本质会导致贫富分化、社会撕裂、霸权主义等现实问题,西方现代化为我们反思现代性提供了启示与借鉴。为此,我们必须对全球现代化进程加以审视,打破西方中心主义的"迷障",在理解现代化道路的多样性基础上,避免西方现代性弊端,顺应世界人民对美好生活的共同期盼,以中国式现代化为世界发展提供借鉴。

  本专题把理论研究、现实分析与哲学反思相结合,立足历史唯物主义,深刻展现了世界现代化的多样性,挖掘了中国式现代化的本质特征、发展要求、未来挑战等,彰显了中国式现代化的独特优势,充分说明了我们要把中国式现代化放置于不同的历史条件下来深入理解和把握,为完善中国式现代化的理论体系和话语体系,助力新时代新征程、全面建成社会主义现代化强国提供经验借鉴,为推动全球治理体系变革、人类文明发展进步提供中国智慧。

  第一,历史唯物主义视域下的中国式现代化研究,需要贯通历史和现实、关联国际和国内,以综合性的视野掌握和发展马克思恩格斯的现代化理论,了解西方现代化的理论与实践。具体而言,本专题研究立足世界历史与当代实践,联系全球大势与各国特色,综合性研究西方现代化理论与实践,系统性阐释、解析马克思恩格斯的现代化理论。如,《现代化:理论与历史经验的再探讨》一书立足历史唯物主义立场,分析各国独特的现代化历史过程以及实现工业化的先决条件,总结了不同国家现代化发展的普遍性与独特性经验,为发展中国家的现代化建设开拓视野、启迪思路;《作为意识形态的现代化:社会科学与美国对第三世界政策》一书运用历史唯物主义分析现代化理论作为一种意识形态的产生和运作过程,从历史史实和实践的视角深刻理解现代化如何在意识形态领域发挥作用,为我们理解"现代化"一词提供一个崭新的视角;《全球现代化:重思现代性事业》总结分析了关于现代性和现代化问题的各种理论,考察了现代性、现代化、全球化等基本概念,与时俱进地厘清了现代化与全球化的关系,为我们理解现代化提供了科学的世界观和方法论;《现代化新论:世界与中国的现代化进程》《现代化的理论基础:马克思现代社会发展理论研究》从宏观历史学角度切入现代化,将现代化作为一个世界历史范畴,对传统农业社会向现代化工业社会转变的全球性大过程进行了整体性研究,体现了一元多线的世界历史发展观。可见,本专题研究立足历史深度、国际高度、实践广度,极大地丰富了历史唯物主义视域下的现代化理论的相关研究。

  第二,以广阔的世界比较视野和宏大的世界历史叙事,考察不同国家、地区的现代化进程及其实践、经验,展现现代化的丰富样态,是重要的方法论启示。具体而言,本专题研究将不同国家的现代化进程及实践经验置于比较视野，充分展现了多个国家现代化的样态。如，《工业与帝国：英国的现代化历程》一书充分介绍了英国兴起、兴盛与衰落的历史，深刻分析了英国率先崛起以及在第二次工业革命后逐渐丧失世界霸主地位的原因，这对广大发展中国家实现现代化转型具有重要的启示意义；《日本和俄国的现代化：一份进行比较的研究报告》一书首先系统比较了日本和俄国（含苏联）的背景、传统文化等方面的差异，随后充分探究两国的现代化何以在不同的制度下取得了相似的现代化结果，从而总结现代化"成功"的重要经验，这对于我们了解和分析现代化历史、现实与未来都具有重要价值。可见，本专题研究以比较的视野考察多个国家和地区的现代化历程与实践，总结现代化成功实践，充分展现了多国现代化的图景。

第三，运用逻辑与历史相统一的研究方法，挖掘现代化的发展规律和成功经验，可以为推进和拓展中国式现代化提供哲学智慧。具体而言，本专题研究从历史维度考察中国式现代化的发展进程，准确把握和认识现代化发展的逻辑理路，为推进中国式现代化、促进人类文明发展进步提供宝贵经验。如，《中国的现代化》一书深入探讨了19世纪40年代以来中国的现代化艰难而漫长的发展历程，展现了逐渐走向强大的中国面貌；《论中国》一书立足大历史观，梳理了中国外交的发展进程，揭示了现代中国外交的发展与转变，有助于我们深入理解中国式现代化是走和平发展道路的现代化这一重大命题；《东方的崛起：关于中国式现代化的哲学反思》一书梳理了中国社会主义现代化道路的探索及其历程，揭示了中国特色社会主义的历史必然性，有助于我们深化对中国特色社会主义的认识；《历史唯物主义与中国道路》一书阐释了马克思主义与中国道路之间的内在关联，表明坚持中国道路就是坚持马克思主义，对于我们继续走好中国道路具有重要启示意义；《中国式现代化道路与人类文明新形态》一书揭示了中国式现代化道路、人类文明新形态与"两个相结合"三者之间的内在逻辑，阐明了中国式现代化道路与人类文明新形态的辩证统一关系，中国式现代化道路为其他国家尤其是发展中国家独立自主探索适合本国国情的现代化道路提供了借鉴和启示。可见，本专题研究全面把握中国现代化的历史进程，展现了中国式现代化发展的历史脉络，为继续推进中国式现代化贡献智慧，为广大发展中国家的现代化建设提供经验借鉴。

参考文献

[1] 马克思恩格斯文集(第2卷)[M].北京:人民出版社,2009.

[2] 马克思恩格斯文集(第10卷)[M].北京:人民出版社,2009.

[3] 马克思恩格斯文集(第1卷)[M].北京:人民出版社,2009.

[4] 马克思恩格斯全集(第3卷)[M].北京:人民出版社,2002.

[5] 列宁全集(第2卷)[M].北京:人民出版社,1984.

[6] 马克思恩格斯全集(第25卷)[M].北京:人民出版社,2001.

[7] 马克思恩格斯文集(第4卷)[M].北京:人民出版社,2009.

[8] 马克思恩格斯全集(第28卷)[M].北京:人民出版社,1973.

[9] [英]亚当·斯密.国民财富的性质和原因的研究(上卷)[M].北京:商务印书馆,1972.

[10] [英]大卫·李嘉图.政治经济学及赋税原理[M].北京:商务印书馆,1962.

[11] [瑞士]西斯蒙第.政治经济学研究(第1卷)[M].胡尧步,李直,李玉明,译.北京:商务印书馆,2011.

[12] [瑞士]西斯蒙第.政治经济学研究(第2卷)[M].胡尧步,李直,李玉明,译.北京:商务印书馆,2011.

[13] [瑞士]西斯蒙第.政治经济学新原理[M].何钦,译.北京:商务印书馆,2009.

[14] [英]配第.配第经济著作选集[M].陈冬野,马清槐,周锦如,译.北京:商务印书馆,1981.

[15] 本尼迪克特.文化模式[M].何锡章,黄欢,译.北京:华夏出版社,1987.

[16] 卡尔·雅斯贝斯.历史的起源与目标[M].魏楚雄,俞新天,译.北京:华夏出版社,1989.

[17] 亨里希·李凯尔特.文化科学与自然科学[M].涂纪亮,译.北京:商务印书馆,1986.

[18] 习近平.在纪念马克思诞辰200周年大会上的讲话[M].北京:人民出版社,2018.

[19] C.恩伯,M.恩伯.文化的变异[M].杜杉杉,译.沈阳:辽宁人民出版社,1988.

[20] [美]汤姆·比彻姆,詹姆士·邱卓思.生命医学伦理原则(第5版)[M].李伦,等译.北京:北京大学出版社,2014.

[21] 程现昆.科技伦理研究论纲[M].北京:北京师范大学出版社,2011.

[22] [法]让-皮埃尔·戈丹.何谓治理[M].钟震宇,译.北京:社会科学文献出版社,2010.

[23] 俞可平.治理与善治[M].北京:社会科学文献出版社,2000.

后　记

华中科技大学马克思主义学院董慧教授设计了《历史唯物主义专题：文本与方法》一书的框架与编写思路，对全书进行了重要的修改和补充。本书编写工作分工如下：专题一，华中科技大学马克思主义学院刘建江副教授；专题二，华中科技大学马克思主义学院刘思远老师；专题三，华中科技大学马克思主义学院孔婷老师；专题四，华中科技大学马克思主义学院欧亚昆副教授、董慧教授；专题五，华中科技大学马克思主义学院赵建建老师；专题六和专题七，华中科技大学马克思主义学院董慧教授。本书在撰写过程中，华中科技大学马克思主义学院博士研究生胡斓予、汪筠茹、杜晓依、王爽、向金存、王帅、赵航、王晓珍，硕士研究生王绪念、薛晓珂、王若汀、黄馨茹、刘恒、郑艳艳、杨雯倩等做了大量的校对工作。

本书也是教育部哲学社会科学研究重大课题攻关项目"中国共产党领导下中国现代化道路探索历程与经验研究"（21JZD006）、湖北省重点马克思主义学院项目（21ZDMY03）的阶段性成果。感谢华中科技大学国家治理研究院院长、哲学研究所所长、哲学学院二级教授欧阳康对本书的指导；感谢华中科技大学马克思主义学院领导的支持；感谢华中科技大学出版社编辑团队提供的帮助。谨向所有付出者表示诚挚的感谢。由于历史唯物主义是需要深入研究的重大理论和现实问题，本书难免存在不足，敬希读者批评指正。

董慧

2023 年 7 月 27 日